KB051060

북경 北京,
그 역사의 기원과 변천

侯仁之 · 鄧輝 지음 ㅣ 류준형 옮김

북경, 그 역사의 기원과 변천

지은이   후인지侯仁之, 등휘鄧輝 저
        류준형 역
펴낸날   2023년 9월 18일
펴낸곳   주류성출판사
        서울특별시 서초구 강남대로 435
        TEL | 02-3481-1024 (대표전화) • FAX | 02-3482-0656
        www.juluesung.co.kr | juluesung@daum.net

값 20,000원
잘못된 책은 교환해 드립니다.
ISBN 978-89-6246-512-9   93910

북경北京,
그 역사의 기원과 변천

侯仁之 · 鄧輝 지음 ㅣ 류준형 옮김

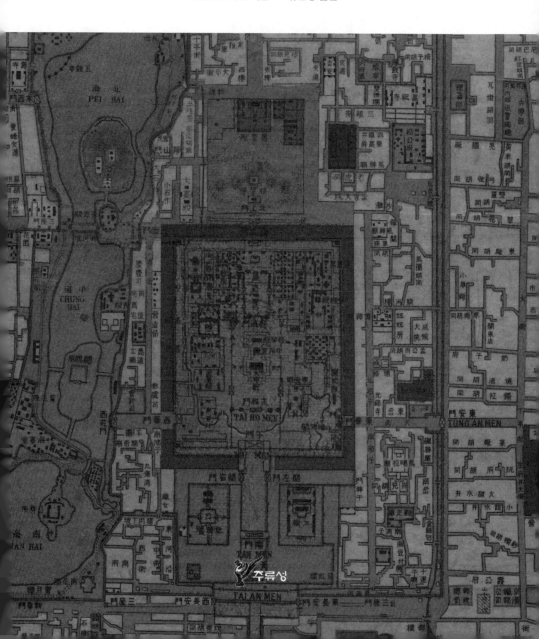

주류성

목차

북경, 그 역사의 기원과 변천

모든 도시는 탄생과 성장 그리고 번영으로 이어지는 역사를 갖고 있다. 탄생한 날을 시작으로 사회적, 경제적 상황의 변화와 발전을 거치며 유년기, 청년기, 장년기 그리고 노년기의 여정에 오른다.

세계에서 가장 이른 시기에 문명이 발달한 국가 중 하나로 중국은 장구한 역사를 가지고 있다. 이러한 중국의 수도인 북경 역시 오랜 역사를 가진 세계적 도시 중 하나이다. 그런데 역사적으로 보면 북경은 중국의 수도가 아닐 때가 있었고, 현재 북경시의 지리적 위치는 전통 시기의 북경성과 완전히 일치하지는 않는다. 북경은 중국 화북 평원에 형성된 거주지들 중에서 가장 이른 시기에 출현했다. 이후 점차 중국 북방의 중요 도시로 성장하였고, 복잡다단하고 기나긴 발전의 과정을 거쳐 중국의 정치 중심지로 발돋움했다. 그 역사적 시간은 몇백 년의 기간을 훌쩍 뛰어넘는다. 어쩌면 중국 역사의 시간만큼이나 길다고 해야 할 것 같다.

문자로 기록되어 고증이 가능한 역사적 사실에 비춰보면, 북경성의 형성은 3,000여 년 전의 일이다. 당시에는 이 성을 '계薊'라고 불렀으며 주周 왕실에 의해 분봉된 도성들 중의 하나였다. 진시황秦始皇은 중국을 통일하여 전제주의 중앙집권의 국가를 건설한 후 천하를 36개의 군郡으로 나누었는데 이때 광양군廣陽郡의 치소治所를 계성薊城에 두었다. 진한秦漢에서 위진남북조魏晉南北朝의 시기를 거치는 800여 년 동안, 중국 북방에서 계성의 지위는 점차 높아졌다. 수隋 왕조는 계성을 탁군涿郡의 치소로 삼았고, 당唐 왕조는 이를 유주幽州라 칭했다. 요遼 왕조는 계성을 배도陪都로 삼은 후 이름을 남경南京 또는 연경燕京으로 변경했다. 요 왕조를 이어서 등장한 금金 왕조는 정원貞元 원년(1153)에 정식으로 수도를 계성으로 옮기고 중도中都라고 했다. 원元 왕조는 이 중도의 교외 지역에 새롭게 성을 건설하고 이를 대도大都라 칭했다. 명明 왕조는 대도를 개조하여 새로운 성을 만들었는데 이때 북경이라는 이름이 사용되었다. 청淸 왕조는 명 왕조의 상황을 계승하여 수도를 북경에 두었고 이것은 중국의 전통 왕조가 멸망할 때까지 변함없이 유지되었다. 역사의 흐름으로 보면, 북경은 중국 역사의 초기부터 중국의 수도였던 것은 아니었고, 그 명칭이나 위치는 여러 차례 변경되었으며 도시의 규모 또한 적지 않은 변화를 겪었다.

결국, 지금의 북경은 하북 지역 거주지의 하나로 등장한 이후 발전을 거듭하며 이어온 역사적 결과물이라 할 수 있다. 그러면 북경은 구체적으로 어떻게 시작되어 발전을 이어왔을까? 어떠한 이유에서 해당 지역에 이토록 거대하고 아름다운 도시가 형성된 것일까? 또한 북경이 발전을 거듭하고 해당 지역이 변화하는 과정에서 지리적인 환경 조건은 어떤 영향을 미쳤을까?

이러한 물음들에 대답하기 위해 우리는 까마득히 먼 선사 시대에서부터 이야기를 시작해보도록 하자.

1. 북경평원 내 원시 거주지의 탄생

1) 구석기 시대의 혈거穴居 생활

북경 지역은 중국인의 선조들이 일찍부터 생활하고 노동하며 번영을 누렸던 지역이다. 북경에서 확인되는 인류의 활동은 그 역사가 적어도 지금으로부터 50만 년 전의 구석기 시대로까지 소급된다.

지금의 북경에서 서남 방향으로 50킬로미터 떨어진 지역에 방산현房山縣 주구점周口店이 있다. 이곳에는 '용골산龍骨山'이라 불리는 석회암으로 된 나지막한 산이 하나 있는데, 오랜 시간 동안 사람들은 이곳에서 석재를 채굴하고 석회石灰를 만들어 건축자재를 생산했다. 그러는 동안 사람들은 간혹 석회암의 동굴과 암석의 틈에서 무엇인지 정확하게 알지 못하는 일련의 동물 화석들을 발견하곤 했다. 그러나 그것이 정확하게 어떤 동물의 유해인지 알기 어려워 사람들은 그냥 '용골龍骨'이라고 불렀고, 전통 약방[中藥房]에서는 이 용골을 사다가 약재로 사용했다. 이것이 계기가 되어 무명의 야산은 어느 때인가부터 '용골산'이라 불리게 되었다.

그런데 볼품없고 한낱 야산에 불과한 용골산이 실은 북경 지역에서 가장 이른 시기에 형성된 거주지였다.

1921년, 고생물학자들은 전통 약방에서 거래되는 용골이 이른 바 '용龍'의 뼈가 아니고 지하에서 수십 만년 혹은 심지어 수백 만년 동안 매장되어

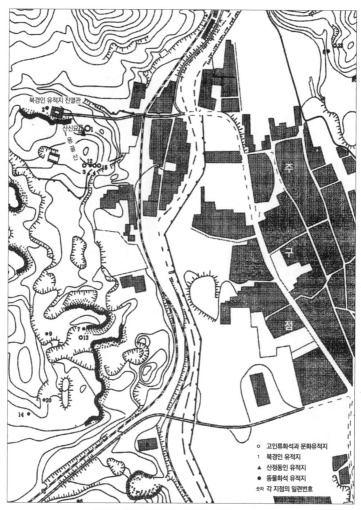

[그림 1] 주구점의 고인류古人類 유적지

있던 고대 동물의 화석이라는 것을 알아냈다. 1921년과 1923년에 걸쳐 이루어진 짧은 기간의 발굴을 통해서 고생물학자들은 적지 않은 수의 포유류 동물 화석을 찾아냈을 뿐만 아니라 원시 인류의 치아도 2개 발견했다.

　예상치 못한 발견은 과학자들을 흥분시켰다. 학자들은 이 지역에 대해 깊은 관심을 갖기 시작했다. 1927년부터 '용골산'에 대해 비교적 큰 규모의 과학적 발굴 작업이 이루어졌다. 총 16년에 걸쳐 진행된 발굴 작업의 결과, 인류학 연구에 있어 중대한 학술적 가치를 갖는 '북경인 유적지[北京人遺址]'와 '산정동인 유적지[山頂洞人遺址]', 이 두 개의 보물 창고가 드디어 세상을 향해 문을 열게 되었다.

[그림 2] 주구점의 북경원인猿人 유적지

  1929년 12월 1일, 과학자들은 '용골산'에 있는 거대한 동굴 안에서 완전한 형태의 원시인 두개골 1점을 발견했다. 이후 이어진 발굴에서는 추가적으로 원시인의 유골 40여 개를 찾아냈다. 과학자들은 발굴지의 위치를 고려해 이들 원시 인류를 '북경인北京人'이라 명명하고 해당 동굴을 '북경인 유적지'라고 했다.

  '북경인 유적지'는 세계적으로도 보기 드물게 발굴 유물이 많은 원시 인류의 거주지 중 하나이다. 인류학자들과 고생물학자들은 발굴된 다량의 화석, 석기, 동물 뼈 등에 근거해 '북경인'의 신체적 특징, 거주 환경 및 생산, 생활 방식 등에 대한 심도 있는 연구를 진행했다. 그 결과 이른바 '북경인'이 50만 년에서 23만 년 전 사이에 활동했고, 초기 인류에서 현생 인류로 진화하는 중간 단계에 해당하는 직립인이었음을 알게 되었다. 그들의 체질과 외형은 현생 인류의 특징을 이미 갖추고 있었으며 동시에 유인원類

人猿의 특징도 일부 갖고 있었다. '북경인'은 자갈이나 석영석을 사용해 모서리가 네모난 석편石片을 만들어 무기나 생산을 위한 공구로 사용하는 방법을 알고 있었다. 이들이 거주했던 산속의 동굴에서 발견된 석기石器들은 용도가 다양했다. 비교적 예리한 형태로 되어 자르거나 찔러서 구멍을 낼 수 있는 석기도 있었으며 나무를 베거나 사냥할 때 사용하는 곤봉과 같은 석기도 있었다. 북경 지역에서 가장 이른 시기에 등장한 거주민들은 이러한 원시적인 도구를 사용해 노동에 종사했으며 대자연과의 투쟁을 통해서 스스로를 변화시키고 현생 인류로 향하는 장애물을 넘는 위대한 발걸음을 내딛었다. 이로써 북경 지역에서 시작되는 중국 역사의 서막이 열리게 되었다.

'북경인'의 유해가 발굴된 동굴에서는 회색재로 이루어진 지질층이 분명한 색깔을 띤 상태로 발견되었다. 두께가 4-6미터에 해당하는 이 회색재층에는 타다 남은 많은 수의 박태기나무 가루와 불에 그을린 동물 뼈와 돌들이 포함되어 있었다. 이 회색재층은 '북경인'이 불을 사용하고 보관할 줄 알았다는 사실을 보여주는 증거이다. 인류학에서는 불의 사용을 인류가 동물의 단계에서 진화하여 문명 세계로 진입하는 것을 보여주는 중요한 표식으로 간주한다. 이것은 인류가 신기해하고 두려워했던 불을 제어가 가능한 존재로 만드는 위대한 발전이었다. 이를 계기로 '북경인'은 날것으로 음식을 섭취하던 미개한 상황에서 벗어나 익힌 음식을 먹을 수 있게 되었다. 또한 대자연의 엄혹한 추위도 이겨낼 수 있을 뿐만 아니라 야생 짐승들의 습격도 물리칠 수 있는 물질적 조건을 갖추게 되었다.

'북경인 유적지'의 발견뿐만 아니라 '북경인'의 유골, 생산도구와 그들이 사용한 불의 흔적 및 다량의 동물 유골에 대한 연구 결과는 인류 기원의 탐색이라는 중요 과제를 수행하는 데 있어 결정적인 역할을 하는 증거 자료가 될 것이다. 또한 '북경인'과 그 주변의 자연 환경에 대한 연구는 원시 시대 북경 지역에 살았던 인류의 활동과 지리 환경 사이의 상호 관계에 대한 이해를 가능케 하는 중요한 정보들을 제공해 줄 것이다.

지금으로부터 50만 년 전에서 23만 년 전 사이에 북경 지역은 과연 어떠한 지리적 환경에 있었을까? 어떠한 이유에서 '북경인'은 '용골산'을 그들의 거주와 생활의 공간으로 선택했을까? 이에 대한 해답을 찾기 위해서 우선 현대 북경 지역의 지리환경적 상황을 살펴볼 필요가 있다.

북경은 화북 대평원의 북단에 위치해 있다. 서쪽과 북쪽은 끝없이 이어진 산들의 군락으로 되어 있으며 동남쪽 일대에는 완만한 경사도를 이루는 평원이 펼쳐져 있다. 이곳의 고도는 대략 해발 50미터 내외이다. 이 지역은 '북경소평원北京小平原'이라 불린다. 북경 서쪽의 산지는 남쪽으로 거마하拒馬河에서 시작해 북쪽으로 남구南口 부근의 관구關溝에까지 이어진다. 이것은 보통 서산西山이라 불리고 태항산맥太行山脈의 북쪽 부분에 속한다. 관구의 동쪽 지역은 북경의 북부 산지에 해당하는데, 이 지역을 통칭해 군도산軍都山이라 하고 이는 연산산맥燕山山脈의 일부가 된다. 북경 지역의 산지는 북경시 전체 면적의 62%를 차지하고, 나머지 38%는 평원으로 되어 있다. 전체적으로 보면 북경 지역은 산지의 비율이 높고 평원이 많지 않은 지역이라 하겠다.

북경 지역의 하류는 모두 해하수계海河水系[1]에 속한다. 동쪽에서 서쪽 방향으로 하나씩 살펴보면 계운하薊運河, 조백하潮白河, 북운하北運河, 영

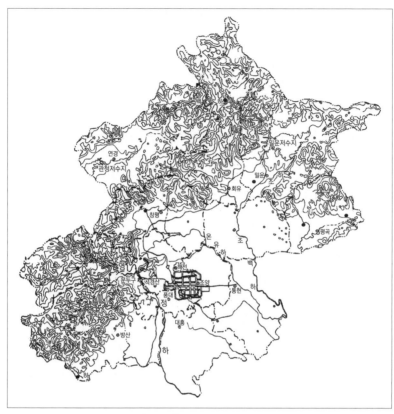

[그림 3] 북경 지역 지형도

정하永定河, 대청하大淸河 등 5개의 지류가 분포해 있다.[2] 각 지류는 북쪽

1) [역자주] 해하海河는 중국 화북 지역에서 가장 큰 수계를 이루는 강으로 중국의
   7대 하천 중 하나이다. 북운하北運河 등을 지류로 두고 있으며 이들 지류가 한
   데 만나 하나의 강줄기[幹流]를 이루어 발해만渤海灣으로 흘러나간다. 총 길이는
   1,031킬로미터에 달하지만 하나의 하천이 되어 흐르는 구간은 50킬로미터 남짓
   된다. 해하의 하류 구간은 예전에 대고하大沽河라고 불렸으며 명 말기가 되어 해
   하라는 명칭이 사용되어 지금에 이르고 있다.

2) [역자주] 계운하薊運河, 조백하潮白河를 포함하여 북운하北運河로 칭하고 여기에
   영정하永定河, 대청하大淸河, 자아하子牙河, 남운하南運河를 더해 5개의 지류로 구
   분하기도 한다.

에서 남쪽으로, 혹은 서북쪽에서 동남쪽 방향으로 흐르면서 군도산과 서산을 가로질러 북경소평원으로 흘러나간다. 이중 영정하가 가장 큰 하류이다. 영정하는 삼가점三家店을 통해 평원으로 유입되었다가 동남 방향으로 천진天津을 거쳐 해하海河로 이어진다.

북경 지역은 전형적인 온난대 반습윤 대륙성 계절풍 기후에 속한다. 때문에 겨울은 춥고 건조하며 여름은 무덥고 비가 많다. 또한, 봄과 가을이 짧다. 연평균 강수량은 600밀리미터 정도인데 화북 평원에서 강수량이 가장 많은 지역 중 하나로 꼽힌다.

북경인 유적지가 소재한 용골산은 바로 북경의 서남 방면과 서산西山 앞쪽으로 펼쳐진 낮은 산과 구릉 지대에 위치해 있다. 용골산은 오르도비스기(Ordovician Period)에 석회암으로 형성된 낮은 산인데, 흐르는 물의 침식 작용으로 인해 산 위에는 크고 작은 동굴과 갈라진 틈이 생성되었다. 북경인들이 거주했던 동굴이 바로 그중의 하나이다. 동굴은 그 길이가 동서로 140미터에 달하고 남북으로 가장 긴 폭은 약 20미터 정도 된다. 이 동굴은 원래 깔때기 형태로 되어 있는 깊은 동굴이었으며 초기 홍적세洪積世 말기에 형성되었다. 형성된 초기에는 외부가 막혀 있는 모양으로 되어 있었다. 아마도 초기 홍적세 말기나 중기 홍적세 초기에 동쪽 산등성 아래의 주구하周口河가 서쪽 방향으로 침식을 일으켜 동굴 동쪽이 잘려나가 동굴의 입구를 만들었을 것으로 추정된다. 이로 인해 동굴 내에 고여 있던 물은 강쪽으로 흘러내리고 점차 동굴 내에 건조한 지면이 생성되었을 것이다. 중기 홍적세 중반이 되면 북경인들이 동굴 안으로 들어가 그들의 길고 긴 동굴 생활을 시작할 수 있게 되었다.

북경인이 생활했던 당시 용골산 주변에 있는 산천의 형세는 지금과 크게 다르지 않았을 것으로 보인다. 다만, 산의 전체적인 크기가 다소 컸을 것으로 추정된다. 산의 동쪽에 있는 주구하와 대석하大石河, 남쪽에 있는 거마하는 당시에 이미 모두 형성되어 있었다. 그런데 동쪽면의 평원지역, 그러니까 서쪽으로 거마하에서 시작해 동쪽으로 방산진房山鎭에까지 이어지는 지대는 북경인이 생활하던 시기에 아직 평원 지대가 아니었다. 이곳은 낮은 산들이 넓은 계곡을 이루던 지역이었다. 비록 지세가 다소 기복이 있긴 했지만 그 높이 차이는 대체로 15미터를 넘지 않았다. 주변의 강들은 하곡河谷이 넓고 평탄하였기 때문에 당시 대석하나 주구하의 수량은 지금과 비교하면 못해도 몇 배는 더 컸을 것이다.

북경인이 생활하던 시기의 기후는 전체적으로 볼 때 지금보다 다소 온난했거나 거의 비슷했을 것으로 보인다. 온난했을 때의 기후는 지금의 회하淮河 유역과 비슷했고, 산릉 위에는 빽빽하고 울창한 산림이 조성되어 있었다. 소나무, 측백나무, 자작나무, 후박나무와 박태기나무가 자랐다. 후박나무의 열매는 단맛이 돌아 먹기 좋았던 탓에 북경인들이 즐겨 채집하는 과실 중 하나였다. 산 전체를 뒤덮고 들에까지 뻗어 있던 산림 속에는 검치호劍齒虎,[3] 표범, 늑대, 곰, 멧돼지, 들개와 같은 여러 종류의 동물들이 서식했다. 평원 지대와 산 아래에는 초원지대가 형성되어 있어 종골록腫骨鹿,[4]

---

3) [역자주] 고양이과에 속하는 육식동물로 20센티미터가 넘는 송곳니를 갖고 있다. 비록 호랑이라는 이름을 사용하고 있지만 지금의 호랑이와는 다르다.
4) [역자주] 사슴의 일종으로 두개골이 크고 상대적으로 하관이 발달했다. 한랭한 지역을 좋아했던 것으로 알려져 있고 지금은 서식하지 않는 멸종 동물이다.

액시스사슴[斑鹿],[5] 물소(Bubalus teihardi), 사뮤네스 말(equus samenensis)[6]과 같은 포유동물들이 생활했다. 이와 같이 좋은 자연환경은 북경인들이 생활에 필요로 하는 음식물 자원의 공급을 비교적 충분하게 보장해 주었다. 북경인들은 식물의 씨앗이나 과실을 채집하고 초식의 포유동물들을 사냥하며 생활을 유지해나갔고, 어떤 때에는 주변에 있는 주구하로 내려가 물고기나 새우, 개구리, 소라 등을 잡아 음식물로 보충했다. 북경인이 거주했던 동굴은 강과 가까워 식수를 구하기에 유리했고 지대가 하상河床보다 높아 강수가 범람해 넘쳐올 걱정이 없었다. 이와 같은 지리적 특징을 가진 동굴은 구석기 시대 인류가 거주하기에 가장 이상적인 장소였던 셈이다.

바로 이러한 지리적 환경에서 북경인은 자신들의 생존을 쟁취하기 위해 수십 명 규모의 군락을 조직하여 가장 원시적인 생산도구와 무기－나무 막대기와 석기 등－를 사용해 대자연에 맞서 힘겨운 싸움을 했다. 그들은 함께 노동하고 다 같이 성과를 나누면서, 비록 생활 수준은 낮았으나 평등한 원시생활을 이어갔다.

구석기 초기의 직립인이었던 북경인은 지금으로부터 50만 년에서 23만 년 사이라는 긴 시간 동안 줄곧 용골산 부근에서 생활했다. 그러던 중 23만 년 전의 어느 즈음에 이들은 이 지역을 떠나 다른 곳으로 옮겨갔다.

북경인의 뒤를 이어 용골산 부근에 정착한 자들은 '신동인新洞人'이라 불린다. 이들은 지금으로부터 20만 년에서 10만 년 전 사이의 구석기 중기에

---

5) [역자주] 백색의 반점을 가지고 있는 사슴으로 주로 인도와 스리랑카 초원과 삼림에 거주한다. 100마리 이상의 무리를 이루어 생활하는 특징을 가지고 있다.
6) [역자주] 현재의 말과 유사한 형태로 진화했으며 크기도 큰 차이가 없었다. 굳은 말굽을 갖추고 있었으며 북미 지역에서 아시아 대륙으로 이주하여 서식했다.

생활했다. 북경인의 거주지인 원인동猿人洞 주변에서 새로이 발견된 동굴에 거주했기 때문에 고인류古人類학자들은 새로 발견된 동굴의 사람들이라는 의미에서 이들을 일컬어 '신동인'이라고 칭하였다. 신동인들의 사냥 기술은 북경인들의 그것을 뛰어넘는 수준이었다. 다량의 회색재층과 불탄 뼈들이 다수 발견된 것으로 보아 신동인들은 이미 음식을 익혀 먹는 것에 익숙해 있었고 북경인과 비교해 훨씬 더 넓은 지역을 활동범위로 삼았음을 알 수 있다.

이외에 구석기 시대 후기에 속하는 '산정동인山頂洞人'이 주구점 용골산의 '북경인 유적지'가 위치한 곳의 위쪽 동굴에서 발견되었다. 이들은 지금으로부터 4만 년에서 1만 년 전 사이의 시기에 생활했다. 인류의 진화 과정에서 보자면 이들은 이미 호모 사피엔스(Homo sapiens)의 후기 단계에 진입했으며 '신동인'보다 더욱 진보한 모습이었다. 신체적인 특징으로 보자면 현대인과 큰 차이가 없는 수준이었다. 동물의 뼈를 갈아서 만든 정교한 형태의 골각기들, 예를 들면 광이 날 정도로 마찰시켜 만든 사슴 뼈, 구멍이 뚫려 있는 뼈, 생선 뼈, 치아로 만든 장식품, 어패류 장식품 등과 같은 것들이 산정동에서 발견되었다. 이것들은 산정동인의 원시적 예술 감각이 이미 맹아의 단계에 있었다는 것을 보여주기도 한다. 산정동인이 제작한 골침骨針은 이들이 추위를 막기 위해 동물의 가죽을 재봉하여 옷을 만들어 사용했다는 사실을 말해준다. 놀라운 진보 중 하나라고 하지 않을 수 없다.

산정동인은 간혹 어로에도 종사했지만 주로 수렵을 위주로 한 생활을 했고 이전과 비교해 눈에 띄게 진보한 형태의 사냥 기술을 갖고 있었다. 당시 거주민들의 노동 조직은 비교적 큰 발전을 이루었다. 노동의 자연 분화가 생겨나기 시작했는데 남자들은 주로 수렵과 어로의 활동에 종사했고, 여자와 노인 및 어린아이들은 채집 활동을 했다. 이 과정에서 혈연관계를 기초로 한 씨족 사회가 출현했다.

주목을 끄는 것은 산정동인들이 거주했던 동굴에서 연해 지역의 생산물인 바다 조개의 껍질과 황하, 회하 유역 남부에서 산출되는 말조개의 껍질이 발견되었다는 점이다. 이 유물들은 산정동인과 먼 거리의 지역에서 생활하던 거주민 사이에 원시적 형태의 무역과 교환의 행위가 이루어졌다는 사실을 보여주는 중요한 증거이다.

산정동인의 유골이 발견된 장소 주변에는 적철광의 붉은색 분말이 흩뿌려져 있었고 두개골이 있던 자리 부근에는 구멍이 난 석주石珠와 같은 매장물이 발견되었다. 이러한 상황은 아마도 산정동인의 원시적인 종교 활동과 관계가 있을 것으로 보인다. 아울러 이는 당시 원시인들이 이미 미적 관념을 갖기 시작했음을 말해주는 것이기도 하다.

장기간 이어지던 구석기 시대는 대략 지금으로부터 1만 년 전 시기에 끝이 났다. 인류는 비교적 정교한 형태로 돌을 갈아 공구를 만들었고, 원시적인 형태의 농업에도 종사하며 신석기 시대의 단계로 진입했다. 북경 지역에 거주하던 신석기 시대의 인류는 구석기 시대와 비교해 그 활동 모습에서 상당히 큰 차이를 보였다. 예컨대 거주민들이 생활하던 구역이 변화하였고, 농업에 종사하는 정주 취락이 출현하기 시작했다.

2) 신석기 시대의 정주定住 생활

제4기 마지막 빙하기가 끝나고 지금으로부터 1만 년 전쯤부터 지질의 역사는 완전히 새로운 단계에 접어들었다. 지구의 기후가 전체적으로 따뜻해지고 습도도 높아져 도처에 삼림이 우거지고 강과 호수가 많아졌다. 사람들은 수백만 년 동안 거주했던 동굴을 떠나 밖으로 나갔다. 이전에 생활하던 낮은 산의 구릉지대에서 벗어나 산 아래 물길과 맞닿아 있는 산간지대나 산 아래의 평지로 옮겨갔다. 이와 함께 이 시기에는 사람들이 사용하던

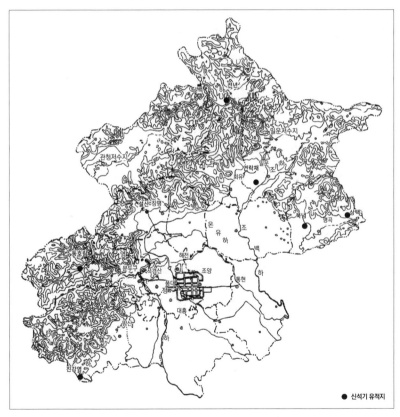

[그림 4] 북경 지역 신석기 시대 유적지 분포도

생산도구에도 큰 변화가 생겼다. 날카롭게 갈아서 만든 석제 공구들이 거칠게 만든 타제석기들을 대체했고, 사람들은 새로운 생산도구를 이용해 자신들의 거주지와 토지를 개척했다. 목재를 벌목하거나 식물을 베는 것이 가능해졌고 곡물을 파종하는 등의 원시적인 농업 생산이 이루어졌다. 아울러 사람들은 가축을 기르는 방법을 익히기 시작했고 마麻를 이용하여 의복을 지어 입었으며 다양한 형태의 실용적이고 정교한 도기를 만들어 생활용구로 사용했다. 이에 따라 사회적 생산력이 큰 폭으로 향상되었다. 원시 농업이 출현하면서 사람들은 식량 자원의 확보에 비교적 안정적인 보장을 받게 되었다. 정주 생활이 가능해짐에 따라 결과적으로 다수의 사람들이 함께 거주하는 정주 취락이 형성되었다.

지금까지 북경 지역에서 발견된 신석기 시대의 유적은 40여 곳이 넘는다. 그중에 대표적으로 것으로 문두구구門頭溝區의 동호림 유적지[東胡林遺址], 방산현房山縣의 진강영 유적지[鎭江營遺址], 평곡현平谷縣의 상택 유적지[上宅遺址]와 북념두 유적지[北埝頭遺址], 밀운현密雲縣의 연락채 유적지[燕落寨遺址], 창평현昌平縣의 설산 유적지[雪山遺址] 등이 있다. 이들 신석기 문화의 유적지들은 그 분포에 있어 공통적인 특징이 있는데, 그 위치가 북경을 둘러싼 산들의 바로 아래 형성된 황토 대지臺地 또는 황토 단구段丘에 있다는 점이다. 구석기 시대의 '북경인', '신동인' 또는 '산정동인'과 달리 신석기 시대의 사람들은 더이상 산에 있는 동굴에서 혈거 생활을 하지 않고 하천과 가까운 고지대에 건축물을 만들어 안정적인 정주 생활을 향유했다.

북경 지역에서 발견된 신석기 시대의 초기 유적지 중의 하나로 동호림 유적지를 살펴보자. 이것은 문두구구 동호림촌東胡林村의 서쪽에 위치해 있는데 지금으로부터 1만 년 정도 이전에 조성된 묘장墓葬 유적지이다. 이 묘장 유적지는 서산西山 주변에 있는 영정하永定河의 지류인 청수하清水河가 지나는 골짜기 중 폭이 넓은 지대에 위치했다. 이것은 청수하의 북안北岸에 형성된 황토 단구들 중에서 아래로부터 두 번째의 평지에 해당한다. 이 단구의 해발 높이는 청수하의 하상보다 25미터 높다. 묘에서 발굴된 인골 화석 3개 중 2개는 성인 남성의 것이고, 다른 하나는 16세 정도로 추정되는 소녀의 것인데 이들은 '동호림인東胡林人'으로 명명되었다. 이 묘는 남녀 성별을 구분하지 않은 3인의 합장묘이다. 소녀가 가장 먼저 매장된 것으로 보이고, 그 위에 어지럽게 배열된 두 명의 남성 인골은 나중에 따로 매장된 것으로 추정된다. 소녀의 유골 중 목과 팔 부분에는 목걸이와 뼈로 만든 장신구가 함께 매장되어 있었다. 목걸이는 50여 개의 작고 빛이 나는 조개껍데기로 만들어졌고, 팔의 장신구는 소뼈 7개를 평평하게 간 후 가는 줄로 꿰맨 형태였다. 고고학자들의 분석에 따르면 두 명의 남자와 한 명의 여자를 합장한 매장제도는 당시 씨족 사회의 가족 조합의 형태를 반영하고 있는 것이라 한다. 즉, 당시 사회에는 모계의 씨족 제도가 번성했다는 것이다.

북경 지역에서 발견된 신석기 유적지들 중에는 중기의 문화 유적지가 비교적 많은 편이다. 평곡현平谷縣 구하洵河 유역의 상택 유적지, 착하錯河 유역의 북념두 유적지, 방산현房山縣 거마하拒馬河 유역의 진강영 유적지와 밀운현密雲縣 조백하潮白河 유역의 연락채 유적지 등이 이에 해당된다. 이들 유적지는 모두 강을 접하고 있는 산 앞에 형성된 황토 대지나 층계 지역에 위치했다. 이중 상택 유적지와 북념두 유적지가 가장 전형적인 사례이다.

상택 유적지는 평곡현의 현성縣城에서 동쪽으로 17킬로미터 떨어진 상택촌上宅村의 북편이자, 해자海子 저수지(지금의 금해호金海湖를 말한다)의 서북편 지역에 위치해 있다. 이 문화 유적지는 주로 구하泃河의 북쪽 하안河岸에 형성된 단구들 중 아래에서 두 번째의 단구 지대에 자리해 있으며, 하상河床보다 대략 10~13미터 정도 높다. 고고학자들이 바로 이 단구 지대에 있는 물고랑에서 많은 신석기 유물들을 발굴했으니 이곳은 그야말로 고대 유물이 켜켜이 쌓여 있는 문화층이라고 할 수 있다. 문화적 성격을 기준으로 구별해 보면, 위에서부터 아래로 총 8개의 서로 다른 문화층으로 나누어 진다. 네 번째 문화층에서부터 일곱 번째 문화층 사이는 유물들이 가장 많이 발견된 지층이다. 이것은 다른 문화층과 뚜렷하게 구별되는 고유한 특징을 갖고 있어 고고학자들이 이를 일컬어 '상택문화上宅文化'라고 했다.

과학자들의 조사에 따르면, 상택문화는 지금으로부터 6~7천 년 전에 형성되었다. 상택문화의 대표적인 도기陶器로는 배가 불룩한 두레박[深腹罐]과 다양한 형태의 질그릇[陶鉢]이 있으며 이외에

[그림 5] 평곡현 상택촌의 신석기 문화 유적지

도 분盆, 완碗, 배충杯盅, 주형기舟形器,[7] 조수지가형기鳥首支架形器[8]와 조수형루공기鳥首形鏤孔器[9] 등이 있다. 대부분의 도기 표면에는 꽃무늬가 새겨져 있는데 주로 말압조문抹壓條紋,[10] 괄조문刮條紋,[11] 압인지자형문壓印

之字形紋,[12] 비점문篦点紋,[13] 체자마점문剃刺麻点紋[14]과 각화문刻划紋[15]으로 되어 있다. 상택문화에 속하는 도기의 형태와 장식의 문양에 비추어 보면 상택문화에는 북방 지역의 문화 요소들이 상당 부분 포함되어 있으며 중원 지역의 문화적 영향도 받았다고 판단된다. 도기 표면에 새겨진 장식 문양의 특징은 동북 지역의 신석기 초기 문화와 궤를 같이하고 있으며, 조수지가형기는 하북 지역의 자산문화磁山文化[16]와 밀접한 연관성을 맺고 있다. 상택문화의 도기에 나타난 이러한 특징들은 북경 지역이 위치한 교통 지리적 특수성에 기인했다. 다시 말해, 북방과 남방 두 문화 계통이 북경 지역에서 서로 교차함에 따라 이를 배경으로 상택문화의 특징들이 출현하게 된 것이다. 문화적 교류를 배경으로 형성된 이러한 특징은 사실상 신석기 시대에만 확인되는 것이 아니라 이후의 역사 시대에도 북경 지역의 문화적 발전이 이루어지는 과정에서 줄곧 이어졌다. 이후 북경성의 형성과 발전에 상당한 영향을 끼쳤다.

---

7) [역자주] 배 모양의 도기를 말한다.

8) [역자주] 새 머리 형태의 도기를 말한다.

9) [역자주] 새 머리 모양을 하고 중앙에 누공鏤孔이 있는 도기를 말한다.

10) [역자주] 비비고 눌러서 만든 줄무늬를 말한다.

11) [역자주] 날카롭거나 굳은 기물로 긁어서 만든 줄무늬를 말한다.

12) [역자주] 특정 기물로 눌러서 만든 모양 형태의 무늬를 말한다.

13) [역자주] 빗치개[篦]와 같은 공구로 긁어서 만든 점 모양의 무늬를 말한다.

14) [역자주] 공구로 후벼 파서 마점麻點 모양으로 만든 무늬를 말한다.

15) [역자주] 새기거나 긁어내 만든 문양을 말한다.

16) [역자주] 화북 지역에서 발견된 신석기 문화의 하나로 하북성 한단시邯鄲市 무안현武安縣의 자산磁山에서 발견되어 자산문화라 했다. 앙소문화의 원류 중 하나로 탄소 연대 측정 결과 8,000년에서 7,600년 전 사이의 시기에 형성된 것으로 알려져 있다. 대표적 유물로 질그릇 사발[陶盂]과 석마반石磨盤, 마봉磨棒 등이 있다.

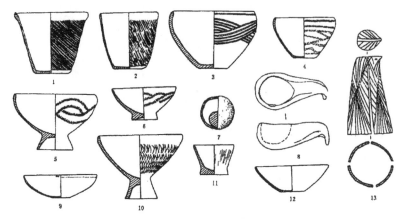

1·2. 관관罐, 3·4·9·12. 발발鉢, 5·10. 권족발圈足鉢, 7. 구球,
8. 작勺, 11. 배杯, 13. 조수지가형기鳥首支架形器

[그림 6] 상택 유적지의 도기陶器

상택 유적지에서는 다량의 도기가 발견된 것 이외에 생산 공구들도 다수 출토되었다. 예를 들면, 농업과 채집에 사용하는 돌도끼, 돌삽, 석마봉石磨棒, 석마반石磨盤 및 서형기鋤形器[17]를 비롯해 수렵 생활에 필요한 돌촉, 첨상기尖狀器,[18] 괄삭기刮削器,[19] 돌칼, 척구擲球,[20] 탄환彈丸[21]과 물고기를 포획하는 그물 등이 있다. 또한 고식물을 연구하는 학자들은 이 문화층의 퇴적물에서 화곡禾谷 작물의 가루와 탄화된 과일의 씨들을 발견했다. 이러한 출토물들과 도기로 제작된 공예품에서 확인되는 돼지나 양의 머리 형상 등을 연관지어 생각해보면, 상택문화 시기의 사람들은 농업 위주의 생활을

---

17) [역자주] 호미 모양의 기구를 말한다.
18) [역자주] 평평한 돌의 한쪽 또는 양쪽을 날카롭게 갈아 만든 기물을 말한다.
19) [역자주] 재료를 자르거나 벨 수 있게 만든 기물을 말한다.
20) [역자주] 던져서 사용하는 원 모양의 기구를 말한다.
21) [역자주] 척구擲球보다 작은 형태로 던지거나 쏘아서 사용하는 기구를 말한다.

하면서 동시에 가축을 기르거나 채집 및 어로 활동도 하는 정주민이었을 것으로 추정된다. 당시에 원시적 형태의 농업이 이미 일정 수준 이상으로 진전을 이루었고, 돼지나 양과 같은 동물들이 가축으로 사육되어 농업 문명의 맹아가 북경의 주변 지역에서 넓게 출현했음을 알 수 있다.

평곡현성平谷縣城에서 서북쪽으로 7.5킬로미터 떨어진 곳에 위치한 북념 두 유적지는 상택문화와 성격적으로 유사하다. 또한 형성 시기도 상택 유적지와 거의 같다. 유적지는 착하錯河의 남쪽 연안에 형성된 단구들 중 아래에서 두 번째 단구 지대에 주로 분포해 있으며, 해발 높이가 하상보다 10미터 높다. 북쪽의 산지에서 흘러내리는 착하가 유적지의 북면을 돌아 흘러내려 간다. 황토 지대 위에는 석회 구역[灰土圈]이 흩어져 있는데 조사에 따르면 이들은 신석기 시대의 건물 유적지라고 한다. 고고학자들이 1,500평방미터의 범위 내에서 모두 10곳이나 되는 건물터를 발견했다는 사실은 당시에 건축물들이 비교적 밀집된 형태로 조성되었다는 사실을 알 수 있다. 이후에 진행된 발굴 조사는 이 건축물들이 모두 반지혈식半地穴式 구조로 만들어졌음을 확인했다. 현재 상부는 모두 파괴되었고 지혈식 건물의 하부만 남아 있다. 이들의 밑부분은 그 형태가 대체로 불규칙한 원형을 띠고 있으며 직경은 보통 4-5미터 정도이다. 출입문의 위치는 아마도 동쪽 혹은 남쪽을 바라보는 형태로 설치되었을 것이라 추정된다. 현재 남아 있는 땅속 부분의 중간 층위에서는 크기가 비교적 큰 두레박[深腹罐]이 1-2개씩 발견되는데, 이것은 음식물을 익히거나 불씨를 보존하기 위해 사용한 아궁이였을 것으로 보인다. 지금도 그 두레박 안에 목탄 가루나 그을린 재가 있는 것을 확인할 수 있다. 보존 상태가 상대적으로 양호한 몇몇 웅덩이에서는 나무 기둥을 세우기 위한 구멍이 발견된다. 이것은 당시에 건축물의 지붕을 지탱하기 위해 설치한 나무 기둥의 흔적임에 틀림없다. 파헤쳐진 원형의 구멍 안에는 썩은 나무의 잔해가 흔적으로 남아 있다. 이러한 정황들로 미루어 볼 때, 상택문화의 건축형식은 아마도 황하 유역에 출현했던 앙소 문화의 초기에 건조되던 지혈식 건물과 매우 흡사하다고 할 수 있다. 설명하자면, 우선 황토의 대지 표면에 얕은 웅덩이를 파낸 후 사방으로 나무 기둥을 세우고 이를 이용해 나무와 잔가지로 만든 상부 구조물을 올렸다. 여기에다 풀을 섞은 진흙과 나무를 이용해 네 면의 벽을 만드는 것이다. 이렇게 하면 바람과 추위를 막을 수 있는 건축물을 어렵지 않게 축조할 수 있다.

상택 유적지와 북념두 유적지는 동서 방향에서 서로 마주하며 평곡현의 북쪽에 위치해 있다. 이 둘은 모두 상택문화에 속하는 신석기 시대 중기 유적지에 해당하며, 기본적으로 당시 사람들의 생활 모습을 여실히 보여주는 중요한 사례들이다. 상택 유적지와 북념두 유적지는 둘 다 산과 하천이 만나는 지대에 형성되었다. 하나는 구하泃河의 아래에서 두 번째 황토 단구에, 다른 하나는 착하의 아래에서 두 번째 황토 단구에 위치했다. 푸석한 황토는 마제석기磨製石器를 활용해 원시적인 농업 생산을 유지하기에 매우 유리했다. 주거지역과 가까이 위치한 하천은 일상생활에서 사람들이 필요로 하는 물을 충분히 공급해주었을 뿐만 아니라 물고기를 잡거나 조개류를 채집하는 데도 이용되었다. 이와 함께 거주지의 북쪽에는 무성한 산림이 형성되어 있어서 당시 사람들은 다양한 과실을 채취할 수 있었다. 또한, 산지에는 다수의 야생동물이 출몰했고 사슴, 곰, 멧돼지 등을 사냥하며 포획할 수 있었다. 산림의 나무들은 건축물을 만드는 데 필요한 훌륭한 재료를 제공했다. 이와 같은 지리적 환경은 상택문화가 발전하는데 결정적으로 유리한 조건이 되었다. 그런데 이들 지역의 상황과는 달리, 당시 지금의 북경 근처에 조성된 상대적으로 낮은 평원 지대에는 여러 물길이 서로 뒤엉켜 흐르고 다수의 연못이 형성되어 있었다. 이러한 지리적 조건은 사람들이 거주하며 번영을 이루기에 적절하지 못한 것이었다. 이를 종합해 보면, 당시 사람들은 거주 지역을 고를 때 주변의 지리적 특징을 충분히 고려하여 선택했음을 알 수 있다.

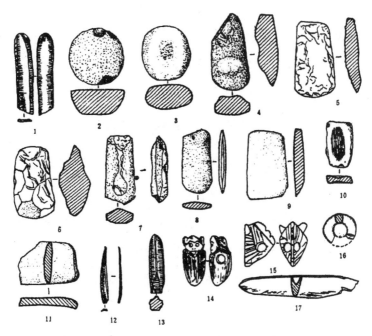

1. 버드나무형 세석기[柳葉形細石器], 2. 평평한 모양의 숫돌[盤狀磨石], 3. 다듬잇돌[砧], 4·5·8. 도끼[斧], 6. 쐐기[楔], 7. 찍개[砍砸器], 9. 삽[鏟], 10. 숫돌[磨石], 11. 맷돌 받침[磨盤], 12. 뾰족한 모양기구[尖狀器], 13. 석핵[石核], 14. 원숭이 모양 추[猴形墜], 15. 물수리 모양 추[鶚形墜], 16. 잔[杯], 17. 칼자루[刀柄]

[그림 7] 상택 유적지의 석기

상택문화로 대표되는 신석기 중기 거주지의 특징은 신석기 말기의 설산雪山 1기 문화에까지 이어졌다. 이것은 북경 지역 신석기 시대 거주지의 분포상에 있어 보편적으로 확인되는 특징이라고 할 수 있다. 이러한 상황은 지금으로부터 3~4천 년 전의 청동기 시대까지 지속되었다. 북경 지역에서 사람들의 거주지가 산 밑의 황토 지대에서 낮은 지대의 하류 충적지 평원으로 차츰 옮겨가는 것은 수천 년의 기나긴 발전 과정을 거치며 진행되었다. 거주지가 산 밑의 지대에서 평원 지대로 옮겨가게 되는 주요한 원인 중하나는 인류의 생산력이 진일보하고 준설浚渫의 기술과 홍수를 방비하는 능력이 발전했다는 점이다. 다른 원인으로는 지금으로부터 약 3천 년 전에 북경 지역의 기후가 상대적으로 따뜻하고 건조한 형태로 변화하는 동시에 강수량이 감소하여 평원 지대에 있던 연못 구역의 면적이 크게 축소된 사실을 들 수 있다.

인류의 활동 지역이 평원 지대로 옮겨감에 따라 사람들은 새로운 공간에서 준설 작업을 벌이고 농업을 일구면서 상호 간의 무역을 발전시켜 갔다. 광대한 평원 지대에서 원시 거주지들이 점차 확대되기 시작했다. 이러한 과정에서 특정 거주지는 유리한 지리적 조건을 활용하여 원시 형태의 도시를 형성하였으며 동시에 이 지역의 정치와 경제의 중심지로 부상하기 시작했다. 현 북경의 전신으로 서주 초기에 분봉된 '계성薊城'이 바로 이러한 원시적 도시들 중 하나에서 시작해 발전을 이룬 사례라고 할 수 있다.

뒷 부분에서는 북경의 전신인 계성의 초기 모습이 어떻게 형성되어 발전해 갔는가를 살펴보자.

2. 북경 지역 도시 건설의 시작

1) '계薊'의 성장

'계薊'라는 명칭은 『예기禮記』의 「악기樂記」편에 기록된, "무왕이 은殷을 정벌하여 상商 왕조를 전복한 후 수레에서 내리기도 전에 황제黃帝의 후손을 계薊 지역에 분봉했다."는 서술에서 처음으로 확인된다. 내용인 즉, 주나라 무왕이 은상殷商 세력[22]을 물리친 후 곧바로 황제의 후손들을 '계'에 분봉했다는 것이다. 이렇듯 '계'는 서주 시기 북방에 분봉된 제후국의 이름인 동시에 그 도성이 있던 지역을 말한다. 따라서 늦어도 서주 초기에는 '계'라고 불리는 도시가 지금의 북경 부근에 존재했다고 할 수 있다.

하나의 도시가 탄생하는 데에는 이를 가능하게 하는 사회경제적 조건이 요구될 뿐만 아니라 동시에 적절한 지리적 요소도 필요하다. 실제 계성薊城이 해당 지역에 들어선 것 또한 결코 우연적인 사건이 아니었다. 그러면 중국의 초기 역사에 등장한 계성은 어떠한 지리적 특징을 배경으로 흥기하고 발전을 이어간 것일까?

---

22) [역자주] 상 왕조는 초기에 중심지를 다섯 차례 옮겼는데, 3,300년 전 반경盤庚이 은殷 지역(지금의 하남성 안양에 해당)으로 천도한 이후 수도의 변경 없이 8대 12왕을 거치며 273년 동안 번영을 이루었다. 은 지역에서 상 왕조가 장기간 전성기를 누렸던 탓에 후대인들은 상 왕조를 지역의 명칭을 빌어 '은殷' 왕조라 칭하기도 했다.

일찍이 1940년대에 미국 시카고 대학의 테일러(Griffith Taylor) 교수는 북경성의 초기 발전 양상과 그 지리적 위치 사이의 관계를 분석한 바 있다. 그는 북경성이 해당 지역에서 발전을 시작할 당시 환경적 조건이 그리 좋지 않았다고 했다. 북경성은 그저 넓은 충적 평원 위에 형성된 여러 도시들 중의 하나에 불과했고, 그것이 점유한 위치는 지리적으로 유리하게 작용할 만한 어떠한 특징도 갖고 있지 못했다는 것이다. 이에 덧붙여 말하길,

> 북경성의 지리적 위치 선택은 분명히 많은 '인人'적 요소를 포함하고 있는 것으로 보인다. 고대 시기에 무사巫師들은 이 도시의 위치가 지리적으로 매우 상서로운 곳이라 여겼다. (중략) 무술적巫術的인 측면과 정치적인 측면의 원인이 함께 작용하여 이 도시가 탄생할 수 있었다. (중략) 이점에 비추어보면 주변의 어떤 도시도 북경성에 비할 바가 못된다.[23]

라고 했다. 테일러 교수는 북경성의 기원을 주술적인 요소의 작용으로 설명했는데 사실 이는 크게 지지받기 어려운 주장이다. 만약 북경 지역의 지형도를 펼쳐본다면 계성은 북경 지역의 소평원小平原 위에 위치해 있다는 것을 알 수 있다. 이 소평원의 서쪽, 북쪽 그리고 동북쪽의 3면은 여러 산들로 둘러싸여 있어 그 모양이 마치 병풍을 두른 듯하다. 반면 남쪽 방향으로는 평평하고 넓은 화북 대평원이 이어져 있다. 형상을 놓고 보면 그 모양

---

23) Griffith Taylor, Urban Geography, Methuen & Co. Ltd., London, 1946, pp.27-28.

새가 마치 바다가 육지 속으로 파고 들어가 있는 만灣의 모습을 하고 있다. 이 때문에 사람들은 이 지역을 '북경만北京灣'이라고 부른다. 계성이 형성되기 시작하던 무렵, 대략 지금으로부터 3,000-4,000년 전 시기에 북경 지역 소평원의 동남쪽 일대에는 하천이 조밀하게 형성되어 있었고, 호수와 늪이 마치 바둑판에 놓인 바둑돌처럼 산재해 있어 화북 대평원으로 나아가는데 장애 요인이 되었다.

북경 지역 소평원의 북쪽으로는 평지에서 굴기한 높은 산들이 자리하고 있어 남북 방향의 교통과 이동에 큰 방해물이 되었다. 그래도 다행이라 할 만한 것은 높은 산들 사이로 몇몇의 협곡이 형성되어 있어 남북을 잇는 통로의 역할을 했다는 점이다. 그중에 중요한 것으로는 계성의 서북쪽에 위치한 남구南口와 동북쪽에 위치한 고북구古北口를 들 수 있다.

3,000년 전 계성이 흥기하기 시작할 때를 기준으로 보면, 화북 대평원에서 북쪽으로 갈 때는 태항산太行山의 동쪽 기슭에 형성된 고지대를 따라서 북상하면 비교적 순조롭게 북경 지역 소평원에 다다를 수 있었다. 이 노선의 서쪽 편을 거쳐 이동할 경우에는 고산 지대를 지나야 했기 때문에 통행이 불편했고, 만약 동쪽 편을 통해서 북상할 경우에는 평원에 형성된 많은 호수와 늪을 건너야만 했기에 남북으로 이동하는 것이 쉽지 않았다. 결국 태항산 동쪽 기슭에 있는 노선을 따라 통행할 수 밖에 없었는데, 이 길을 택하더라도 태항산의 동쪽에서 대평원 지대로 흘러가는 많은 하천들을 건너야 하는 어려움을 극복해야 했다. 이들 하천 중에서 가장 큰 것이 바로 영정하永定河이다. 고대 시기에 영정하를 건너 북경 지역 소평원으로 들어서면 길이 두 갈래로 나뉜다. 서북쪽으로 향하는 길은 남구를 지나 몽골고

원으로 이어진다. 동북쪽으로 나아가는 길은 고북구를 지나 완만한 산지 구릉을 건너면 송요평원松遼平原으로 향하게 된다. 이외에 곧바로 동쪽에 있는 소평원을 지나 북쪽으로 나가는 길이 하나 있는데 이것은 연산燕山의 남쪽 기슭을 따라 해안가로 향한 후 산해관山海關을 거쳐서 요하평원遼河平原으로 이어진다.

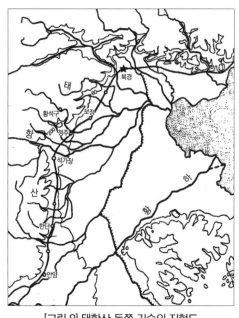

[그림 8] 태항산 동쪽 기슭의 지형도

반대로 놓고 보면, 산지 북쪽에서부터 남쪽 화북 대평원으로 내려올 경우에는 어떤 길을 택하든지 간에 일단 모두 북경 지역의 소평원에서 만나게 되고, 이후에 다시 고대 시기 영정하를 건너서 유일한 통로라고 할 수 있는 태항산 동쪽 기슭의 길을 따라 남하하게 된다. 이렇게 보면 현재 노구교蘆溝橋가 위치한 지점이 당시에 영정하를 건너는 나루터에 해당되고, 이곳이 바로 남북의 교통을 잇는 핵심적 요충지가 되었다. 어쩌면 이 지역은 이른바 '북경만北京灣'에 위치한 항구에 비유될 만한데 이곳에서 바로 각 지역으로 통하는 길이 시작되고, 동시에 북쪽의 각지에서 출발한 길이 바로 이곳에서 합쳐지기 때문이다.

고대 시기 영정하를 건너는 나루터 부근은 교통의 요지였기 때문에 고대 도시가 탄생하여 발전을 이루기에 적합한 곳이었음에 틀림없다. 마치 영국의 런던이 템즈강 옆에 위치하고 프랑스의 파리가 세느강을 끼고 건설된 것과 같은 이치이다.

그런데 영정하는 유량이 매우 불안정한 하천이었다. 화북 지역에 있는 다른 하천들과 마찬가지로 여름에 급격하게 물이 불어 홍수의 범람이 잦았다. 이것은 강 주변에 고대 도시가 성장하는데 심각한 위협을 가했다. 이러

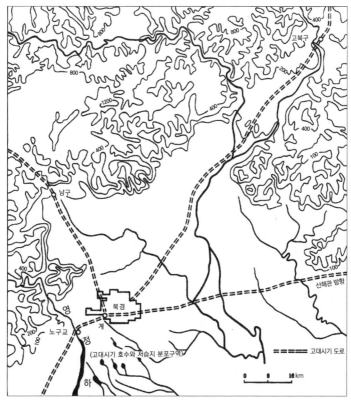

[그림 9] 북경 지역 소평원의 고대 교통로

한 조건에서 고대 시기의 남북을 잇는 교통로는 영정하를 건너 북경 지역 소평원으로 들어선 이후에 다시 좀 더 앞으로 이동하여 홍수의 위협으로부터 벗어날 수 있는 지역에 도달한 후에야 비로소 길이 나누어져 각각 서로 다른 방향으로 나아가게 되었다.

바로 이 교통로가 나누어지는 지역에 형성된 거주지가 남북 교통로 상의 중추가 되었다. 당시 도시가 출현할 수 있을 만큼의 사회경제적 발전이 이루어졌을 즈음에, 바로 이 교통로의 중추적 위치에 형성된 거주지는 자연스레 주변의 다른 소규모 거주지를 능가하는 속도로 빠르게 성장할 수 있었다. 이후에는 결국 서주 시기 북방 제후국의 통치 중심지로 발전했다.

이것이 바로 북경성의 전신인 계성薊城이 탄생하게 된 지리환경적 배경이다.

2) '연燕'과 '계薊'의 이야기

서주 초기 주 무왕은 계국을 분봉하면서 그 주변 지역에 '연국燕國'이라고 하는 또 다른 제후국을 하나 더 분봉했다. 『사기史記』의 「연소공세가燕召公世家」를 보면 "주 무왕이 주왕紂王을 멸하고 소공召公을 북연北燕에 분봉했다."는 기록이 확인된다. 여기서 보이는 북연이라는 것은 바로 우리가 이야기하는 연국燕國을 말한다. 당시 지금의 하남성 관할 구역 내에 '연국燕國'이라고 하는 같은 이름의 제후국이 별도로 존재하고 있었기 때문에 남연南燕과 북연北燕이라는 두 개의 명칭이 각각 따로 사용되었던 것이다.

다시 돌아와 정리해보면, 서주 초기를 기준으로 현재의 북경과 그 주변 지역에는 실제 두 개의 제후국이 있었는데, 하나는 북경 지역의 초기 거주지역에 세워진 계국이었고, 다른 하나는 계국의 부근에 자리한 연국이었다.

'연燕'은 갑골문에서 '안㫃'이라 쓰고, 금문金文에서는 '언匽' 또는 '언郾'이라 적었다. 이것은 당시 해당 지역에서 생활하던 옛 민족에 대한 명칭이었다. 상商 시기에 이미 연족燕族의 사람들이 지금의 하북성 내수현涞水縣과 이수易水 일대에 거주하고 있었다. 이들은 상 왕조의 북방 속국으로 존재하며 '북백北伯'이라 불리기도 했다. 주 무왕이 상을 멸망시킨 이후 분봉한 연국은 바로 이를 기반으로 건립된 제후국이었다.

그러면 주 무왕이 분봉했다는 연국의 초기 분봉 지역은 어디일까? 이에 대해 역사가들이 오랜 시간 논쟁을 이어왔지만 한동안 결론을 내리지 못했다. 그런데 최근 들어 북경의 서남 지역에 있는 방산구房山區의 유리하琉璃河 부근에서 서주 시기 옛 성곽의 유적지와 대형 묘지 구역이 발견되었다. 이곳에서 다수의 부장물품이 발굴되는 것을 계기로 연국의 초기 봉지에 대한 오랜 의문이 비로소 해결되었다.

유리하 유적지[琉璃河遺址]는 지금의 북경시에서 서남쪽으로 43킬로미터 떨어진 곳에 위치해 있다. 북쪽에는 두점진竇店鎭이 있고 동쪽에는 교도향交道鄕이 있다. 동남쪽에는 소향召鄕이 있으며 서쪽으로는 석루진石樓鎭과 이어져 있고, 남쪽으로는 하북성 탁주시涿州市와 경계를 접하고 있다. 유리하 유적지는 유리하의 북쪽 하안河岸에 자리하고 있다. 유적지의 전체 범위는 동서로 3.5킬로미터, 남북으로 1.5킬로미터 이어져 있어 총면적이 대략 5.25평방킬로미터에 달한다. 경광철로京廣鐵路가 유적지의 중간 부분을 관통해 지나간다. 유적지에서 발굴되는 문화층의 절단면에서는 회층灰層과 회갱灰坑 등의 흔적이 분명하게 확인된다. 지면에서는 고대 시기의 도편陶片이 다량으로 흩어져 있는 모습을 볼 수 있다.

고고학자들은 유리하 유적지의 중간 지대에서 지하에 파묻혀 있던 옛 성곽의 터를 발굴했다. 동가림董家林이라고 불리는 작은 마을이 바로 이 성곽 터의 상부에 형성되어 있다. 고고학 발굴의 결과에 근거해보면, 이 성곽이 만들어진 연대는 늦어도 서주 초기에 해당하는 것으로 밝혀졌다.

동가림의 유적지 동쪽에 황토파黃土坡라고 불리는 작은 촌락이 있는데, 이 촌락의 북면에 해당하는 지역에서 거대한 크기를 갖춘 서주 시기 연국의 묘지가 발견되고 다수의 부장품이 출토되었다. 여기서 발굴된 부장품 중에는 높이 62센티미터, 무게 41.5킬로그램에 달하는 근정堇鼎이 있는데, 이는 청동으로 만들어진 예기禮器 중에서 가장 크고 무거운 것 중의 하나로 꼽힌다. 근정의 안쪽에는 명문銘文 26글자가 새겨져 있다. 고문학자들은 이를 다음과 같이 해석했다.

"언후匽侯가 근堇에게 명하여 종주宗周에서 태보太保에게 공물을 바쳤다. 경신庚申 일에 태보가 근에게 조개를 상으로 주고 큰아들 계癸를 위해 이 보정寶鼎을 만들었다."

이 기록의 뜻을 살펴보면, 이름이 근堇이라는 대신大臣이 연후燕侯의 명령을 받들어 종주宗周(서주의 수도를 말함)에 가서 태보太保인 소공召公에게 각종 물자를 헌상하고, 태보가 하사하는 물품을 받았다는 것을 알 수 있다.

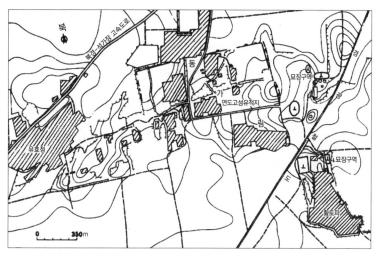

[그림 10] 유리하에 있는 서주 시기 연도燕都 유적지와 묘지

유리하 유적지의 면적, 동가림 고성 터 [董家林古城址]의 건립 연대, 황토파 묘지의 규모와 '언후匽侯'라는 명문이 새겨진 청동예기의 출현 상황에 근거해보면, 이 지역이 바로 서주 시기 연국의 초기 봉지에 해당하고 동가림 고성 터가 바로 연국의 도성이었다는 것은 의심의 여지가 없어 보인다. 지금의 북경 서남부에 위치해

[그림 11] 근정堇鼎

있던 계성薊城과는 남북으로 거리가 약 50킬로미터 정도 떨어져 있다. 이렇듯 당시에 '연燕'과 '계薊'는 각각의 도성을 가지고 서로 독립적으로 존재하는 별개의 제후국이었다.

　동주 시기가 되자 북경 지역 주변의 정치적 상황이 크게 변화했다. 계국의 남쪽에 있던 연국의 세력이 점차 확대되면서 북쪽에 존재하던 계국의 영역을 병합해갔고 급기야는 연국의 수도를 계성薊城으로 옮기는 일이 벌어졌다. 『한비자韓非子』의 「유도有度」편에 "연燕 양왕襄王(B.C. 657-618)이 '하河'를 경계로 삼고 계薊를 '국國'으로 했다."는 기록이 있다. 말하자면, 동주 시기에 연 양왕이 제후왕으로 있을 때 연국은 황하를 남쪽 경계로 삼았으며 국도國都를 계성에 두었다는 것이다. 이러한 기록이 있은 후 연의 수도가 계성에 있었다는 설명이 생겨났다. 훗날 북경이 연경燕京이라고도 불리게 되는데 바로 이러한 연유에서 비롯된 것이다.

　연국이 세력을 확장한 이후 수도를 동가림 고성 터에서 북쪽의 계성으로 옮긴 것은 나름의 지리적 의미를 갖는다. 동가림 고성 터가 비록 태항산 동쪽의 남북 교통로 상에 있으면서 계성과의 거리가 불과 50킬로미터 정도밖에 되지 않았지만, 계성 일대의 지역보다 면적도 크고 농업 경제도 발달해 있었다. 또한 중원에서 가까워 선진적인 중원 문화를 받아들이는 데에도 용이했다. 그러나 계성과 비교해 한가지 부족한 점이 있었다. 동가림 고성 터의 위치가 교통과 전략적인 측면에서 볼 때 계성만 못했던

[그림 12] 유리하에 있는 연국 묘지의 거마갱車馬坑

것이다. 위치상의 특징을 고려할 때, 계성은 남북 방향 교통로의 북쪽 종점인 동시에 북방 산악지대로 나아가는 교통로의 시작점이라는 중요한 지리적 이점을 가지고 있었다. 이것이 바로 연국이 계국을 병합한 후에 수도를 계성으로 옮긴 주요 원인이라고 하겠다.

연국이 수도를 계성으로 옮기자 초기 수도였던 동가림 고성 터는 급격하게 쇠락하기 시작했고, 얼마 지나지 않아 곧 폐허처럼 변해버렸다. 역설적으로 이 지역에서 사람들의 활동이 끊기게 된 덕분에 오히려 지금까지도 이 지역의 많은 유적과 유물이 남아 있을 수 있었다. 반면 계성의 경우는 비록 지속적인 발전을 이루었지만 수천 년에 걸쳐 사람들의 활동이 끊이지 않은 탓에 많은 변화를 겪었고, 결국 현재 확인할 수 있는 유적과 유물이 유리하 유적지와 비교해 현저하게 적다. 일부 학자들은 이런 상황을 이해하지 못하고 북경의 전신이 유리하의 동가림 고성 터라고 주장하기도 하지만 이는 분명 잘못된 설명이다. 계국의 국도國都인 계성이 바로 북경의 전신이라는 것은 자명한 역사적 사실이라 하겠다. 때문에 북경이라는 도시의 역사적 발전에 대한 이해는 계성에서 시작해야지 동가림 고성터로 오해해서는 안된다.

3) 계구薊丘와 계성薊城

그러면 계성의 정확한 위치는 어디이고, 현재 북경의 어느 지역에 해당하는가? 옛 계성의 흔적은 지금의 북경에 얼마나 남아 있는가?

B.C.284년, 이 시기를 역사적 상황으로 설명해보자면, 전국시대 조나라의 대신이었던 인상여藺相如가 진나라의 강폭함을 두려워하지 않고 진왕秦王을 면전에서 다그치고 화씨벽和氏璧을 온전하게 조나라로 가지고 왔던 바로 그 해가 된다. 문헌 기록에 따르면, 이때에 중요한 사건이 하나 발생한다.

연나라의 대장 악의樂毅가 대군을 이끌고 지금의 산동성山東省에 위치했던 제나라를 공격한 것이다. 군대는 제나라의 내지 깊숙이 진입했고 6개월 사이에 70여 개가 넘는 제나라의 성곽을 함락시키면서 이전에 없던 대승을 거두었다. 당시 연나라의 군대가 마지막으로 제나라의 도성을 공격할 때 제나라의 민왕湣王은 거성莒城으로 도망쳐 포로가 될 뻔한 신세를 면할 수 있었다. 이 제후들 간의 전쟁에서 연나라의 군대는 제나라의 여러 지역에서 엄청난 양의 보물과 전리품을 탈취해 모두 연나라로 운송해갔다. 악의가 연왕에게 올린 보고서로 유명한 「보연왕서報燕王書」에는 다음과 같은 내용이 있다.

신臣이 (중략) 명령을 받들어 제齊를 공격해 (중략) 크게 무찔렀습니다. 날랜 병사와 정예 부대가 멀리까지 나아가 제국齊國에 이르자 제왕齊王은 달아나 거莒로 도망쳐서 간신히 죽임을 면했습니다. 주옥珠玉과 보물, 수레와 갑옷 및 진귀한 물건들이 모두 연燕의 차지가 되었습니다. 대려大呂[24]를 원영전元英殿에 진열하고 고정故鼎[25]은 역실전歷室殿으

---

24) [역자주] 대여大呂는 제나라에 있던 대형 종鍾의 이름이다.
25) [역자주] 이전에 제나라가 연나라로부터 빼앗았던 정鼎을 말한다.

로 되돌려 놓았으며, 제기齊器들을 영대寧臺[26]에 늘어놓았습니다. 계구
薊丘의 수목들을 (제나라의) 문수汶水의 대나무밭에 옮겨 심어두었습
니다.[27]

사서의 기록에 따르면, 원영元英과 역실歷室(『사기史記』는 역실曆室이라 기
록했다)은 연나라의 궁중 건축에 붙여진 이름이다. 알려져 있기로는 이 건
축물들이 영대寧臺에 건설되었다고 한다. 그런데 영대가 계성薊城의 어디
에 위치해 있었는지는 확인되지 않고 있다.

악의가 연나라 왕에게 보낸 보고서에 근거해보면, 연나라 군대는 '대려',
'고정', '제기'와 같이 노획한 보물들을 모두 궁전 건축물과 영대에 진열했
다는 것을 알 수 있다. 그런데 여기서 마지막 구절에 주목해볼 필요가 있
다. 이 구절의 해석에 있어 어떤 이는 이를 연나라 계구에 있는 수목을 제
나라의 문수汶水에 있는 대나무밭으로 옮겨 심고는 이를 통해 제나라 땅의
정복을 의미하는 것이라고 이해한다. 반면, 어떤 이는 제나라의 문수에 있
던 대나무를 연나라의 계구에 옮겨 심은 것이라 해석하기도 한다. 어떤 해
석이 정확한 것인가에 대해서는 잠시 논외로 두고 여기서 관심을 가져볼
필요가 있는 것은 악의의 보고에서 확인되는 '계구薊丘'라는 두 글자이다.
계성薊城과 계구 사이에는 과연 어떠한 관계가 있는 것일까?

북위(386-534) 시기의 유명한 지리학자인 역도원酈道元은 자신의 저서인
『수경주水經注』에서 계성의 유례에 대해 비교적 믿을 만한 주석을 소개하

---

26) [역자주] 연나라에 있는 누대樓臺건물의 이름이다.
27) 『전국책戰國策』 권30, 「연燕2」.

고 아울러 계성과 계구의 관계를 분석해 설명을 달았다.

역도원은, "예전에 주周 무왕武王이 요堯의 후예들을 계薊에 분봉했는데, 지금 계성의 서북 모퉁이에 계구薊丘가 있다. 그 언덕으로 읍邑의 이름을 지었으니 이것은 마치 노나라의 곡부曲阜, 제나라의 영구營丘와 같은 경우이다."[28]라고 했다. 이 설명에 비춰보면, 계성이라는 도시의 명칭이 성의 서북쪽에 있는 계구에서 따온 것이고, 이것은 노나라의 곡부나 제나라의 영구와 같이 모두 해당 지역의 두드러지는 지리적 특징을 고려해 이름을 붙인 결과라는 점을 알 수 있다. 다시 말해 계 지역에 돌출한 언덕이 있어 계성이라는 이름이 붙여졌다는 것이다.

역도원은 지금의 하북성 탁현涿縣 출신으로 북위北魏 화평和平 6년(465) 또는 북위 연흥延興 2년(472)에 출생한 것으로 알려져 있다. 이 시기는 전국시대로부터 계산하면 대략 600~700년 이후에 해당된다. 그런데 앞서 인용한 사료의 한 구절인 "지금 계성의 서북 모퉁이에 계구薊丘가 있다."는 기록에 근거해 보면, 역도원 본인이 직접 계성에 가서 계구의 위치를 확인했기 때문에 이렇게 쓸 수 있었을 것으로 생각된다.

당대唐代 유명한 시인인 진자앙陳子昂은 「계구람고薊丘覽古」라는 시를 지은 적이 있는데 그중에는 다음과 같은 구절이 있다.[29]

북쪽으로 계구에 올라 멀리 바라보며 옛 헌원대軒轅臺를 찾아본다.

---

28) 『수경주水經注』 권13, 『사부비요四部備要』.
29) [역자주] 진자앙이 지은 시의 제목은 「계구남고증노거사장용칠수薊丘覽古贈盧居士藏用七首」이고 7수의 시 중에 첫 번째의 시가 「헌원대軒轅臺」이다. 여기에 인용된 시구는 「헌원대」의 일부이다.

응룡應龍의 모습은 보이지 않고 말을 키우는 거친 땅이 눈에 들어오는 구나.[30]

北登薊丘望, 求古軒轅台.

應龍已不見, 牧馬生黃埃.

이에 따르면, 당대에도 계 지역에서 여전히 계구를 확인할 수 있었던 것으로 보인다. 그렇지 않다면 진자앙이 쓴 「계구람고」의 시구는 쓰여질 수 없었을 것이다.

계구와 계성의 상대적 위치에 대한 역도원의 말을 믿을 수 있게 되었으니, 이제 이것을 중요한 단서로 삼아서 관련된 문헌 기록을 참조하여 역사적 사실들을 추적해 본다면 계성이 있었던 위치를 확정하는 것이 가능할지도 모른다.

지리적 위치와 형세를 분석해보면, 역도원이 기록한 계구는 아마도 지금의 북경시 광안문廣安門 부근이었을 것으로 추정된다. 현재 백운관白雲觀의 서쪽벽 밖에 구릉이 하나 있는데 이것이 고대 계구의 유지遺址일 가능성이 크기 때문이다. 북경이 중국 공산당의 영향권 아래 놓이게 된 지 얼마되지 않아 구릉 주변에서 도랑을 파는 일이 있었다. 이때 해당 지역에서 전국시대의 것으로 보이는 도편陶片들이 다수 발굴되었다. 이것은 해당 구릉의 역사가 매우 오래되었음을 설명해주는 증거이다. 1975년 봄과 여름 사이의 시기에 고고학자들은 이 구릉에 대한 발굴을 계획하고 시도했다. 이

---

30) [청淸]손승택孫承澤, 『천부광기天府廣記』 권42, 「시詩1」.

때 옛 성벽이 지하에 매몰되어 있는 것을 일부 확인했으며, 한대漢代에서 수당 시기 사이의 것으로 보이는 유물과 관련 유적지를 발견했다. 여러 가지 이유로 당시의 발굴이 해당 지역의 가장 오래된 문화층의 저층에까지 이루어지지는 못해 초기 성벽 유적지에 대한 직접적인 증거 자료가 확보되지는 못했다. 그러나 설령 충분한 증거자료를 갖추고 있지는 못하더라도 해당 지역이 고대시기의 계구였다는 사실은 부정될 수 없을 것이다. 물론 계구의 위치에 대한 최종적인 확정은 진일보한 고고학적 발견을 통한 증명이 필요해 보이는 것도 사실이다.

이보다 앞서 1957년에 구릉의 남쪽에서 4리쯤 떨어져 있는 지역, 다시 말해 현재를 기준으로 광안문에서 남쪽으로 700미터 떨어진 위치에서 전국시대 또는 그 이전 시기의 것으로 보이는 유적지가 발견되었다. 당시에 출토된 도기의 파편들 중에는 연대가 서주 시기까지 소급될만한 것들이 있었다. 그중에 도철饕餮 문양의 반와당半瓦當은 분명 연나라의 궁전 건축물에서 자주 사용되었던 지붕 구조물의 일부이다. 이것으로 추측해 보면, 계성의 위치는 틀림없이 지금의 광안문 일대였을 것으로 판단된다. 이것은 계성과 계구의 상대적 위치에 대한 역도원의 기록에도 합치된다.

3. 북방의 중요한 군사적 요충지

기원전 221년, 진시황은 중국 역사상 첫 번째의 중앙집권적 봉건 국가를 창건했다. 이로써 제후들이 장기간 할거하면서 각축을 벌이던 정치적 국면은 종식되었다. 이에 연국燕國의 도성이었던 계성薊城은 화북 평원에서 북부 또는 동북부 지역으로 진출하는데 있어 중요한 도시로 부상했다. 진 왕조는 황하와 양자강 유역의 대부분과 주강珠江의 중하류 지역을 판도에 포함시켰고, 동북 방향으로는 전국시대 연국의 영역을 승계한 것에서 나아가 현재의 요하遼河 하류 지역과 요동반도 전체 지역을 통치 범위에 두었다.

진시황은 군郡과 현縣으로 구성된 2급제 행정구 제도를 시행하였다. 기존의 연국은 6개의 군郡으로 분할되었고 그 중 광양군廣陽郡의 치소가 계성에 설치되었다. 이에 계성은 위치상의 지리적 특징으로 인해 한족이 건설한 통일 국가와 동북 지역의 소수민족 세력 사이의 관계 유지에 있어 매우 중요한 역할을 담당하게 되었다. 중국은 광대한 영역을 소유한 다민족 국가인데다 중원 지역과 북방 변경 지역의 사회경제적 발전 상황이 균일하지 않아 민족들 간의 갈등이 자주 발생했다. 이는 봉건적 통치 시기에 피할 수 없는 상황이었다. 이러한 특징은 북경의 발전 과정에도 드러났으며 어떤 면에서는 더욱 뚜렷하게 확인된다고도 할 수 있다. 이를 진시황이 중국을 통일한 이후부터 당 왕조(618-907) 말기까지의 대략 1천 년의 시간을 기준으로 간단히 말해보면 다음과 같다. 중원 지역에서 한족 통치자에 의해 강대한 세력이 형성되어 내부적으로 농민들의 저항을 진압하고 세력 발전을 통해 외부로의 영역 확대를 이루게 되면 곧 예외 없이 계성을 동북지역의 경략을 위한 중요 기지로 활용했다. 반대로 중원 지역에 있는 한족 통치자의 세력이 약화되고 농민기의가 연이어 발발하게 되면, 동북 지역의 유목민족들은 이를 기회로 틈타 내침을 자주 감행했다. 이러한 상황하에서 계성은 한족 통치자의 군사적 방어를 위한 요충지로 기능했다. 만약에 방어가 효과를 거두지 못하여 동북 지역의 유목민 통치자가 내지로 진입하게 되면, 계성은 화북 대평원으로 들어가는 북쪽 입구라는 그 위치적 조건 때문에 곧바로 양 진영의 필사적인 격전지가 되었다. 그 과정에서 계성은 침입자들의 남하를 위한 거점으로 활용되었다. 물론 전쟁이 벌어지지 않는 동안에는 안정적인 형세가 이어졌고, 그 사이에 계성은 빠른 발전을 거둘 수 있었다. 이에 계성은 중국 북부 지역의 무역 중심지로 성장하여 한족과 북방 유목민족 사이의 경제적, 문화적 교류를 촉진하는데 기여했다.

이러한 조건은 진한 시기부터 수당 시기까지의 무려 천년이 넘는 시간 동안 계성이 발전해가는 기본적인 규율이자 중요한 특징이 되었다.

1) '발勃과 갈碣 사이의 도시'

사마천은 일찍이 『사기』 「화식열전貨殖列傳」에서 계성에 대해 다음과 같은 설명을 덧붙인 적이 있다.

> 대저 연燕은 발勃과 갈碣 사이에 있는 하나의 도시로 남쪽으로는 제齊,
> 조趙와 통하고 동북쪽으로는 호胡와 닿아 있으며 (중략) 물고기, 소금,
> 대추, 곡식의 풍요로움을 가지고 있다. 북쪽으로 오환烏桓, 부여夫餘와
> 이웃해 있고, 동쪽으로는 예맥穢貊, 조선朝鮮, 진번眞番을 통제하는 유리
> 한 지리지세를 갖추고 있다.

이 길지 않은 몇 마디의 서술은 중국 북방 지역에서 계성이 차지하는 경제적, 정치적 중요성을 핵심에 맞춰 명확하게 설명해주고 있다. 진한秦漢에서 당唐까지의 시기에 중국이 사회적, 정치적으로 안정된 경우에는 중원의 한족과 동북 지역의 유목 부족들 사이의 무역 왕래가 생산력의 발전에 따라 상당히 빈번하게 이루어졌다. 이 때 이들 간의 교류를 이어주는 중추적인 역할을 수행하는 지점이 바로 계성이었다.

진대秦代에는 광양군廣陽郡의 치소가 계성에 설치되었고 서한 시기에는 광양 지역에 군郡이 설치되거나 봉국封國이 세워지기도 하였지만 그 정치적 중심은 줄곧 계성에 있었다.

진한 시기에 계성은 어떠한 지위를 차지하고 있었을까? 아쉽게도 문헌사료는 이러한 부분에 대한 역사적 기록을 갖추고 있지 않아 우리에게 신뢰할 만한 직접적인 답안을 제공해주지 못하고 있다. 그렇지만 최근 수십 년

사이 북경 지역에서 이루어진 고고학적 발굴이 일부나마 간접적인 증거들을 제시해주고 있다.

1956년 영정하에 물길을 연결하는 공사와 함께 진행된 고고학 발굴 작업은 춘추전국에서 서한 시기사이에 해당하는 도정陶井 151개를 발굴했다. 그중 36개가 전국시대의 것이고 115개가 한대의 도정이었다. 도정들이 가장 밀집하여 분포한 지역은 선무문宣武門과 화평문和平門 일대였는데 이곳에서 모두 130개의 도정이 발견되었다. 밀집도가 높은 경우에는 6평방미터의 면적 안에 4개나 되는 도정이 겹쳐 있었다.

1965년 이후로 고고학 작업자들은 북경시에서 추진하는 여러 공사에 참여하여 고고학 발굴 작업을 진행하였는데 이 과정에서 전국시대에서 한대 사이에 해당하는 도정 65개를 추가로 발굴했다. 형태적인 측면에서 이들 도정은 영정하의 물길 공사 중 발굴한 전국시대에서 서한 시기까지의 도정들과 대략적으로 일치했다. 이 도정들은 도연정陶然亭, 요가정姚家井, 광안문廣安門 내의 북선각北線閣, 백운관白雲觀, 선무문宣武門 내의 남순성가南順城街, 화평문 밖의 해왕촌海王村 등지에 분포했다. 비교적 밀집도가 높은 지역인 내성內城의 서남쪽에서 선무문을 통해 화평문에 이르는 직선상의 구역에서는 55개의 도정이 발견되었는데 그중 29개가 서한 초기의 도정이었다.

도정들의 분포 상황에 근거해 보면, 춘추전국에서 한대까지의 기간 동안 계성이 있던 중심위치는 아마도 도정들이 가장 밀집된 형태로 발견된 선무문과 화평문 일대일 것으로 추정된다. 현재로서는 확인된 고고학 자료들이 많지 않은 탓에 진한 시기 계성의 정확한 위치와 범위를 분명하게 확정하기란 쉽지 않다. 다만 그 대략적인 위치만을 추적해볼 수 있을 뿐이다.

역사 기록 중에 계성의 위치를 비교적 명확하게 기술하고 있는 것은 북위 시기에 등장한 지리 서적인 『수경주水經注』이다. 역도원은 이 책에서 다음과 같은 설명을 남겼다.

누수濕水는 남쪽으로 산을 빠져나가는데 이를 청천하清泉河라고 한다. (중략) 다시 동남쪽으로 흘렀고, (중략) 양산梁山의 남쪽을 지나면 고량수高梁水가 그곳에서 흘러나갔다. (중략) 다시 동쪽으로 광양현廣陽縣의 옛 성의 북쪽을 지나 (중략) 다시 동북쪽으로 향하면, (중략) 계현薊縣의 옛 성의 남쪽을 지나게 된다. 『위토지기魏土地記』에 이르길, "계성薊城의 남쪽으로 7리 떨어진 곳에 청천하清泉河가 있다."고 되어 있다. (중략) 다시 동쪽으로 세마구洗馬溝의 물과 합류했다.

역도원이 언급한 누수는 지금의 영정하이고 영정하는 현재의 삼가점三家店을 통해 산을 빠져나간 후에는 남쪽으로 흐르다가 석경산石景山 이남을 지난다. 북위 시기에 누수는 청천하라고 불리기도 했으며, 양산梁山은 곧 지금 석경산의 동북쪽에 위치한 금정산金頂山(예전에는 낭산狼山이라고 했다)을 말한다. 조위曹魏 때에는 양산 부근에서 누수를 끌어다 고량수로 흘려보낸 적이 있어서 『수경주』는 "고량수가 그곳에서 흘러나갔다."라고 기록한 것이다. 북위 시기, 누수의 물길은 현재의 영정하와 비교해 작지 않은 차이가 있었지만 대체로 지금의 노구교蘆溝橋 부근에서 동북 방향으로 꺾여나갔다. 또한 계성에서 남쪽으로 7리 떨어져 있는 지역을 지난 후에는

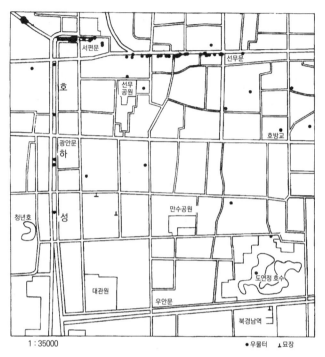

[그림 13] 선무문宣武門 일대에 위치한 춘추시대에서 한대 사이의 유적지

다시 동쪽으로 계속 흘러갔고 결국에는 세마구의 물길과 만났다. 북위와 수당 시기 사이에 누수와 계성의 상대적인 위치는 줄곧 변함이 없었다. 수양제가 운하를 뚫고 군사물자를 계성으로 옮길 때 바로 이 누수의 물길을 활용했다.

『수경주』는 북위 시기의 계성과 주변 수로와의 위치 관계에 대해서 다른 기록도 남겼는데 그 내용은 다음과 같다.

(세마구洗馬溝의 물은) 위로 계수薊水를 잇고 서쪽 큰 호수로 흘렀는데 호수에는 두 개의 수원이 있었다. 이들은 모두 현縣의 서북쪽에서 나

와 평지를 발원지로 두고 흘러서 서호에 유입되었다. 호수의 크기는 동서 방향으로 2리 정도이고 남북 방향으로는 3리 정도였으며 대체로 연국燕國의 옛 연못에 해당한다. (중략) 호수의 물은 동쪽으로 흘러 세마구를 이루고 계성薊城의 남문 옆을 지나 동쪽으로 흐르는데 이곳은 예전에 조기銚期[31]가 창을 들고 싸웠던 장소이다. 이 물길은 다시 동쪽으로 흘러 누수에 유입된다.

세마구의 상류 수원인 서호西湖는 지금의 광안문 밖에 있는 연화지蓮花池의 전신에 해당한다. 새로 건설된 북경 서역이 바로 연화지의 동쪽 면에 위치해 있다. 서호는 평지에서 솟아나는 샘물이 모여서 형성되었는데 이곳은 영정하의 침전물이 쌓여 만들어진 선상지 중에 지하수가 솟아나는 지대이다. 풍부한 유량의 지하수가 저지대로 흘러들어 작은 호수를 이루게 된 것이다. 호수의 물은 동쪽으로 흘러 세마구가 되었는데 이것이 바로 지금 연화지에서 동쪽으로 돌아 남쪽을 향해 흐르는 물길이다. 『수경주』는 세마구를 설명하면서 "성城의 남문 옆을 지나 동쪽으로 흘러간다."라고 했는데 이는 곧 계성薊城의 남문에서 동쪽으로 흘러가는 것을 의미한다. 그러면 이를 근거로 계성의 서쪽 경계와 남쪽 경계를 대략적으로 확정해 볼 수 있다.

계성의 동쪽 경계는 『수경주』에 포함된 고량하高梁河의 물길과 계성의 상대적인 위치에 대한 다른 기록을 통해 추측해 볼 수 있다. 해당 기록을

---

31) [역자주] 요기銚期(?-A.D.34)는 영천군潁川郡 겹현郟縣 사람으로 동한 시기에 활약한 장수이다. 후한을 건국한 유수劉秀의 심복 중 한 명으로 하북 지역을 평정하는 데 큰 공을 세웠다. 당시 하북의 위군魏郡에 장기간 거주하면서 위협 세력을 제압했고 후에 위군태수魏郡太守를 지내기도 했다.

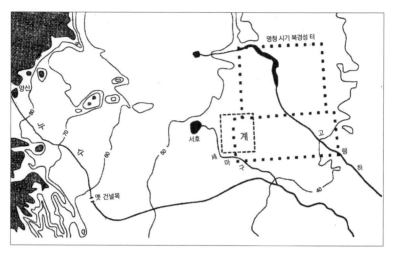

[그림 14] 『수경주』에 기록된 계성薊城과 서호西湖의 위치

옮겨 보면 다음과 같다.

누수瀁水는 다시 동남쪽으로 흐르는데 고량수高粱水가 그것에 유입된
다. 고량수의 물길은 계성의 서북쪽 평지에서 시작하여 동쪽으로 흘러
간다. (중략) 동쪽으로 계성의 북편을 지나 다시 동남쪽으로 흘러간다.
『위토지기魏土地記』가 "계성의 동쪽 10리에 고량高粱의 물길이 있다."라
고 말한 것에서의 물길은 다시 동남으로 흘러 누수로 들어간다.

여기서 말하는 고량수는 앞서 언급했던 양산梁山(금정산金頂山) 부근에서
누수瀁水로부터 흘러나오는 고량수와는 다른 것이다. 전자는 사실상 인공
수로와도 같은 것이어서 누수의 일부를 천연의 고량수로 유입시키는 상류
수원에 해당한다. 후자의 기록은 천연 수로를 말한다. 이 천연의 고량하 또

한 작은 호수에서 발원하는데 이것은 현재의 서직문西直門 밖에 위치한 자죽원紫竹院 공원 내에 있는 호수의 전신에 해당한다. 이 호수의 형성 원인은 서호(지금의 연화지)의 그것과 같은데 영정하의 선상지 앞쪽으로 지하수가 모여서 만들어진 것이다. 천연의 고량수가 바로 이곳에서 발원하기 시작하여 동쪽으로 흘러나가 계성의 북쪽 면을 지난다. 이후 동남쪽으로 방향을 틀어 계성에서 동쪽으로 10리 떨어진 지역을 거친 후 최종적으로는 동남 방향에 있는 누수瀑水로 유입된다. 『수경주』가 인용한 『위토지기』에서 고량수의 하류와 계성의 동쪽 성벽 사이에 10리 떨어져 있다고 한 기록은 우리가 계성의 위치를 확정하는데 있어 하나의 유용한 정보가 된다.

『수경주』의 기록에서 보이는 세마구와 계성의 서쪽, 남쪽 성벽과의 관계와, 고량하의 물길과 계성의 동쪽 성벽 간의 상대적 위치를 고려하면 북위 시기 계성의 범위를 대략적으로 복원해 볼 수 있다. 『태평환우기太平寰宇記』라는 책에 당대唐代 혹은 그보다 조금 이른 시기에 저술된 『군국지郡國志』의 기록이 인용되어 있는데, 그중 계성에 관한 기록을 살펴보면, "계성은 남북으로 길이가 9리에 달하고 동서로의 폭은 7리가 된다."라고 했다. 이 기록에 맞춰서 계성의 범위를 복원해 보면 당시 강과 호수들 사이의 상대적 위치와 대체로 맞아 떨어진다.

1965년, 서교西郊의 팔보산八寶山에서 서쪽으로 500미터 떨어진 지역에서 서진 말기의 유주자사幽州刺史 왕준王浚의 처인 화방華芳의 묘지가 발견되었다. 이 묘는 서진 영가永嘉 원년(307)에 조영되었는데, 묘지명에 "연국燕國의 계성薊城에서 서쪽으로 20리 떨어진 곳에 임시로 매장되었다."라는 기록이 있다. 흥미로운 것은 해당 묘에서 길이 24.2센티미터의 진대晉代 뼈자[骨尺]가 출토되었다는 점이다. 뼈로 만들어진 이 자의 길이를 기준으로 계산해 보면 진대에 통용된 1리는 435.6미터가 된다. 그렇다면 진대에 20리라고 한 거리는 지금의 미터로 계산하면 8,712미터에 해당한다. 화방의 묘지에서 동쪽으로 8,712미터 떨어진 곳은 바로 지금의 회성문會城門 부근이 되고 『수경주』가 전하는 북위 시기 계성의 서쪽 성벽이 있던 위치에 해당하니 북위 시기의 계성과 진대의 계성은 서로 같은 위치에 있었다는 사실을 알 수 있다.

[그림 14]에서 계성의 위치와 그 주변 강과 호수의 수계水系 사이의 상호 관계를 보면, 계성은 바로 영정하 충적선상지의 등줄기 위에 자리하고 있어서 선상지 앞쪽에 지하수가 솟아올라 만들어진 서호[연화지]의 수계를 충분히 활용할 수 있었고, 또한 이것을 도시에서 필요로 하는 물의 수원水源으로 삼았다는 것을 알 수 있다. 분명히 말할 수 있는 것은 초기 계성의 형성과 발전이 서호의 수계와 밀접한 관계를 맺고 있었다는 점이다.

2) 북경 지역에서 시행된 가장 이른 시기의 수리 공사

북경 주변의 평원지대에서 이루어진 농업은 오랜 시간을 거치며 발전을 이루었다. 현대를 기준으로 이곳의 연 평균 강수량은 약 640밀리미터가 된다. 그러나 매년 실제 내리는 강수량은 변화가 비교적 커서 강우량이 많은 해에는 무려 1,000밀리미터를 넘기기도 하여 홍수가 쉽게 발생한다. 반면 강수량이 적을 때는 불과 100-200밀리미터에도 미치지 못해 곧 가뭄의 피해가 생기기도 한다. 특히, 봄 가뭄이 길어질 때는 그 피해가 더욱 심각하다. 때문에 농업의 생산성을 유지하기 위해서 반드시 농전수리법을 활용해야 하는데 이 과정에서 관개 수로의 발전이 특별히 요구된다.

일찍이 삼국시대에 북경 근교에서 비교적 큰 규모의 인공적인 관개 공사가 시행되었는데 이는 바로 여릉알戾陵遏의 건설과 거상거車箱渠의 착공이다.

여릉알은 사실상 물을 막는 제방과 같은 것이었는데 지금의 석경산石景山 서북쪽 자락에 있는 영정하의 하도 위에 건설되어 영정하의 물을 막아 거상거로 흘려보내는 기능을 했다. 거상거는 인공 수로에 해당하는데 여릉알에서 빠져나온 영정하의 물을 평지로 흘려보내 지금의 팔보산八寶山 북쪽을 거쳐 동북쪽으로 흘러나가 계성의 북편에 있는 고량하의 상류에 유입되도록 했다. 고량하로 유입된 영정하의 물은 다시 인위적으로 건설한 여러 지류의 인공수로를 통해 농경지의 관개용수로 활용되었다.

여릉알과 거상거의 건설을 처음으로 주장한 것은 조위曹魏 시기 계성에 주둔하면서 북방 방어의 책임을 맡고 있던 '정북장군征北將軍' 유정劉靖이었다. 당시 유정은 현지 주둔군이 사용할 군량미를 조달하기 위해서 계성의 교외 지역에 둔전屯田을 하여 작물을 경작하는 계획을 세웠다. 이를 위해 그는 직접 현지를 조사하고 수원水源을 찾아냈으며 지형을 면밀히 검토하여 작업 내용을 설계했다. 결국, 조위 가평嘉平 2년(250)에 군인 1천 명을 조직하여 여릉알과 거상거의 건설에 착수했다.

여릉알은 지금의 석경산 서편의 영정하에 축조되었는데 당시 부근의 산 위에 여릉戾陵이라는 능묘가 하나 있었다. 새롭게 건설된 제방의 명칭이 바로 이것의 이름에서 유래하였다. 전해오는 말에 따르면, 여릉은 한 무제의 아들 유단劉旦의 분묘라고 한다. 유단은 연왕燕王에 책봉되어 계성에 거주하였는데 훗날 모반을 일으켰다가 실패하여 결국 자살로 생을 마감하고 그의 봉국封國은 철폐되었다(즉, 연국의 분봉이 취소되었음을 말한다). 유단의 사후 그의 시호諡號(죽은 자에 대해 내리는 명칭을 말한다)는 연자왕燕刺王이 되었는데 '자刺'라는 것은 '매우 폭악하고 인정이 없다[暴戾無親].'는 의미를 갖는다. 그래서 그의 분묘가 '여릉戾陵'으로 불려졌던 것이다.

여릉알의 축조와 거상거의 착공은 당시 북경의 수원 문제와, 교외 지역에 있는 경작지에 대한 농업용수의 공급 문제를 해결하는 데 매우 효과적이었다. 때문에 조위 경원景元 3년(262), 번신樊晨은 병사 2,000명을 징발하고 4만여 명의 노동자를 모집하여 여릉알을 다시 중건했다. 그 결과 더욱 많은 유량의 영정하 지류가 고량하로 유입되었다. 또한 고량하의 상류에다 서쪽에서 동쪽으로 이어지는 수로를 추가적으로 뚫어서 지금의 파하壩河를 이용해 동쪽으로 물을 흘려보내 조백하潮白河(옛 노하潞河에 해당됨)로 이어지게 했다. 이러한 수리 시설의 건설은 관개가 이루어지는 농경지의 면적을 크게 확대했을 뿐만 아니라 계성의 동쪽과 서쪽 사이에 40킬로미터의 거리를 두고 개별적으로 존재하던 영정하의 수계水系와 조백하의 수계를 서로 연결했다. 이것은 북경의 근교 지역에 형성된 수로망의 역사에 있어서 주목할 만한 사건 중 하나라고 하겠다.

이후 200년이 지나, 북위 희평熙平 원년(516)에 배연준裵延俊이 유주자사幽州刺史로 임명되었다. 당시 홍수와 가뭄 등 자연재해가 자주 일어나 일반민들의 생활이 매우 곤궁했다. 이때 배연준은 만약 거상거의 옛 수로를 준설하여 홍수와 가뭄의 방비를 위한 수로시설의 기능을 십분 활용할 수 있다면 자연재해를 막을 수 있을 것이라 생각했다. 곧이어 그는 직접 지리지형에 대한 조사를 실시하고 수로의 폭과 유량을 측량한 후 지세地勢의 유리한 조건을 활용하여 마침내 큰 성공을 거두었다. 거상거가 보수되자 관개가 이루어진 농경지가 100여 만무畝에 달했다.

북제北齊 천통天統 원년(565)에는 북제의 유주자사 곡률선斛律羨이 또 한차례 사람들을 조직하여 고량하의 물을 온유하溫楡河(예전에는 이형수易荊水라고 했다)로 흘려보냈다. 이것이 동쪽으로 백하白河에 이르게 되자 경작지의 관개에 이용할 수 있게 되었다.

여릉알과 거상거의 축조는 북경 지역의 수리 시설이 크게 발전하는 효시였다. 또한 다른 측면에서는 역사적으로 볼 때 북경 지역의 인민들이 특정한 목적을 위해 자연을 계획성 있게 이용하고 개조한 의미 있는 선례가 되기도 한다. 여릉알은 시간이 오래되면서 어느새인가 매몰되고 못쓰게 되었다. 그러나 고대시기의 거상거는 현재 그 유적을 확인할 수 있는데 북경 서교의 팔보산 북쪽 자락에 일부의 하상河床이 남아 있다. 비록 그 대부분이 자갈에 의해 매몰되어 있지만, 신중국 성립 초기만 해도 여전히 그 흔적을 분명하게 확인할 수 있었다.

당시로부터 1,700년이 지난 지금의 북경이 영정하의 물을 끌어다 쓰기 위해 사용하는 수로가 바로 옛 수로의 북쪽 라인을 따라 만들어졌다는 것은 주의 깊게 살펴볼 만한 대목이다. 새로 건설한 인공수로가 옛 수로와 대략적으로 평행을 이루면서 영정하의 물을 옥연담玉淵潭으로 유입시켜 수도 북경에 필요한 용수를 공급하고 있는 것이다. 지금의 영정하 취수 사업

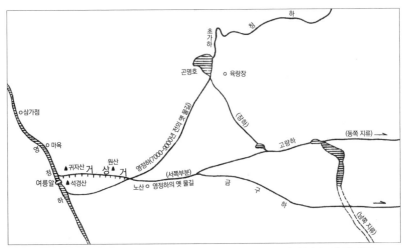

[그림 15] 거상거車箱渠와 영정하永定河의 옛 수로와 고량하高梁河의 관계도

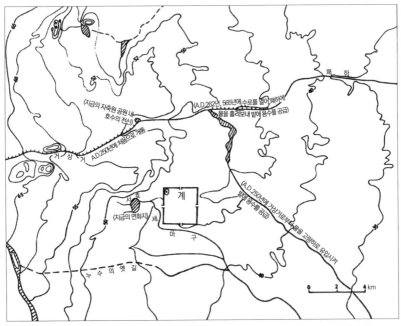

[그림 16] 고대시기 계성薊城 근교의 강과 호수의 수계水系와 주요 관개수로

은 바로 고대시기 거상거의 경험을 계승하고 그 위에 진일보한 발전을 이룬 결과라 하여도 과언이 아니다.

3) 수당 시기의 계성薊城

중국 북방 지역의 군사적 측면에서 볼 때 수당 시기의 계성은 매우 중요한 입지적 조건을 가지고 있었다. 수대에 설치된 탁군涿郡과 당대의 유주幽州는 모두 치소를 계성에 두었고 이로 인해 계성은 탁군 또는 유주라 불리기도 했다. 수 양제와 당 태종은 전국을 통일한 이후 계성을 군사기지로 활용하여 동북 지역에 대한 정벌을 시도했다. 이것은 중원에서 한족에 의해 건설된 왕조가 강대한 세력을 갖추었을 때 계성을 동북 지역 공격을 위한 거점으로 활용한 전형적인 사례이다.

수 양제는 대업大業 원년(605)에 통제거通濟渠를 건설하고, 고한구古邗溝와 회수淮水를 이용하여 양자강과 황하를 연결했다. 대업 4년(608)에는 다시 영제거永濟渠를 조성했다. 영제거는 총 길이가 2천 리를 넘었으며 남쪽 구간에서는 "심수沁水를 끌어다 남쪽으로 황하에 이르게 했다." 다시 말해, 황하의 지류인 심수의 물을 이용하여 동북 방향으로 청하淸河 및 기하淇河와 연결하고 이후에는 다시 동북으로 백구白溝와 이어지게 한 것이다. 북쪽 구간의 경우에는 고수沽水(지금의 백하白河를 말한다)와 상건수桑乾水의 일부를 활용하여 운하를 뚫었다. 이렇게 하여 하남 지역에서 오는 배들이 영제거를 통해서 곧바로 북쪽의 계성에 도달할 수 있게 했다. 영제거의 북단

끝부분에서 이용된 상건수는 당시 계성의 남교南郊를 지나는 하천(지금의 북경 남쪽에 자리한 양수하凉水河에 해당한다)이었는데, 수대에 영제거가 계성에 직접 도달할 수 있게 하는 데 있어 이것이 중요한 역할을 했다는 점은 주목해볼 필요가 있다.

영제거가 개통된 지 3년째 되던 해, 즉 대업 7년(611)에 수 양제는 탁군의 임삭궁臨朔宮에 출행하여 직접 병사들을 지휘하고 군장들을 파견하면서 고구려에 대한 공격을 준비했다. 당시 우선적으로 힘을 쏟은 것은 하남의 여양창黎陽倉(지금의 하남성 준현浚縣에 소재)과 낙구창洛口倉(지금의 하남성 공현鞏縣에 소재)에 비축된 식량을 탁군으로 운반하는 일이었다. 이에 대해 역사기록은 다음과 같이 전한다.

(수 양제는) 양자강과 회하 이남의 민부民夫와 배를 이용해 여양黎陽과 낙구洛口에 있는 여러 창고의 곡식을 탁군涿郡으로 운반했는데 배들이 서로 이어진 것이 1천여 리에 달했다.[32]

곡식을 운반하던 선박의 대오가 상당한 규모를 이루었다. 하남에서 계성까지 천여 리가 넘는 거리에 이어질 정도였다. 수 양제는 또한 전국 각지에서 군대를 징발하여 탁군에 집합시켰다.

사방의 병사들이 모두 탁군에 모였다. (중략) 무릇 113만 3천 8백 명에

---

32) 『자치통감資治通鑑』, 대업大業7년年, 추秋7월조月條.

달했고, 200만 명이라 과시할 정도였으며, 이들에 물자를 공급하는 사람들의 수는 그 두 배가 되었다. 남쪽의 상건수桑乾水에서 사직社稷에 의례를 올리고, 임삭궁臨朔宮 남쪽에서는 상제上帝에 제사를 드렸으며, 계성의 북쪽에서는 마조馬祖에 대한 제를 지냈다.[33]

이처럼 수 양제는 대규모의 군대를 계성으로 불러 모았고, 고구려를 공격하기 위해 계성에서부터 동북방향으로 길을 나누어 군대를 출발시켰다. 길에 군대가 앞뒤로 이어졌고 그 기세가 사람을 놀라게 할 정도였다. 이에 대해 역사기록은 "이전에 군대가 출정하던 성대함 중에 일찍이 없었던 바이다."라고 했다. 이처럼 인민들을 수고롭게 하고 재정적 피해를 야기한 대규모의 군사 작전은 결국 수나라 군대의 완전한 패배로 끝났다. 이후에 수 양제는 다시 군대를 동원하여 두 차례에 걸쳐 고구려 정복을 위한 전쟁을 벌였지만 모두 성공하지 못했다. 그런데 총 세 차례에 걸친 대규모 군사 행동이 진행되는 동안 매번 계성이 병마와 군량의 집결지로 활용되었다는 사실은 계성이 갖고 있는 군사적 지위의 중요성을 잘 보여준다.

이 일이 있은 지 불과 30년이 지나지 않아, 수를 이어서 등장한 당 왕조가 나날이 강성해지는 국가적 형세를 배경으로 대외 확장을 위한 야심을 키웠다. 당 정관 18년(644), 태종 이세민은 수 양제가 걸었던 길을 뒤따라 고구려에 대한 정복 전쟁을 일으켰다. 당 왕조의 군대는 두 개의 길로 나누어 진격했는데 하나는 해상을 통해 공격하는 것이었고 다른 하나는 육로를

---

33) 『자치통감』, 대업8년, 춘정월조.

이용해 계성을 거쳐 요동으로 나아가는 것이었다. 육로를 통해 공격하는 부대는 예전처럼 우선 계성에 집결한 후 계성의 남교에서 출정을 위한 성대한 의식을 치르고 기세를 몰아 고구려를 향해 나아갔다. 그러나 당의 군대는 고구려 군대의 완강한 저항에 부딪혔고 또 추운 날씨와 부족한 물자로 인한 고통으로 성과 없이 후퇴해야 했다.

그해 겨울, 태종은 계성으로 군대를 물렸다. 이후 군인들의 마음을 안무하기 위해 계성의 동쪽 성벽 안쪽에서 다소 남쪽으로 치우친 곳에 전사한 군인들을 애도하는 사원을 건설하고 '민충사憫忠寺'라고 이름 붙였다. 이 사원은 이후 여러 차례의 보수 공사를 거쳐 지금에까지 이어져 오고 있다. 현재는 이름이 법원사法源寺로 바뀌어 있고, 북경에서 가장 중요한 사원 중 하나로 남아 있다.

수, 당 왕조가 강성했을 시기에 계성은 동북 지역의 경영을 위한 전략적 기지로 기능했다. 반면에 중원 왕조의 세력이 쇠미해지고 분열의 정치적 국면이 출현하면 상황은 달라졌다. 북방에서 활동하던 유목 민족들이 기회를 틈타 중원 지역을 노렸고 이러한 상황에서 계성은 곧 군사 방어를 위한 중요한 군진으로 부상했다. 당 왕조는 중기 이후에 겉으로는 강성해 보였지만 내부적으로는 실제 허약한 상태에 있었다. 계급모순과 통치 집단 내부의 갈등이 나날이 격화되었고 사회 각 분야에서 위기 상황이 출현했다. 이 과정에서 당 왕조의 통치자들은 국경 주변의 중요 군진 지역에 절도사節度使를 설치하여 황제를 대신해 군대를 이끌고 주둔하게 했다. 당 현종 시기가 되면 북방의 국경 지대에 모두 8개의 절도사를 설치했는데 그중의 하나가 바로 계성에 있었다. 이름은 범양절도사范陽節度使였다. 이러한 사실은 계성이 갖고 있는 국가 방위 거점으로서의 지위를 알 수 있게 해준다.

당 천보 14년(755)에 발발한 '안사의 난'은 당시 범양范陽, 평로平盧(지금의 요녕성遼寧省 조양朝陽을 말한다), 하동河東(지금의 태원을 말한다) 세 번진의 절도사를 겸하고 있던 안록산安祿山이 일으킨 것이다. 안록산은 계성에서 병사를 이끌고 곧바로 낙양과 장안으로 공격해 들어가 당 왕조를 멸망 직전까지 몰아붙였다. 그러나 이후 안록산 부자父子가 연이어 살해되고 사사명史思明 부자가 반란군을 통솔했다. 대략 8년에 걸쳐 이어졌던 동란은 통치 집단 내부의 이권 다툼을 위한 내전이었다고 할 수 있는데 비록 최종적으로는 회흘回紇 기병의 도움을 받은 당왕조에 의해 정리되었으나 당시 북방 지역 인민들에게는 묘사하기 어려울 만큼의 고난을 가져다주었다. 하북 지역은 반란군에 의해 "사람들의 거주지가 불탔고 사람과 옥백玉帛이 약탈되었으며 건장한 사람들은 날카로운 칼날 아래 죽어갔고 약자들의 시체가 골짜기를 가득 채웠다." 사회적, 경제적 피해가 유례없는 수준이었다. 이로 인해 당 왕조는 쇠락의 길을 걷게 되었다.

수, 당 왕조 시기의 계성에 대한 정보를 전해주는 역사적 기록은 거의 남아 있지 않다. 그러나 고고학 자료들이 관련 사실을 얼마간 추측해 볼 수 있게 한다. 고고학 자료들 중 대표적인 것으로는 최근 북경 지역에서 발견되고 있는 당대의 묘지명이 있다.

1951년 겨울, 동단東單의 어하교御河橋 건설 현장에서 당 왕조 시기 임자신任紫宸 부부의 합장묘가 발굴되었다. 이 당대의 묘지명에서 "묘지는 유주성幽州城에서 7리쯤 떨어진 동북쪽 평지에 조성되었다."라는 구절이 확인된다. 당대 유주의 치소는 계성에 설치되었기 때문에 묘지명에서 말하

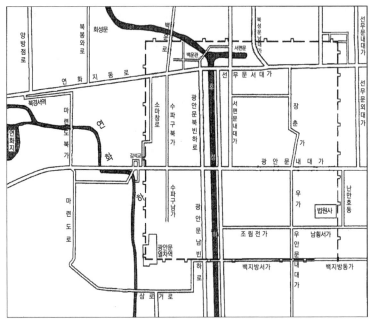

[그림 17] 수당 시기 유주성幽州城

는 유주幽州는 곧 계성이 된다. 묘지명에 있는 방위 기록을 기준으로 보면, 임자신 부부의 묘는 분명 당대 유주성에서 동북 지역으로 7리 정도 떨어진 곳에 위치했음을 알 수 있다. 1956년에는 영정문 밖의 안락림安樂林이라는 지역에서 당 건중建中 2년(781)에 작성된 '체주사마棣州司馬 요자앙姚子昻의 묘지명'이 출토되었는데 이 묘지명에서는 "유주성 동남쪽 6리 떨어진 곳에 매장했다."는 기록이 확인된다. 임자신 부부의 묘와 요자앙의 묘가 하나는 남쪽, 하나는 북쪽에 있으면서 남북방향으로 이어지는 일직선상에 위치해 있다. 따라서 유주성의 동쪽 성벽은 마땅히 이 일직선을 기준으로 서쪽 방향 6-7리 떨어진 곳에 남북 방향의 직선 형태로 존재했을 것이다. 이 외에 당대 승려 남서南敍가 쓴 『중장사리기重藏舍利記』는 "대연성大燕城 성

내의 동남 방향 모퉁이에 민충사愍忠寺가 있는데 그 문이 큰 길과 닿아 있다."라고 기록했다. 여기서의 민충사는 앞서 언급한 바 있는, 당 태종이 고구려와의 전쟁에서 전사한 군인들을 애도하기 위해 지은 사원을 말하는 것이고 이름이 법원사法源寺로 바뀐 후 현재까지도 잘 보존되고 있다. 이러한 자료들을 종합해 보면, 당시 유주성의 동쪽 성벽은 지금의 법원사 동쪽과 난만호동爛縵胡同의 서쪽을 잇는 선상에 있었을 것으로 추정된다.

유주성의 서쪽 성벽 또한 같은 방법을 활용하여 그 대략적인 위치를 짐작해 볼 수 있다. 1959년에 해전구海澱區 자죽원紫竹院 남삼호南三虎에서 당 문덕文德 원년(888)에 만들어진 '당唐 노공盧公의 부인 조씨趙氏 묘지명'이 발굴되었는데 해당 묘지명에서 "부성府城에서 서북쪽으로 10리 떨어진 곳에 매장한다."는 기록이 확인된다. 부성이라고 한 것은 곧 유주성을 말하는 것인데 묘지가 바로 이 유주성의 서쪽 성벽에서 10리 떨어져 있다는 것을 알 수 있다. 1966년에는 서팔리西八里 장경밀莊京密에서 관개시설을 축조하는 공사중에 당 천보天寶 13년(751)에 작성된 '운휘장군雲麾將軍 청산주자사靑山州刺史 이영정李永定의 묘지명'이 발굴되었다. 이 묘지명은 '군郡의 서북쪽 15리 떨어진 곳에 매장한다.'는 기록을 남겼다. 당시에 범양군范陽郡의 치소가 계성에 있었기 때문에 여기서 말하는 '군郡'은 계성을 뜻하는 것이다. 이렇게 보면 계성의 서쪽 성벽은 이영정의 묘지에서 동남 방향으로 15리 떨어진 곳에 있었다는 것을 알 수 있다. 1974년에는 감석교甘石橋 북쪽에 있는 북경강창원北京鋼廠院 내에서 당 대중大中 9년(855)에 작성된 '탁주涿州 범양현范陽縣 주부主簿 난릉蘭陵 사람 초공肖公의 부인 후씨候氏의 묘지명'이 출토되었다. 후씨의 묘지명은 "유주幽州 유도현幽都縣

에서 서쪽으로 3리 떨어진 오원件原에 임시로 안치한다."는 기록을 전하고 있다. 이것은 현재 발견된 당대 묘지 중 유주성과 거리가 가장 가까운 것에 해당하는데 묘지가 있는 위치(지금의 북경강창원에 해당함)에서 동쪽으로 1.5 킬로미터 떨어진 곳이 바로 유주성의 서쪽 성벽이 있던 자리임을 알 수 있다. 이들 묘지명의 기록에 근거해서 추론해 보면, 당대 유주성의 서쪽 성벽은 지금의 회성문會城門에서 동쪽으로 조금 옮겨간 지점에 남북방향의 직선 형태로 위치했다고 할 수 있다.

1965년에는 당 원화元和 6년(811)에 작성된 '당 왕질王銍의 묘지명'이 우안문右安門 외곽 지점에서 발견되었는데, 묘지명의 기록 중에 "분묘를 계현薊縣의 요촌姚村에서 남쪽으로 1리 떨어진 들판에 만들었다."는 내용이 포함되어 있다. 1982년에 우안문 외곽의 동삼조東三條에서 발견된 '당 유검劉鈐의 묘지명'은 당 문덕文德 원년(888)에 작성된 것인데 이것에서는 "계현 요촌의 북쪽 평지에 있는 선영先塋으로 돌아와 장사지냈다."라는 구절이 확인된다. 1981년, 풍대구豊臺區 대보대大葆臺의 서한박물관西漢博物館 남쪽 500미터 떨어진 지점에서 당 영태永泰 2년(766)의 '당 양씨陽氏 묘지명'이 발견되었는데 그 기록 중에 "묘지가 계성에서 서남쪽으로 20리 떨어진 곳에 자리하고 있다."는 내용이 확인된다. 1985년에는 당 회창會昌 6년(846)의 '당 왕시옹王時邕의 묘지명'이 풍대구豊臺區 괴방향槐房鄉에서 출토되었는데 묘지명에 "계현에서 남쪽으로 113리 떨어진 곳에 장사지낸다."라는 구문이 실려 있다. 개별적으로 흩어져 있는 이들 묘지명 자료를 통해서 살펴보면 당대 유주성의 남쪽 성벽은 아마도 지금의 도연정陶然亭에서 서쪽으로 뻗으면 연결되는 백지방白紙坊의 동서가東西街 일대에 위치했을 것으로 추정된다.

청대에 편찬된 『일하구문고日下舊聞考』라는 책에는 청 강희康熙 20년 (1681)에 서안문西安門(청대 황성의 서문으로 대략 지금의 서황성西黃城 근남가根南街 남쪽 입구 부근에 해당한다) 안쪽에서 발견된 당 정원貞元 15년(799)의 '당 복양濮陽 변씨卞氏의 묘지명'이 실려 있는데, 묘지명의 내용 중에 "묘지는 유도현幽都縣에서 동북으로 5리 떨어져 있는 예현향禮賢鄕의 평원에 조성되었다."는 기록이 있다. 1929년에 지금의 서성구西城區 이룡로二龍路에서 당 함형咸亨 원년(670)의 '당 오흠仵欽의 묘지명'이 출토되었다. 이 묘지명은 기록하길, "함형 원년, 성城에서 동북쪽으로 5리 떨어진 평지에 관을 옮겨 매장한다."라고 했다. 또 1956년에는 지금의 애민가愛民街에서 당 개성開成 3년(838)에 작성된 '당 노룡절도사盧龍節度使 도압아都押衙 주원장周元長의 묘지명'이 발견되었다. 이 묘지명은 "계성薊城의 동북쪽으로 7리 떨어진 용도龍道의 평원에 장사지낸다."는 기록을 포함하고 있다. 이들 묘지명의 기록이 보여주는 방위와 거리 등의 정보를 종합해보면, 당대 유주성幽州城의 북쪽 성벽은 지금의 두발호동頭發胡同이 놓여진 선에서 서쪽으로 뻗어나가 백운관白雲觀 북쪽으로 이어지는 지역에 위치했음이 분명하다.

당대에 작성된 묘지명 자료들을 활용하여 추적한 당대 유주성의 위치는 북위 시기에 역도원이 『수경주』에 기록한 북위 계성의 위치와 기본적으로 일치하고 큰 변화가 없다. 현재 확정적으로 말할 수 있는 것은 서주 초기부터 시작해 춘추전국 시대, 한대, 북위와 수당 시대를 거치는 사이에 계성의 성지城址는 그다지 눈에 띄는 큰 변화가 없었으며 줄곧 연화지의 수계에 의지해 발전을 지속했다는 사실이다.

4. 국가적 정치 중심으로의 전환

1) 거대한 변화의 시작

북경의 발전에 있어서 요遼 왕조(916-1125)와 금金 왕조(1115-1234)의 시기는 매우 중요한 과도기에 해당한다. 요와 금 두 왕조는 모두 북방 민족이 중원 지역으로 남하하여 화북 지역과 동북의 광활한 평지에서 한 시대를 구가하며 건설한 통치정권이다. 이러한 역사적 조건에서 계성이 차지하는 중요성은 시대의 흐름과 함께 눈에 띄게 변화했다. 북경은 요, 금 시대가 되자 화북 평원에서 북방 지역으로 통하는 입구의 역할을 했던 것에서 발전하여 기존에 장안長安이 누려왔던 역사적 지위를 대신했다. 이후 중국 역사 후반기의 수백 년 동안 전국 최대의 행정 중심지로 기능했다.

장안이 쇠락하고 북경이 흥기하는 과정에는 정치, 경제 그리고 역사적 원인이 매우 복잡하게 얽혀있다. 장안이 위치한 관중 지역은 중국의 초기 역사에서 정치, 경제, 문화의 중심지였다. 사마천은 자신의 명저 『사기』에서 다음과 같이 기술한 바 있다.

예전에 관중의 땅은 그 면적이 천하의 3분의 1에 해당하고 사람의 수는 10의 3에 불과했지만, 그 부유함으로 보자면 10의 6을 차지했다.

이 말은 관중 지역의 인구 수와 토지 면적이 전국을 기준으로 각각 3분의 1에 해당하는 크기였지만 경제적 부는 도리어 전국의 3분의 2를 향유할 만큼 발달했음을 보여준다. 관중 지역은 전국에서 가장 부유한 지역이었다고 할 수 있으며, 동시에 장안성은 의심할 여지 없이 정치와 경제의 중심이었던 것이다.

그러나 전통 시기 역사의 후반부에 들어서자 이러한 상황은 크게 바뀌었다. 동진東晉 이후 양자강 하류 일대가 전면적으로 개발되었다. 사람들의 활동 면적이 확대되고 생활 조건이 우월해졌으며 물산 또한 풍부해졌다. 관중 지역이 감히 견줄 수 없는 수준으로 발달했다. 결국 한漢 왕조 시기에는 전국 최고 수준의 부를 누리던 관중 지역이 수당 시기가 되자 강남 지역의 경제적 부에 의존하지 않을 수 없게 되었다. 심지어 흉년이 들면 황제조차 강남에서 운반해 오는 곡식을 이용하기 위해 낙양으로 거처를 옮겨야 할 정도였다. 수 양제는 대규모 공사를 벌여 낙양에서 양자강 삼각주를 잇는 대운하를 건설하였는데 그것은 강남의 양식을 운반하여 관중 지역에 공급하고자 하는 목적이 있었기 때문이었다. 결국 당 왕조 시기 장안이 보여준 번영은 대운하를 통해 연결된 강남 지역의 경제적 도움이 있었기에 가능했던 것이다. 당시 장안은 비록 전국의 정치적 중심지이긴 했지만 과거에 누렸던 만큼의 절대적인 우세는 이미 상실한 상태에 있었다.

북경이 장안을 대신하여 정치적 중심지가 될 수 있었던 원인 중 하나는 당 중엽 이후 동북 변방 지역의 유목 민족들이 당 왕조의 쇠락과 함께 중원 지역에 대한 침입과 약탈을 확대했기 때문이다. 유목민 부족들은 동북 지역에서 끊임없이 남하했고 그 형세가 마치 밀물이 들어오는 것처럼 지속되었다. 유사 이래로 중국의 북쪽 변경은 유목 세력의 끊임없는 공격과 마주해 왔다. 북경은 화북 평원의 북쪽 입구와도 같은 위치적 특징으로 인해 유목민 부족들이 남하하여 침략할 때 우선적으로 점령하려는 대상이었다. 한족과 유목민족의 갈등 상황은 동북 변경 지역이 빠르게 발전하는 과정에서 북경의 지역적 중요성이 하루가 다르게 확대되는 중요한 조건으로 작용했다. 결국 북경은 중국의 후반기 역사에서 장안을 대신하여 새로운 정치 중심지로 자리매김했다.

이처럼 전국 단위의 정치적 중심 지역이 장안에서 북경으로 옮겨가는 과정을 보면, 요 왕조의 남경성南京城과 금 왕조의 중도성中都城은 계성薊城이 북방의 요충적 군진에서 전국적 차원의 정치 중심지로 변모하는데 있어 중요한 과도기적 역할을 수행했음을 알 수 있다.

2) 요 왕조의 배도陪都, 남경성南京城

'요'는 거란족이 건립한 중국 북방의 소수민족 정권이다.

거란족은 중국 북방의 오래된 소수 민족 중 하나로 원래는 지금의 중국 내몽고 동부에 있는 요하遼河의 상류 지역, 즉 서랍목륜하西拉木倫河(전통 시기에는 황수潢水라고 불렸다) 유역에 거주했다.

거란족은 오랜 기간에 걸쳐 한족과 밀접한 교류 관계를 유지했고 그 결과 정치, 경제 등 여러 분야에서 중원 지역과 빈번한 접촉과 긴밀한 소통을 이어갔다. 당 태종의 정관 연간(627-649)에 당 조정은 거란인들이 거주하는 지역에 송막도독부松漠都督府와 10개의 기미주羈縻州를 설치했다. 또한 거란 부족의 연맹 수장에게 도독都督과 자사刺史의 칭호를 수여하며 당 중앙 정부와 거란과의 정치적 관계를 강화했다. 거란도 이에 호응하여 유주幽州에 관사館舍를 설치하고 사절을 자주 파견하였다. 사절단이 유주를 거쳐 장안에까지 오가며 외교 관계가 지속되었다. 유주성은 여러 민족들이 서로 통상을 벌이는 무역의 중심지였고 거란인들도 이곳을 자주 왕래했다. 한편, 중원의 봉건 왕조에 의한 통치를 견디지 못한 일부의 한인漢人들은 유주를 통해 거란인의 지역으로 도망하기도 했다. 거란족과 한족 사이에 오랫동안 유지된 교류 관계는 거란 사회의 경제적 발전을 촉진했다.

거란족은 목축과 수렵을 기반으로 하는 유목 생활을 장기간 이어갔다. 10세기 초, 즉 907년을 즈음해 거란의 귀족 출신 야율아보기耶律阿保機가 거란의 여러 부락들을 통일한 후 해奚, 실위室韋, 말갈靺鞨 등의 부족을 무력으로 제압했다. 이를 계기로 거란의 세력이 점차 강성해지기 시작했다. 그러던 중 916년, 야율아보기는 임황臨潢(지금의 내몽고 파림좌기巴林左旗에 해당한다)에서 황제에 등극하고 거란 정권의 건립을 정식으로 선포했다. 곧 거란은 북방 초원 지대의 강대한 세력으로 성장했다. 이후 10년의 시간이 지나, 926년이 되었을 때 거란은 동쪽에 인접해 있던 발해국渤海國을 멸망시키고, '땅 5천 리, 병사 수십만 명'을 획득했다. 이로써 통치 영역이 확대되었고 군사적인 역량 또한 크게 진작되었다. 전반적으로 그들의 기세가 크게 확대되었다. 이에 거란의 통치자들은 군사를 진격시켜 남하를 시도했고 결국 당 왕조의 북쪽 입구를 두드렸다. 이러한 상황을 정면으로 맞이해야 했던 지역이 바로 유주성이었다.

당시 중원 일대는 군벌들이 혼전을 벌이는 상황에 있었다. 당 왕조가 멸망한 이후, 50년이라는 길지 않은 시간 동안 황하 유역에 무려 5개의 봉건 정권이 등장했다 교체되었다. 이 왕조들은 대개의 경우 10-20년, 또는 그보다 더 짧은 기간 동안만 유지하며 단명했다. 새로운 왕조가 들어선 지 얼마 되지 않아 곧 또 다른 왕조에 의해 대체되는 현상이 반복되었다. 당시 건립되었던 정치세력들을 차례로 나열해 보면, 후량後梁, 후당後唐, 후진後晉, 후한後漢, 후주後周가 있었다. 이들은 잔인하고 폭력적인 군사적 압박이 이어지는 상황을 배경으로 등장했고 역사서들은 이때를 가리켜 '오대五代'시기라고 했다. 이 시기는 중국 역사에서 가장 암울했던 기간이라 해도 과언이 아니다.

야율아보기가 거란 정권을 이끌고 있던 시기에 후당의 하동절도사河東節度使 석경당石敬瑭은 권력을 장악하기 위해서 거란에게 군사적 지원을 요청했다. 936년 여름에 석경당은 거란 통치자에게 표를 올려 "토지를 할양하고 조공을 바치며 신하를 칭하겠다."는 조건을 제시했다. 또한 그는 기꺼이 아버지를 대하는 예禮에 맞추어 거란의 통치자를 섬길 것이라는 뜻을 전했다. 게다가 후당 정권을 정복하게 되면 도움에 대한 감사의 뜻으로 지금의 대동大同에서 북경 일대에 이르는 이른바 '연운燕雲16주州'를 거란에게 할양해 주겠다고 약속했다.

거란의 통치자들은 석경당의 제안에 흡족해했고, 이에 적극적으로 응대했다. 같은 해 초가을 5만의 거란 기병이 남하하여 석경당이 이끄는 반군叛軍을 도왔고 지금의 산서성山西省 태원太原의 서북 지역에서 후당의 군대와 격전을 벌였다. 후당의 군대는 거란의 기병과 석경당의 반군에 의한 협력 공격을 받아 궤멸적인 패배를 당했다. 이어서 석경당은 남쪽으로 진격하여 낙양을 공격해 함락시켰다. 이로써 후당은 멸망했고 결국 석경당은 후진이라는 작은 왕조를 세우게 되었다.

석경당은 거란 군대의 도움에 의존하여 황제라는 보좌에 앉게 된 후 곧바로 거란에게 연운16주를 할양해 주었다. 당시에 연운16주는 중원 지역에서 볼 때 군사적으로 중요한 방어벽과 같은 곳이었다. 군사 전략의 측면에서 보면 뛰어난 입지적 조건을 갖춘 지역이었다. 16개의 주州가 하루아침에 거란으로 넘어가게 되자 화북 지역 전체가 마치 입구가 활짝 열린 것과 같은 상태가 되어 외부 침입의 위험에 노출되었다. 이에 거란의 기병들이 철제 말발굽을 내달리기라도 하면 단숨에 중원으로 들어갈 수 있는 형국이 조성되었다.

거란의 통치자는 연운16주를 병합한 지 얼마 되지 않아 국호를 요遼로 바꾸고 임황부臨潢府(지금의 내몽고 파림좌기巴林左旗에 해당한다)를 수도로 삼았다. 아울러 유주성幽州城에 배도陪都(수도 이외에 건설된 국도國都를 말한다)를 설치했다. 배도의 위치가 거란의 강역을 기준으로 볼 때 남부에 해당되었기 때문에 이곳은 남경南京이라고 불렸다. 아울러 연경燕京이라고도 칭해졌다.

그러면 거란은 왜 유주성에 남경을 두었을까? 여기에는 크게 두 가지 원인이 작용했다. 첫째는 해당 지역이 갖고 있는 유리한 지리적 지세를 활용하여 남쪽으로 중원 지역을 손쉽게 공격하는 거점을 확보할 수 있었기 때문이었다. 둘째는 거란이 연운16주를 점령하게 되면서 통치 영역이 크게 확대되었는데, 새로 확보한 지역이 인구가 조밀하고 물산도 풍부할 뿐만 아니라 자연조건도 뛰어나 자원으로 활용할 수 있기 때문이었다. 거란족들이 활동하던 북방의 초원 지대에 비해 당시 유주 지역은 문화와 경제적 발전 수준이 월등히 뛰어났다. 따라서 새롭게 점령한 지역에 대해서 더 많은 재화를 거두어들이고 통치를 강화하려는 목적으로 인해 유주성은 자연스럽게 요 왕조가 화북 지역에서 운영하는 정치적 중심지가 되었다.

요 왕조는 오경제도五京制度를 실시했다. 오경의 첫 번째는 상경上京 임황부臨潢府로 지금의 내몽고 파림좌기에 위치했다. 두 번째는 중경中京 대정부大定府로 지금의 내몽고 영성현寧城縣에 있었다. 세 번째는 동경東京 요양부遼陽府로 지금의 요녕성遼寧省 요양시遼陽市에 있었다. 네 번째는 남경南京 석진부析津府로 지금의 북경시에 위치했으며, 다섯 번째인 서경西京 대동부大同府는 지금의 산서성 대동시大同市에 설치되었다. 이 오경 중 규모가 가장 큰 것이 바로 남경이었다.

『요사遼史』, 「지리지地理志」의 기록에 따르면, 남경성은 둘레 길이가 36리에 달하고 성벽의 높이는 3장丈, 폭은 1장丈5척尺이었다. 남경성에는 성문이 모두 8개가 있었는데, 동쪽면으로는 안동문安東門, 영춘문迎春門이 있었고, 남쪽면에는 개양문開陽門과 단봉문丹鳳門이 있었다. 서쪽면에는 현서문顯西門과 청진문淸晉門이 있었고, 북쪽면에는 통천문通天門과 공진문拱辰門이 있었다.[34]

궁성은 남경성 내에서 서남쪽의 모서리 부분에 위치했다. 궁성의 서쪽

---

34) 『요사遼史』 권40, 「지리지地理志」. "南京析津府 (중략) 又曰燕京, 城方三十六里, 崇三丈, 衡廣一丈五尺 (중략) 八門: 東曰安東, 迎春, 南曰開陽, 丹鳳, 西曰顯西, 淸晉, 北曰通天, 拱辰."

성벽과 남쪽 성벽은 외성外城의 서쪽, 남쪽 벽의 일부를 활용하여 축조되었다. 다시 말해 외성의 서쪽 성벽 중 남단에 해당하는 부분과 남쪽 성벽의 서단에 해당하는 부분이 궁성의 서쪽 성벽과 남쪽 성벽이었던 것이다. 성문 또한 같이 활용되었다. 궁성에는 모두 4개의 문이 있었는데 서쪽은 현서문顯西門, 남쪽은 단봉문丹鳳門(선양문宣陽門이라고도 했다), 동쪽은 선화문宣和門, 북쪽은 자북문子北門이라 했다. 서쪽과 남쪽의 문은 외성의 문으로도 사용되었다.

요 왕조의 남경성은 기본적으로 당대 유주성을 활용했기 때문에 단지 성벽만을 새로 수축하였을 뿐 대규모로 도시를 재건축하지는 않았다. 사서의 기록과 고고학적 발굴 자료를 통해 판단컨대, 요 남경성의 동쪽 성벽은 지금의 난만호동爛縵胡同의 서쪽 라인에 있었다. 서쪽 성벽은 지금의 소마창小馬廠, 감석교甘石橋, 쌍패자분雙貝子墳의 서쪽 측면을 잇는 라인에 위치했다. 남쪽 성벽은 지금의 백지방동가白紙坊東街와 백지방서가白紙坊西街에서 살짝 북쪽으로 올라간 위치를 잇는 라인에 있었다. 북쪽 성벽은 대략적으로 지금의 백운관白雲觀 북쪽을 지나는 라인에 있었을 것으로 추정된다. 요의 남경성을 둘러싼 네 면의 성벽 위치는 기본적으로 당대의 유주성과 일치한다.

남경성의 서남쪽 구역에 조성된 궁성은 성 전체 면적의 약 25%를 차지했다. 궁성이 위치했던 까닭에 남경성 내에는 동서와 남북을 관통하는 큰 길이 각각 하나씩만 존재했다. 남경성을 남북 방향으로 지나는 큰 길은 공진문拱辰門에서 시작해 개양문開陽門에 이르는 형태로 되어 있었는데, 현재를 기준으로 보면 우가牛街에서 남앵도원南櫻桃園까지 이어지는 라인에 해

당된다. 남경성을 동서로 꿰뚫는 대로는 청진문淸晋門에서 시작해 안동문
安東門으로 이어졌는데 대체로 지금의 광안문내대가廣安門內大街와 광안문
외대가廣安門外大街를 잇는 위치에 자리했다.

요의 남경성은 비록 규모가 크지는 않았지만, 당시를 기준으로 보면 북
방 지역에서 인구 밀도가 높고 상업 시설 또한 번성한 도시 중 하나였다.
도시의 인구가 30만 명에 달했으며 여러 민족들이 서로 혼재해 있었다. 한
족, 거란족, 해족, 발해인 이외에도 상당수의 여진족과 서역에서 건너온 여
러 소수 민족들이 함께 거주했다. 성 안에는 모두 26개의 방坊이 있었고,

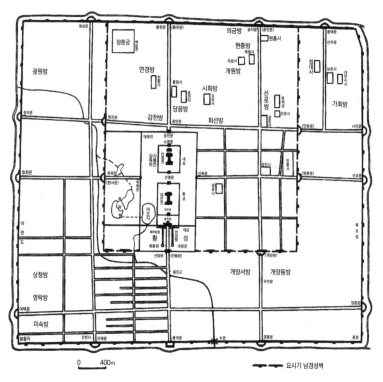

[그림 18] 요遼 남경성南京城과 금金 중도中都의 평면도

각각의 방에는 사각으로 둘러싼 벽과 문이 있었다. 문 위에는 방의 명칭이 쓰여져 있었다. 요 왕조는 이러한 방坊의 제도를 활용해 성 내부의 거주민들을 관리했다.

성 내부 중 북쪽 공간은 상업과 무역의 중심지였다. 전국 각지에서 유입된 각종 상품과 물자들이 이곳에 운집했다. 남경성은 중원 지역과 긴밀하게 경제적, 문화적 관계를 유지했을 뿐만 아니라 서역西域, 서하西夏 및 몽골 지역과도 빈번한 상업적 왕래를 지속했다.

수당 시기 이래로 중국 내지에서 보편적으로 흥기했던 불교가 요 왕조의 시기에 크게 번성했다. 요 왕조의 통치자들은 불교를 신봉해서 각지에 사원들을 창건했다. 때문에 이 시기에 남경성 내에서도 상당한 규모를 갖춘 사원와 전탑들이 뛰어난 조형미를 뽐내며 다수 축조되었다. "도성의 내부에 초제招提와 난약蘭若이 마치 바둑판 위에 별을 늘어놓듯이 세워져 있어 수백 곳은 문제없을 정도였다."[35] 그중 일부 사원들은 수백 년에 걸쳐 병화와 전란을 겪으면서도 현재까지 전해지고 있다.

현재 북경의 광안문廣安門 부근에 있는 천녕사天寧寺는 그 전신이 북위 시기에 축조된 광림사光林寺였다. 이 사원은 후대에 여러 차례 보수를 거쳤고 수 왕조 시기에는 홍업사弘業寺라 불렸으며 당 왕조 시기가 되어서는 천왕사天王寺로 개명되었다. 천녕사라는 이름은 바로 명 왕조 시기에 재건된 이후에 붙여진 것이다. 천녕사 경내에 있는 벽돌탑은 요 왕조 시기 옛 고탑古塔이 있던 자리에 세워진 것으로 중국에 현존하는 밀첨식密檐式 벽돌탑

---

35) 『순천부지順天府志』 권7.

중 그 전형적인 모습을 보여주는 대표적인 탑이다. 이것은 북경에 남아 있는 고건축물 중 가장 오래된 것으로 명청 시기에 단지 일부만이 보수되었을 뿐이다. 이 탑의 평면 모양은 8각형이고 처마가 총 13층으로 되어 있으며 높이가 57.8미터에 달한다. 탑신塔身은 사각형의 기반 위에 올려져 있고 탑의 가장 아랫 부분은 수미좌須彌座로 되어 있다. 그 위에는 두공斗拱과 구란句欄을 갖춘 평좌平座와 세 겹의 연꽃잎이 있어 이로써 탑신을 떠받치고 있다. 수미좌의 4면에는 아치형의 문門과 부조된 장식이 있다. 이것에서 위로 향하면 바로 13층의 밀첨密檐이 있다. 첫 번째 밀첨은 다른 것과 비교해 다소 길게 만들어져 있고 그 위의 12층은 그 길이가 점차적으로 줄어드는 형태로 되어 있다. 밀첨 전체의 윤곽은 풍만하면서도 강한 힘을 느끼게 하는 '엔타시스'의 모습을 보여준다. 탑의 꼭대기는 보물 구슬의 형태인 '탑찰塔刹'[36]로 마무리되어 있으며 조형미가 매우 뛰어나다. 이 벽돌탑이 처음 세워진 당시의 모습을 상상해보면, 남경성 한복판에 우람한 자태를 자랑하며 솟아있는 모습이 틀림없이 엄청난 장관이었을 것이다. 그런데 이후에 도성의 위치가 옆으로 옮겨지자 이 탑은 돌연 성벽 밖의 외진 지역에 위치한 신세로 전락하고 말았다.

---

36) [역자주] 탑의 가장 꼭대기 부분을 말한다. 탑찰은 다시 찰좌刹座, 찰신刹身, 찰정刹頂 세부분으로 나뉜다. '찰'은 범문梵文에서 유래한 것으로 '땅' 또는 '나라'를 뜻하며 불가에서는 이를 통해 '불교국가'를 의미하기도 한다.

3) 고량하高粱河 전투

요 나라가 건국한 지 20년이 지났을 즈음, 후주後周의 전전도점검殿前都點檢 조광윤趙匡胤이 진교역陳橋驛에서 황포黃袍를 두르고 병변을 일으켰다. 북방으로 향하던 군대의 방향을 돌려 변량汴梁에 도착하고는 황위를 빼앗아 송 정권을 세웠다. 송 왕조는 건국 이후 16년에 걸친 정벌 전쟁을 치루고 나서야 5대10국의 할거 국면을 종식시킬 수 있었다. 이로써 중원 지역을 일차적으로 통일하여 중앙집권의 송 왕조, 즉 북송을 건립했다.

그러나 송의 북쪽에 있던 요 왕조는 시종 중원 지역을 위협하는 치명적인 화근이었다. 송에게 있어 연운16주의 상실은 화북 대평원의 북부 지역을 방어하는 요새를 잃어버린 것이나 마찬가지였다. 거란의 기병은 자주 황하 유역에까지 남하하면서 호시탐탐 남중국을 노렸다. 또한 남하하는 도중에 야만적인 약탈을 서슴지 않았다. 때문에 태조 조광윤 이래로 송의 통치자들은 북진하여 연운16주를 수복하려는 시도를 여러 차례 추진하였다.

송 태평흥국太平興國 4년(979), 태종이 하북 지역으로 군대를 출정시켰다. 요의 남경성을 둘러싸고 있던 이주易州, 탁주涿州, 순주順州, 계주薊州 등이 모두 바람에 쓰러지듯 항복했다. 이에 송의 군대는 북진을 계속하였고 얼마 되지 않아 남경성에 도착했다. 성 내에 거주하던 사람들은 그 소식을 듣고는 속속 송의 군대에 호응했다. 그러나 송과 요 사이에서 전쟁의 승패가 갈리는 바로 그 결정적인 시기에, 송의 군대는 후방의 지원 없이 적진 깊숙이 진입한데다 설상가상으로 장기간 전투를 벌였던 탓에 피로가 누적되어 있었다. 반면 요의 군대는 연산燕山의 고개를 건너 내려온 야율사진耶律斜軫의 지원을 받고 있었다. 마침내 두 나라의 군대는 고량하高粱

河에서 조우했다. 싸움의 결과 송의 군대는 전군이 궤멸될 정도의 패배를 당했다. 이로 인해 연운16주를 되찾고자 하는 송의 웅대한 계획은 수포로 돌아가고 말았다. 이것이 바로 역사책에서 묘사되는 고량하 전투의 전말이다. 고량하는 지금의 자죽원紫竹院 내 호수에서 발원하여 동남쪽으로 흘러내려간 후 남경성의 동북 교외 지역을 지난다. 남경성에서 팔달령八達嶺 남쪽 입구까지 이어지는 도로가 바로 이 고량하의 상류 지역을 관통한다. 이렇게 보면 고량하에서 송의 군대와 연산의 북쪽에서 내려오던 요의 지원 군이 만나게 된 것은 너무나도 자연스러운 상황이라 하겠다.

이후 다시 7년이 지나 송 옹희雍熙 3년(986)이 되었을 때, 태종은 군대를 세 갈래의 길로 나누어 또 한번 북진을 시도했다. 그러나 이것 역시 실패로 끝났다. 이로 인해 송 조정은 무력의 방식으로 연운16주를 회복하고자 하는 계획을 사실상 포기하였고 이후에는 그저 하북의 평원 지대에서 요의 군대와 서로 대치하고 있을 뿐이었다. 송의 군대는 하북의 중부 지역에 있던 호수와 저수지들을 서로 연결하여, 서쪽으로는 지금의 보정保定이 위치한 곳의 서북 지역에서 시작하여 동쪽으로 지금의 천진天津 당고塘沽 부근에까지 이어지는 동서 수백 리의 공간에 수택水澤 지대를 조성하고 당락塘濼이라 불렀다. 이것을 경계로 송 왕조와 요 왕조가 각자의 지역을 점유하게 되자 남북으로 대치하는 국면이 조성되었다.

4) 금 왕조의 통치 중심, 중도성中都城

요와 송이 당락塘灤을 사이에 두고 남북으로 대치하고 있던 시기에 동북 지역 송화강松花江 유역에서는 또 다른 소수민족인 여진족이 하루가 다르게 강성해갔다.

10세기 전반기, 거란은 발해를 병합한 이후, 여진족의 세력을 약화시키기 위해 여진족 중 한족화漢族化된 정도가 상대적으로 높은 사람들을 요양遼陽 남쪽으로 이주하도록 하고 요나라의 호적에 편입시켰다. 거란은 이들을 숙여진熟女眞이라 불렀다. 반면 이주하지 않고 옛 거주지역에 남아 지금의 송화강 이북과 길림성吉林省 부여현扶餘縣 동쪽에서 생활하던 여진 부락의 사람들은 생여진生女眞이라 불렀다. 이렇게 백 년 쯤 지난 후 생여진은 점차 유목적 생활에서 탈피해 정주민적 생활로 옮겨갔고, 지금의 아십하阿什河[37] 부근에 흩어져 거주했다. 이 지역은 나무와 숲이 우거져 있으며 마麻나 곡식을 심기에 적합한 곳이었다. 여진족들은 오곡五穀을 경작했고 배와 수레를 만들었으며 건축물을 세웠다. 나아가 철을 제련할 수 있게 되자 사회적 생산력이 급격하게 향상되었다. 결국에는 완안부完顔部 출신의 귀족 집단이 여진족의 여러 부락들을 통합하여 여진족의 흥성 시기를 열었다.

1113년, 여진족의 걸출한 추장이었던 아골타阿骨打가 완안부의 지도자로 등극했다. 당시 요 왕조의 황제는 여진족에 대해 가혹한 수탈을 자행하고 있었다. 여진족들은 요 황실에 대해 정기적으로 다양한 종류의 특산품,

---

37) [역자주] 송화강의 지류로 지금의 하얼빈 근처를 지나며 만주어로 '황금의 강'이라는 뜻을 갖고 있다.

예컨대 인삼, 가죽, 정련하지 않은 생금生金, 명마名馬, 민물에서 채취한 진주[北珠], 꿀벌의 봉랍蜂蠟, 삼베천 등을 헌상했다. 요 조정에 의해 파견되어 현지에 주둔하고 있던 요나라 관리들은 여진족에 대해 잔혹한 민족적 억압을 실시하고 인격적 모욕을 가했다. 거란 귀족의 수탈과 노역奴役은 생여진의 여러 부락민들로 하여금 서로 연합을 이루고 완안부 추장 아골타에게 귀의해서 요나라 조정에 대한 무력적 저항을 전개하게 만들었다.

요 왕조를 멸망시키기 위해 아골타는 우선 농업 생산성을 높이고 군대를 훈련시켜 상당한 수준의 물질적 기반을 축적했다. 1115년 초, 아골타는 정식으로 황제를 칭하고 회녕會寧(지금의 흑룡강성 아성현阿城縣에 해당된다)에 수도를 둔 새로운 나라 금金을 건국했다. 이로써 금 왕조가 역사에 출현하게 되었다. 이후 금 왕조는 북방 지역에 대한 통치권을 둘러싸고 요 왕조와 치열한 싸움을 벌였다.

이때 요 왕조의 통치는 이미 감당하기 어려울 만큼 부패해 있었고 나라 안팎으로 어려운 상황들이 이어졌다. 이러한 조건에서 금 왕조가 대규모의 군대를 동원해서 공격하자 요 왕조의 패전은 거스를 수 없는 추세와도 같은 상황이 되었다.

남쪽에 있던 송 왕조는 금의 군대가 연이은 전투에서 승리하며 남쪽으로 내려와 요 왕조의 중심부를 위협하는 모습을 목도하자, 곧 금의 세력에 의지하여 석경당이 요에 할양해준 연운16주의 땅을 되찾을 수 있지 않을까 하는 환상을 품었다. 휘종徽宗은 이러한 의도를 배경으로 송 중화重和 원년(1118)에 산동에서 금나라로 이어지는 바닷길을 통해 사신을 파견하여 금나라의 정치적 상황을 살폈다. 이후 송과 금 사이에 사신들의 왕래가 이어졌고 결국 이른바 '해상의 맹약'이라는 약속이 맺어졌다. 내용인 즉, 송과 금이 함께 출병하여 요를 공격한다는 것이었다. 또한 양측은 군대를 동원해 만리장성을 경계로 삼아 만리장성의 남쪽에 있는 요의 남경성 지역은 송의 군대가 공격하여 함락시키고 만리장성의 북쪽에 있는 요의 중경 지역은 금의 군대가 공격하여 빼앗기로 협약을 맺었다. 만약 이러한 협공을 통해 전쟁에서 승리하게 되면 남경성의 땅은 북송이 차지하는 대신 매년 요나라에 헌상하던 비단과 세폐를 액수 그대로 금나라에 제공하기로 했다.

　송 선화宣和 4년(1122), 전쟁이 시작되었다. 금의 군대는 파죽지세로 남하해 요의 중경을 함락했다. 요나라 천조제天祚帝는 수도를 버리고 서쪽의 협산夾山(지금의 내몽고 살랍제현薩拉齊縣의 서북 지역에 해당된다)으로 도망갔다. 남경에 있던 요 왕조의 대신들은 야율순耶律淳을 새로운 황제로 옹립했다. 그런데 얼마 지나지 않아 야율순이 병으로 사망했고 그의 부인 소후蕭后가 수렴청정했다. 이러는 사이에 송의 군대는 북벌을 시도했지만 느린 속도로 힘겹게 진군할 뿐이었다. 송의 군대가 백구白溝(지금의 하북성 용성容城과 웅현雄縣 일대에 해당한다) 주변에 이르렀을 때 요나라 군대와 맞닥뜨렸다. 이들 사이에 전투가 벌어졌는데 결과는 송 군대의 대패였다. 마침 요나라의 곽약사郭藥師가 휘하 군대를 이끌고 송으로 투항한 덕택에 송나라 군대는 간신히 양향良鄕까지는 올라갈 수 있었지만 끝내 남경을 함락시키지는 못했다. 이듬해 금나라 군대가 갑자기 남하하기 시작했다. 이들은 거용관居庸關과 덕승구德勝口를 돌파하고 곧바로 내려가 남경성을 공격했다. 곧이어 세력 범위를 넓혀 유주幽州와 운주雲州 지역을 점령했다.

　이때 송은 맹약의 조건에 따라 유주와 운주 등을 넘겨줄 것을 금나라에 요구했다. 그러나 금나라 조정은 이들 지역이 북송의 군대에 의해 함락된 것이 아니라는 이유를 들어 거절했다. 양측은 여러 차례에 걸쳐 교섭을 벌였다. 결국 송이 세폐를 매년 100만 관을 증액하여 금에 제공하는 조건으로 합의를 맺었다. 송 선화 5년(1123), 금의 군대는 남경성의 수비를 무너뜨려 다량의 재화를 노략질하고 3만여 호戶의 거주민을 쫓아낸 후 폐허가 된 남경성을 북송에 내주었다. 이후 짧은 기간이지만 남경성은 잠시 동안 연산부燕山府로 개칭되었다.

2년이 채 지나지 않은 시기에 금나라는 요나라 천조제를 생포하여 훗날 위험이 될지도 모를 우환을 제거했다. 이를 계기로 금나라는 다시 한번 승기를 타고 남쪽의 송을 공격해 내려갔다. 금나라 군대가 연산부에 이르자 수비하던 송의 군대는 싸워볼 생각도 하지 않고 이내 항복해 버렸다. 이렇게 되자 금나라 군대는 연산부를 쉽게 점령했고 곧바로 남쪽으로 내달려 황하를 건넜다. 급기야는 송의 수도인 변량汴梁을 위협했다. 이때 북송의 휘종은 화살을 보고 놀란 새마냥 겁을 잔뜩 먹고는 아들 조환趙桓에게 황위를 넘겨버렸다. 때문에 조환이 흠종欽宗으로 즉위했다.

정강靖康 원년(1126), 송의 수도인 변량이 금나라 군대의 공격을 받아 함락되었다. 휘종과 흠종 및 종실의 자제와 3천 명이 넘는 관인들이 포로가 되었다. 금의 군대는 송 조정에 있던 수레, 의복, 의장, 악기, 예기, 동인銅人, 물시계, 서적, 지도 등의 물품과 기예를 갖춘 장인과 배우들을 모두 약탈하고 잡아갔다. 이렇게 북송 왕조는 멸망했다.

북송 왕조가 사라진 이후 금의 세력범위는 순식간에 확대되어 회수 연안에까지 이르렀다. 화북 평원에 대한 금나라의 통치가 상대적으로 안정되자

금의 통치자들은 수도를 멀리 송화강 유역의 회녕부(지금의 흑룡강성 아성阿城 백성자白城子 부근에 해당한다)에서 연경燕京으로 옮기기로 했다. 바로 이러한 역사적 배경에서 연경성燕京城의 정치적 위상이 근본적으로 변화했다.

금나라 천덕天德 3년(1151) 3월에 황제 완안량完顏亮은 양한신梁漢臣, 공언주孔彦舟 등에게 명령하여 기존의 연경성을 기반으로 하여 새로운 도시를 건설하도록 했다. 이 공사에 동원된 인력으로 일반 노동자와 장인이 무려 80만 명이 넘었고 이외에도 군인 40만 명이 투입되었다. 완안량은 빠른 시일 내에 천도를 마치기 위해서 주요 공사들을 모두 1년 내에 완성하도록 명했다. 공사기한이 촉박했기 때문에 가혹한 노역이 이어졌고 전염병이 유행하기도 했다. 이 과정에서 상당수의 인부와 장인이 사망했다. 반면, 궁전의 건축물은 매우 사치스럽고 화려하게 만들어졌다. 역사 기록에 따르면, 큰 목재를 하나 운반하는 비용이 많게는 20만 량에 달했고 목재를 실은 수레 하나를 끄는 데 무려 500명의 사람이 동원되었다고 한다. 모든 궁전 건축물은 황금 및 다채로운 색깔로 장식되었고 궁실宮室을 하나 완성하는 데에만 수억에 해당하는 금은金銀이 소비되었다.

금나라 조정은 노동자 인민들의 생명과 재산을 희생하여 새로운 도성을 건설했던 것이다. 금 정원貞元 원년(1153), 완안량은 정식으로 천도를 단행하고 연경燕京을 중도中都라고 개명하였다. 이때부터 북경이 전통 시기 중국의 통치 중심으로 부상하는 역사가 본격적으로 시작되었다.

금의 중도는 북경 지역 원시 취락의 옛 자리에서 발전을 이룬 대도시 중 마지막에 해당했다. 그런데 중도는 북경이 전국 단위의 정치적 중심지로 성장하는 과정에서 핵심적 역할을 했다. 이뿐만 아니라 중도는 북경이라는 도시의 발전에 있어서 이전 시기와 이후 시기를 이어주는 역할도 담당했기 때문에 특별한 관심을 기울여 살펴볼 만한 대상이다.

중도성은 단순히 예전의 연경성을 답습하여 만들어진 것이 아니

[그림 19] 금 중도의 성벽 유적지

었다. 북송의 수도 변량성汴梁城의 규획제도를 참고하여 대규모의 도시 개조와 확장을 거쳐 완성된 결과물이었다.[38] 금나라는 상도上都[39]의 궁전이나 해자를 모두 소박한 형태로 두었는데, 변량성을 함락시킨 후 북송의 웅대한 도성과 화려한 궁전 건축물들을 보게 되자 자연스레 이를 모방하려는 마음을 갖게 되었다. 그 결과 새롭게 건설된 중도성의 곳곳에서 변량성으로부터 받은 영향이 확인된다.

북송 시기에 중국 내 도성의 건설 방식은 새로운 단계에 진입하는 발전을 이루었다. 도시의 배치에 있어 북송 이전에는 도성 내의 황성皇城이 대부분 한쪽으로 치우쳐 있었다. 예를 들어, 당대 장안성長安城의 경우는 황성이 도성의 북쪽 편으로 물러나 있었다. 그런데 북송의 개봉성開封城은 황성이 도성 전체의 중앙구역에 위치하여 황제 권력의 특별한 위상을 드러냈다. 요나라 남경성의 황성은 원래 도성의 서남쪽 부분에 축조되어 있었다. 금나라의 통치자는 북송 시기 변량의 형태를 모방하는 동시에 도성의 규모를 확장하려는 목적에서 도성을 설계할 때 황궁의 위치를 가급적 도성의

---

38) 조익趙翼, 『이십이사차기二十二史札記』 권27, '금광연경金廣燕京'.
39) [역자주] 송화강 유역의 상경上京회녕부를 말한다.

중심에 두려고 했다. 기존의 도성을 서쪽과 남쪽으로 크게 확장하고 동쪽 성벽은 얼마간 외연을 넓힌 반면 북쪽 성벽은 거의 변동 없이 설계했다. 이러한 조정을 거쳐 중도中都의 황성은 도성의 중앙에 자리하게 되었다.

중도성이 완공되자 성의 둘레는 37리가 넘었다. 그 범위는 현재를 기준으로 보면 선무구宣武區 구역 내 서반부의 절반 정도를 차지했다. 동쪽 성벽은 대략적으로 지금의 사로통四路通에서 북쪽으로 마선호동麻線胡同과 대구연大溝沿을 잇는 라인까지의 사이에 있었다. 남쪽 성벽은 지금의 봉황취鳳凰嘴, 만천사萬泉寺, 삼관묘三官廟, 사로통을 잇는 라인에 있었다. 서쪽 성벽은 봉황취에서 목루촌木樓村을 지나는 라인에 위치했다. 북쪽 성벽은 이전과 비교해 큰 변화 없이 지금의 백운관白雲觀에서 북쪽으로 조금 올라간 곳에 위치했다. 중도성은 대략 정방형의 모양을 하고 있었고 네 면의 성벽에는 문이 3개씩 설치되었다. 동벽에는 시인문施仁門, 선요문宣曜門, 양춘문陽春門이 있었고, 남벽에는 경풍문景風門, 풍의문豊宜門, 단례문端禮門이 있었다. 서벽에는 여택문麗澤門, 호화문顥華門, 창의문彰義門이 있었고, 북벽에는 회성문會城門, 통현문通玄門, 숭지문崇智門이 있었다. 네 면의 각 성벽에서 중앙에 위치한 성문은 다른 성문과 달리 3개의 출입구가 뚫려 있었다. 수백 년이 지난 현재, 금나라의 중도성은 기와 파편조차 찾기 힘들 정도로 그 자취가 남아 있지 않다. 그런데 흥미롭게도 회성문會城門이라는 지명이 지금의 목서지木樨地 남쪽에서 확인되는데 이것은 분명 금나라 중도성의 회성문에서 비롯된 것이라 하겠다.

금나라의 궁성은 중도성의 중앙에 위치하며 거대한 규모를 자랑했는데 사방의 둘레가 9리里 30보步에 달했다. 궁성의 남문은 응천문應天門이었고 응천문에서 남쪽으로 내려가면 황성의 남문인 선양문宣陽門으로 통했다. 남쪽으로 더 나아가면 중도성의 남문인 풍의문豊宜門과 닿았다. 이 3개의 문을 관통하는 라인은 도성 전체의 중축선에 해당하는 어도御道가 되었다. 금나라 중도성의 중축선은 명대, 청대 북경성의 외성 성벽 중 서쪽 성벽이 있던 위치와 중첩된다. 지금의 제2순환로 서쪽라인[西二環]의 남단, 즉 광안문廣安門을 가로지르는 라인이 바로 예전 금나라 중도의 중축선과 거의 겹쳐서 지나간다.

중축선에 해당하는 어도를 따라 양쪽을 보면, 응천문 앞에서부터 선양문 안쪽까지의 공간에 천보랑千步廊이 양편으로 병렬해 있었다. 양쪽의 천보랑은 각각 200여 간間으로 구성되었으며 크게 3구역으로 나뉘어져 있었다. 각 구역에는 문이 하나씩 설치되었다. 천보랑의 남단은 선양문 내측의 동서 양쪽으로 세워져 있는 문루文樓와 무루武樓에서 끝났다. 문루는 동편에 있었고 무루는 서편에 있으면서 좌우가 대칭된 형태를 이루었다. 천보랑의 북단은 응천문 앞에 있는 횡으로 난 도로의 남쪽 면에서 다시 동서 양방향으로 굴절되어 약 100여 간間에 걸쳐 이어졌다. 이것은 응천문의 동쪽과 서쪽에 있는 좌액문左掖門과 우액문右掖門의 위치에서 끝났다. 이러한 구조로 인해 중간에 'T'자 형태의 궁정 광장이 형성되었다.

정중앙에 있는 어도는 상당히 넓게 조성되었는데 길을 끼고 양쪽에 수로가 있었다. 수로에는 버드나무가 심어져 있어서 녹색의 가로수길이 만들어졌다. 특이한 것은 도성 전체를 관통하는 중축선 위에 거대한 규모를 자랑하는 건축물들이 대칭을 이루며 배치되었다는 것이다. 앞서 언급한 천보랑과 문루 및 무루 이외에 문루의 북쪽에는 내녕관來寧館이 있었고 무루의 북쪽에는 회동관會同館이 들어서 있었다. 두 개의 천보랑은 그 중간에 각각 편문偏門이 하나씩 설치되어 있었는데 동쪽 방향으로는 태묘太廟와 이어지고 서쪽 방향으로는 상서성尙書省과 연결되었다. 이처럼 특정한 의도가 반영된 배치형국은 궁성 앞의 궁중 광장을 더욱 웅장한 모습으로 드러냈고 이를 통해 궁성의 장엄한 분위기를 한층 더 자아냈다.

중도성 내의 황궁은 화려하고 또한 성대했다. 선양문은 황성의 남문에 해당되는데 그 중앙의 문에는 용이 그려져 있었다. 양쪽의 편문偏門에는 봉황이 새겨져 있었으며, 금으로 만든 못이 장식을 위해 사용되었다. 누문樓門의 위에는 이층의 누각이 건설되었고, 나란히 설치된 세 개의 문 중에 중앙의 문은 황제의 어가가 출입하는 전용문이었다. 궁성의 정남문인 응천문은 그 기백이 매우 뛰어났다. 건물의 높이가 8장丈에 달했고 네 모퉁이 모두에 타루垜樓[40]가 설치되었다. 그 위에는 유리기와가 얹어졌고, 건물에는 금못으로 장식된 붉은 색의 문이 있었다. 동서 양방향으로 1리 쯤 떨어진 위치에 좌액문과 우액문이 있었고, 각 문에는 정예의 군인이 배치되어 수비를 담당했다. 도성의 서쪽문은 옥화문玉華門이었고, 북쪽문은 공진문拱辰門이었다. 응천문에서 북쪽으로 향하면 대안문大安門을 지나게 되고 곧 황궁의 전전前殿에 해당하는 대안전大安殿으로 이어진다. 대안전은 금나라 황제가 경축 행사를 성대하게 거행하기 위해 만든 건축물인데, "무릇 존호尊號를 헌상하게 되면, 백관들이 대안전의 앞뜰에서 의식을 거행했다. 황태자를 책봉할 때면 대안전에 어좌御座를 설치해 두었다."[41] 대안전의

---

40) [역자주]: 건물 위에 설치되어 주로 엄폐의 기능을 가지고 있는 상대적으로 높은 건물의 일종을 말한다.

북쪽에는 인정전仁政殿이 있었는데 이것은 황제가 조정회의에 참석해 정책을 결정하는 장소였다. 역시 궁중 내에서 핵심적인 건축물 중의 하나였다. 인정전은 요나라의 옛 전각을 기반으로 일부 변경을 거쳐 건설되었다.

송 건도乾道 6년(1170)에 시인 범성대范成大가 사신으로 금나라를 방문하고 돌아와 지은 『남비록攬轡錄』에 따르면, 금나라 중도의 궁성 안에서 "멀리 바라보면 앞뒤로 자리한 건물들이 우뚝 솟아있는 경우가 많이 보였다. 비록 도성을 만드는 기본 제도를 갖추지는 못했지만, 섬세함과 정교함이 뛰어났다. 건물의 벽에 새겨진 그림이나 창문의 장식 등은 모두 변량성을 뛰어넘는 수준이었다."고 한다. 금나라 중도의 궁전 건축물들은 건설 방식에 있어 북송의 변량성을 참고하여 축조되었다. 건축 자재도 북송의 것을 많이 사용했는데 진정부眞定府(지금의 하북성 정정正定에 해당한다)에 있는 '담원潭園'의 목재를 이용했을 뿐만 아니라 변량성에서 철거한 자재도 상당량을 사용했다. 전해오는 말에 따르면, 변량성에는 송 휘종이 조성한 '간악艮嶽'이라는 태호석太湖石이 있었는데 이것 역시 중도로 옮겨져 활용되었다고 한다. 만수산萬壽山이라고도 불렸던 '간악'은 휘종이 전국 각지에서 모아온 기암괴석을 이용해 변량성에 흙을 쌓아 만든 인공산이었다. 후대에 전하길, 지금 북경 시내에 있는 북해공원의 백탑사에 정교하고 아름다운 형태의 태호석이 많이 있는데 이들이 바로 당시 변량성에 있던 '간악'의 잔여물이라고 한다.

---

41) 『금사金史』, 「예지禮志」.

5) 금나라 중도의 수원水源

중국 도시 건설의 역사를 살펴보면, 도성을 설계하면서 궁원宮苑의 배치를 상당히 중요시했다는 것을 알 수 있다. 궁원은 반드시 빼어난 풍광을 갖추고 있어야 했다. 아름다운 경치를 구성하기 위해서는 맑고 깨끗한 물이 필요했다. 또한 황제를 포함해서 도성 내부에 거주하는 사람들이 일상생활을 하기 위해서는 반드시 물이 필요했다. 이러한 상황에서 도시가 필요로 하는 물의 공급 문제를 해결하는 것은 금나라의 중도가 발전하는 데 있어 결정적으로 중요한 문제였다.

중도성에서 사용되는 물의 수원지는 세 곳에 있었다. 한 곳은 옛 세마구洗馬溝의 물길이었다. 이것은 중도성 서북 지역에 있는 서호(지금의 연화지를 말한다)에서 발원하여 동남지역으로 흘러들어 중도성 안의 어조지魚藻池(지금의 청년호青年湖를 말한다)에 유입되었다. 다른 한 곳은 지금의 옥연담玉淵潭 일대의 호수에 있었고, 마지막 한 곳은 중도성 북쪽의 고량하 수계에 속했다.

요나라의 남경성이 건설될 당시 세마구의 수로는 남경성의 서쪽 성벽 밖에서 흘러 내려갔다. 금나라는 처음에 중도성을 건설하면서 성 내부의 궁원에 물을 대기 위해 요나라의 옛 남경성을 확장할 당시 원래 성벽 밖의 서교西郊에 있던 세마구를 의도적으로 성의 안쪽에 위치하도록 설계했다. 비록 유량이 풍부하지는 않았지만, 이 작은 하수의 물을 이용하여 중도성 주변에 해자를 만들었다. 이와 동시에 그 물길을 황성의 서쪽 편으로 유입시켜 우아하고 아름다운 정원구역을 조성했다. 이것에 동락원同樂園이라는 이름을 붙였고, 서화담西華潭 또는 어조지魚藻池라고도 불렀다. 지금 북경

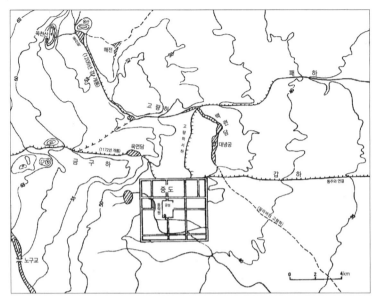

[그림 20] 금 중도성의 궁원宮苑 수계水系와 주요 관계 수로

의 서남부 구역에 있는 청년호青年湖[42]가 바로 당시 어조지의 흔적에 해당
한다.

예전에 서호라고 불린 세마구의 상류 수원은 현재 확인되는 연화지의 전
신에 해당한다. 북위北魏 시기에 이미 서호의 주변은 유명한 풍경구역이었
다. 이에 대해 『수경주』는 다음과 같은 기록을 남겼다.

세마구는 (중략) 물길이 위로 계수薊水를 잇고 서쪽으로는 큰 호수로 흘
러갔는데, 호수에는 수원이 두 곳 있었고 이들이 모여서 서호西湖를 이

---

42) [역자주] 청년호青年湖는 지금의 북경시 서성구西城區 압자교鴨子橋 부근의 청년
호를 말하는 것이고 동성구東城區 안정문安定門 외대가外大街에 있는 호수를 말
하는 것이 아니다.

루었다. 호수는 동서로 2리, 남북으로 3리의 크기로 연나라의 옛 연못이었다. 푸른 물이 맑고 깊으며 멀리 이어지니 유람하기 좋은 곳이다.

세마구의 상류에 해당하는 서호는 영정하의 충적선상지 끝부분에서 솟아오른 지하수가 유입되어 만들어졌다. 이 호수와 북경 지역 도시의 초기 형성과 발전 사이에는 긴밀한 연관관계가 있다. 조금의 과장도 없이 말해 서호는 초기 북경의 역사에 있어서 생명의 혈맥과도 같은 것이었다. 금나라 중도는 바로 이 서호의 수계에 의존하여 용수 문제를 해결한 마지막 도시였다. 금나라 이후 북경의 발전은 고량하의 수계에 의존하는 형태로 이루어졌고 이를 통해 도시 발전의 새로운 단계에 진입했다.

금나라 중도성의 내부에 있는 동락원은 서호의 물이 흐르는 유역을 활용하여 호수와 저수지를 조성하고 세마구의 물길을 끌어다 건설한 것이었다. 동락원 안에는 요지瑤池, 봉영蓬瀛, 유장柳莊, 행촌杏村 등의 대표적인 풍경 구역이 조성되었다. 이에 "버드나무의 그림자가 드리워져 마치 호수의 물

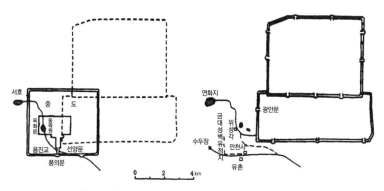

[그림 21] 금 중도성의 궁원 수로와 그 유적지의 위치

이 하늘에 닿는 것 같다."라든가, "저녁 바람이 불어와 물고기 잡는 배를 흔든다."는 등으로 묘사되는 아름다운 풍경과 수려한 경치가 만들어졌다. 동락원에서 흐르는 물길의 하류는 서쪽에서 동쪽 방향으로 흐르면서 중도성 내성內城의 남부 구역을 지나갔다. 이 물길 위에 큰 규모의 돌다리가 하나 건설되었다. 이 다리는 세 개의 도로로 분리되어 있었고 도로의 양쪽에는 옥석玉石으로 만든 난간이 있었다. 난간 위에는 아름다운 조각이 정교하게 새겨져 있었다. 이것이 바로 당시 황궁 앞의 어도御道에 있던 유명한 다리, 용진교龍津橋였다.

연석燕石으로 만들어진 난간 위에는 옥처럼 하얀 눈이 쌓여 있고,
버드나무가 심어진 연못은 남북으로 성城을 감싸 안았네.
서산西山에서 넘쳐 나온 물은 용이 사는 연못을 이루었고,
머물며 기다린다, 관군官軍이 말에게 물을 먹이러 찾아오기를.
燕石扶欄玉雪堆，柳塘南北抱城回.
西山剩放龍津水，留待官軍飲馬來.

범성대范成大[43]가 지은 이 시는 용진교의 웅장하고 수려한 모습을 사실적으로 그려냈을 뿐만 아니라 북방 민족에게 빼앗긴 땅을 되찾고자 하는 강한 열망도 표현하고 있다.

중도의 동북 지역 교외에 있는, 폭이 2-3킬로미터 정도 되는 공간은 원

---

43) 남송 시기 정치가이자 시인으로 자字가 치능致能 호號는 석호거사石湖居士이다. 황제의 명으로 금나라에 사신으로 가서 중도성中都城을 방문하였다.

래 수심이 낮은 물웅덩이 지대였지만 고량하의 물길이 연결됨에 따라 수심이 얕은 호수로 변했다. 이 호수는 훗날 인공적인 개조를 거쳐서 중도 근교의 경관 구역을 형성했다. 중도성이 완공되자 금나라의 통치자는 세종世宗 대정大定 19년(1179)부터 호수 지역에 이궁離宮인 대녕궁大寧宮(후에 효녕궁孝寧宮, 수안궁壽安宮, 만녕궁萬寧宮 등의 이름으로 불렸다)을 건설하기 시작했다. 대녕궁은 호수를 감싸는 형태로 만들어졌는데, 경림원瓊林苑에 횡취전橫翠殿, 영덕궁寧德宮이 건축되었고 서원西園에는 요광대瑤光臺와 요광루瑤光樓가 축조되었다. 호수의 중앙에는 경화도瓊華島가 있었고 호반 지대에는 논밭이 있어 호수의 물을 끌어다 관개했다. 이러한 모습들은 중도성 밖에 위치한 유명한 풍경구들을 구성했다. 이 지역이 바로 현재 북경의 중심 위치에 해당하는 북해北海와 중해中海의 부근에 해당한다. 금나라가 이곳에 만들었던 이궁의 별관들은 이후 원나라 시기 대도성大都城의 건설을 예고하는 하나의 복선과도 같았다.

중도성의 궁원이 필요로 하는 수자원과 거주민들의 생활용수는 그 수량이 많지 않아서 비교적 쉽게 해결될 수 있었다. 그러나 금나라 중도성의 발전이라는 측면에서 보면, 양식의 운반에 사용되는 운하의 수원 문제를 해결하는 것이 무엇보다 중요한 문제이자 난제였다.

수, 당 왕조 이래로 중국의 전통 왕조는 전국 각지에서 부세賦稅로 거두어들인 곡식을 한데 모으기 위해 수도首都와 주요 농업 생산지를 연결하는 수도水道를 개착하였다. 자연하천과 인공운하를 통해 지방에서 징수한 곡식을 수도로 운반하여 황제와 거대한 관료 조직 및 군대의 수요에 충당하였다. 이를 역사서에서는 조운漕運이라고 한다.

금나라는 비록 통치 영역이 회하淮河와 진령秦嶺 이북에 한정되었지만, 화북 대평원에서 징수한 곡식을 지금의 위하衛河, 부양하滏陽河, 호타하滹沱河, 자아하子牙河, 대청하大淸河 등의 물길을 거쳐 천진 지역 일대에까지 운반했다가 다시 조백하潮白河(당시에는 노수潞水라고 했고 이후에 다시 북운하北運河로 바뀌었다)를 거슬러 중도성의 동편에 자리한 통주通州(지금의 북경시 통현通縣에 해당한다[44])로 옮겼다. '통주通州'의 '통通'은 "통하여 도달한다[通達]."는 말에서 그 의미를 취한 것으

[그림 22] 금 중도성 풍의문豊宜門 동쪽 측면의 수로 유지

로 금 왕조의 통치 시기에 붙여진 이름이다. 매년 조운을 통해 운반되는 곡식의 수량은 적게는 수십만 석石에서 많게는 백여만 석에까지 달했다. 당시 육상 교통로의 물류 운반이 낙후되어 있던 조건을 고려해보면, 이것은 운하를 이용하지 않고서는 도저히 운반이 불가능할 만큼의 거대한 규모였다.

　금나라가 운영한 조운은 대개 자연하천을 이용했다. 그런데 운하의 운송노선 중 종착 부분에 해당하는 통주에서부터 서쪽으로 중도성에 이르는 25킬로미터의 구간은 운하로 활용할 만한 자연하천이 없었다. 때문에 금나라 조정은 조운 전체가 막힘없이 이어지고 곧바로 중도성에 도달할 수 있도록 인공의 운하를 뚫어 물류를 연

---

44) [역자주] 통현通縣은 1997년에 통주구通州區로 바뀌어 현재는 북경시北京市 통주구通州區로 되어 있다.

결해야만 했다. 그런데 중도성의 지대가 통주보다 약 20미터 정도 높아 통주를 통과한 노하潞河의 물이 서쪽으로 계속 흐르기 어려웠다. 결국 중도성 주변에서 다른 물길을 찾아내 활용해야만 지리적 형세에 맞춰 운하를 조성하고 노하의 물길과 연결할 수 있었다.

안타깝게도 중도성 부근에는 수자원이 부족하여 운하를 연결할 만한 물길을 찾기 어려웠다. 서호 일대에 수원지가 있었지만 중도성 내의 궁원과 생활용수로 사용하기에 적당한 수준이었지 운하의 용수 문제를 해결할 수 있을 만큼 풍부하지는 못했다. 사정이 이렇다 보니 당시 금나라 조정의 입장에서는 운하의 건설을 위한 수원을 확보하는 것이 최대의 난제였다.

앞에서 언급했듯이 3세기 조위曹魏 시기에 유정劉靖이 지금의 석경산 서북쪽 기슭에 여릉알을 축조하고 거상거를 굴착한 적이 있었다. 이것은 북경 지역에서 역사상 가장 이른 시기에 추진된 관개용 수리 사업이었다. 금나라는 조운의 수원 문제를 해결하기 위해 노구하盧溝河(지금의 영정하永定河에 해당한다)의 물을 끌어다 운하에 유입시키는 계획을 세웠다. 금나라 건도乾道 8년(1172)에 옛 거상거 상류의 하도를 일부 활용하여 금구하金口河를 만들었다. 우선 영정하의 물을 지금의 옥연담으로 이어지게 하고, 다시 그 하류에 물길을 새로 만들어 중도성의 북호성하北護城河로 흐르게 했다. 여기에 북호성하에서 통주로 직접 이어지는 하도를 별도로 건설하여 조백하潮白河로 통하게 연결했다. 이를 계기로 노하潞河의 물길을 따라 북상하는 조운 선박이 갑하闡河를 거친 후 곧 중도성 아래에 도달할 수 있게 되었다. 그런데 금구하가 개통된 이후, 노구하의 하수에 모래의 함량이 높았던 탓에 유량이 적을 때면 점토가 가라앉아 금구하에 쌓이기 시작했다. 이로 인해 하도의 수심이 얕아졌고 곧 배가 운행할 수 없는 지경이 되었다. 반면에 우기가 되면 물이 급격하게 불어나 너울이 제방을 때려 무너뜨리는 일이 자주 발생했다. 이는 중도성의 안전에 직접적인 위협을 가했다. 이러한 상황에서 금구하는 개통된 지 얼마 지나지 않아 사용할 수 없게 되었고 결국 어쩔 수 없이 이를 다시 매몰해 덮어버렸다.

노구하의 하수를 끌어다 조운에 활용하려던 시도가 실패로 끝나자 금나라 조정은 중도성 북쪽에 있는 고량하의 물을 이용하는 방법을 고려하기 시작했다. 그런데 고량하는 원래 지금의 자죽원紫竹園 내부에 있는 호수에서 발원한 작은 하천이어서 수량이 적었다. 조운을 위한 다량의 용수를 공급하기에는 역부족이었다. 한편, 당시 고량하 상류에서 서북쪽으로 약 7-8킬로미터 떨어진 지역에 작은 산 하나가 평지 위에 솟아 있었는데, 산기슭에서 다량의 샘물이 흘러나와 호수를 이루고 있었다. 원나라 시기에는 이 작은 산을 일컬어 옹산甕山이라고 했다. 지금의 이화원 경내에 있는 만수산萬壽山이 바로 이것이다. 산 앞에 있는 작은 호수는 옹산박甕山泊이라 불렸고 지금의 곤명호昆明湖가 만들어지는 전신에 해당한다.

금나라 이전의 상황을 기준으로 보면, 고량하의 상류와 옹산박의 수계 사이에는 다소 튀어 오른 고지대가 있었다. 이것은 마치 두 개의 수계를 구분하는 분수령과 같은 모습을 하고 있었다. 이것의 남쪽에 있는 고량하 수계는 그 물길이 동남 방향으로 흘렀고, 북쪽에 있는 옹산박 수계는 동북 방향으로 흘러서 양쪽 수계는 서로 연결되지 않았다. 금나라 조정은 조운의 수원을 확보하기 위해 인력을 동원하여 이 두 수계를 분할하는 고지대를 깎고 제방을 쌓는 등의 방법을 통해 옹산박 일대의 물줄기를 남쪽으로 이어지게 했다. 옹산박에서 나온 물길이 기존에 분수령과 같은 역할을 하던 지대를 통과하여 고량하의 상류와 연결되게 한 것이다. 이렇게 하자 고량하의 수량이 크게 늘어났다.

금나라 조정은 이러한 고량하의 하천수를 이용해 두 곳의 운하를 만들었다. 각각을 살펴보면, 첫 번째 운하는 고량하의 하류에 있는 백련담白蓮潭(지금의 적수담積水潭에 해당한다)에서 동쪽으로 파하垻河의 하도를 통해 온유하溫楡河로 이어진 후 다시 이를 거쳐 통주通州로 연결되었다. 두 번째 운하는

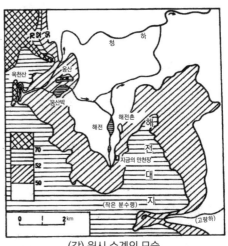

(갑) 원시 수계의 모습

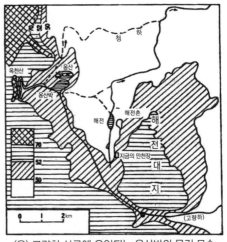

(을) 고량하 상류에 유입되는 옹산박의 물길 모습

[그림 23] 금대 옹산박甕山泊 물길의 변천

백련담에서 남쪽으로 향했는데 새로 만든 고량하서하高梁河西河를 지나 중도성의 북호성하北護城河를 거친 후 다시 이곳에서 동쪽으로 갑문이 설치된 하도를 통해 통주로 나아갔다.

금나라 시기, 수원을 발굴하고 조운을 유지하는 각종 건설 기술이 크게 발전했다. 이는 특히 고량하와 옹산박의 수원을 연결하여 이용하는 과정에서 두드러졌다. 성공적인 경험들은 이후 원나라가 수리 시스템을 건설하는 과정에 중요한 참고 자료로 활용되었다.

6) 노구교盧溝橋

금나라 조정은 중도성 부근에서 일련의 수리 건설 작업을 시행했다. 예를 들면 금구하金口河, 고량하서하高梁河西河, 파하壩河, 갑하閘河 등의 건설이 있었다. 그런데 이들 모두는 수백 년의 시간을 거치며 소실되어 현재 이용되고 있는 것은 없다. 그러나 지금의 북경성 서남쪽에 있는 영정하에 설치된 노구교는 그간의 셀 수 없이 많은 풍파와 격랑을 이겨내고 현재에도 늠름한 자태를 유지하고 있다. 노구교가 처음 건설된 시기부터 현재까지의 시간을 계산해 보면 거의 800년에 달하는 세월의 간격이 있다.

노구교는 금나라 대정大定 29년(1189)에 세워졌는데 노구하盧溝河를 건너기 위해 만들어졌다고 하여 노구교라는 이름이 붙여졌다. 청 왕조 초기가 되자, 노구하가 영정하로 개명되었고 이 이름은 현재까지도 여전히 사용되고 있다. 노구교는 모두 11개의 아치가 있는 형태로 축조되었고 총 길이가 212.2미터에 달한다. 만약 다리 끝의 토괴土塊까지 포함하면 265미터가 넘는다. 노구교는 돌을 쌓아 만든 돌 아치형 다리인데 강변에서 가까운 아치의 폭이 16미터이다. 아치의 폭은 다리의 중심 쪽으로 갈수록 점점 더 길어져 가운데에 있는 것은 지름이 21.6미터나 된다. 다리 위에 조성된 도로는 폭이 8미터이고, 도로 양쪽에는 돌로 만든 난간이 있는데 그 위에는 281개의 망주望柱가 세워져 있다. 망주의 윗부분에는 다양한 형태를 띄고 있는 크고 작은 사자의 모습이 조각되어 있다. 조각의 모습은 마치 살아 있는 것처럼 생동감이 뛰어나다.

북경 사람들 사이에 유행하는 헐후어歇后語[45] 중에 "노구교의 사자獅子 [盧溝橋的獅子] – 이루 다 셀 수 없다[數不淸]."는 말이 있는데, 이는 노구교의 망주에 조각된 사자 석상이 매우 많다는 것을 형용하여 이르는 말이다. 북경의 발굴작업자들이 수행한 실측 조사에 따르면 노구교에는 크고 작은 사자상이 모두 485개 있다. 다리의 동쪽 끝단의 돌난간에 있는 두 개의 돌사자는 키가 1.73미터이고 앉은 높이가 0.9미터이며 무게가 3톤에 달한다. 큰 사자의 등 위에는 20센티미터 정도 크기의 작은 사자들이 다수 조각되어 있는데, 이들의 모습은 당시 작업자들이 높은 수준의 예술적 조각 능력을 갖추고 있으며 상상력 또한 매우 뛰어났다는 것을 여실히 보여준다. 다리의 서쪽 끝단에는 돌사자가 아니라 돌로 만든 코끼리 상이 조각되어 있는데 머리로 밀어 마지막 돌난간을 지탱하는 모습을 하고 있다. 그 모양이 매우 흥미로울 뿐만 아니라 실용적인 효과도 있다.

노구교의 이름이 대외적으로 유명해진 이유는 1937년 7월 7일에 이곳에서 노구교사건이 발생했고, 이를 계기로 중국 인민들이 일본 제국주의 침

---

45) [역자주] 숙어熟語의 일종으로 대부분이 해학적이고 형상적인 어구로 되어 있다. 기본적으로 앞뒤 두 부분으로 나뉘어져 있는데, 앞부분은 수수께끼의 문제처럼 비유하고 뒷부분은 수수께끼의 답안처럼 그 비유를 설명한다.

략자들에 맞서 싸우는 항전의 서막이 열렸기 때문이다. 그런데 노구교로 대표되는 강의 나룻터는 역사적으로 볼 때 이미 매우 오래전에 등장했다. 그 기원은 아득히 먼 고대 시기까지 거슬러 올라갈 수 있는데 어쩌면 북경이 생겨나기 이전일 수도 있다.

노구교로 표상되는 강의 건널목은 고대 이래로 남북 교통로의 요지였다. 화북 대평원에서 북상하여 몽골고원이나 동북 지역으로 이동하기

[그림 24] 노구교

위해서는 반드시 이곳을 지나야만 했다. 역으로 몽골고원이나 동북 지역에서 남하할 경우에도 또한 같은 형태로 이곳을 거치지 않으면 안되었다. 금나라가 중도성을 건설한 이후 이 지역이 갖는 남북 교통로 상의 중요성은 더욱 커졌다. 어떤 기록에 따르면, 노구교의 건널목에는 "강의 양쪽으로 여사旅舍가 많았고 그 조밀함이 경사京師와 같은 수준이었으며, 역驛이 사방으로 통해 있어서 행인들과 사객使客들의 왕래가 끊이지 않았다."고 한다.

사실 노구교를 통하는 교통로는 남북 지역을 왕래하는 상인들에게 필수적인 통행로인 동시에 정치적 또는 군사적인 측면에서도 매우 중요한 의미를 갖는 이동로였다. 어떤 문인은 시를 지어, "도로 위에 동원된 수레들의 탁성鐸聲이 격렬하게 울렸다. 동전만 한 서리꽃이 흠뻑 내려도 물건을 나르는 말의 갈기는 땀에 젖는다."라고 당시의 모습을 묘사하기도 했다. 송

조정이 파견했던 사신이 남긴 관련 기록을 살펴보면, 북쪽을 향하던 사신 단은 모두 노구교를 통해서 중도성에 도착했다는 것을 알 수 있다. 이런 상황이라면 노구교 일대가 차지하는 군사적인 중요성은 두말하지 않아도 알 수 있을 것이다. 중원 지역에 대한 정복의 야심을 줄곧 품고 있던 여진족 통치자들은 남북으로 통하는 이 교통 간선을 막힘없고 순조롭게 통행하려는 마음을 더욱 크게 가졌다.

석교가 건설되기 전에는 이 건널목에 부교浮橋가 있었다. 하지만 홍수가 발생하는 계절이 되면 노구하가 자주 범람하여 큰 재해가 발생함에 따라 강을 안정적으로 건너는 데 심각한 위협이 초래되었다. 이 때문에 금나라 통치자는 큰 고민에 빠졌다. 『북원록北轅錄』의 기록에 따르면, "노구하는 흑수하黑水河라고도 불리는데 강물의 색깔이 매우 탁하고 물흐름의 빠르기가 쏜살같았다."라고 했다. 또한 『허항종봉사행정기許亢宗奉使行程記』는 "노구하는 강물이 매우 격렬하게 흘렀기 때문에 수심이 얕아질 때가 되어서야 작은 다리를 놓아 이를 통해 건널 수 있었고 매년 이렇게 해왔다."라고 기록했다. 때문에 다양한 수요를 맞추기 위해서는 물이 불어난 시기에도 강을 건너는 데 문제가 없는 큰 다리를 건설하는 것이 반드시 필요했다.

금 대정 25년(1185), 노구하가 범람하여 홍수를 일으키자 상양촌上陽村으로 제방이 터지는 사고가 발생했다. 금나라 세종은 중도성 주변으로 3백 리 이내에 거주하는 남성 인부들을 징집하여 터진 제방을 막도록 했지만 성과를 거두지 못했다. 3년이 지나, 세종은 조서를 내려 말하기를, 노구교는 "행인들이 왕래하는 중요한 길목이 된다."라고 하며 석재를 이용한 다리의 건설을 명령했다. 그러나 이 결정이 채 실행에 옮겨지기도 전에 세종은 갑자기 세상을 떠나고 말았다.

세종의 뒤를 이어 장종章宗이 황위에 올랐다. 장종은 우선 선박을 만들어 이를 이용해 상인들이 강을 건널 수 있게 했다가, 얼마 후 석교의 건설을 명령했다. 금 명창明昌 3년(1192)에 드디어 석교가 완성되었고 광리교廣利 橋라는 이름이 붙여졌다. 금나라 조정은 다리의 동서 양쪽 하안에 곽사廊舍 를 운영하면서 강을 건너는 관리들이나 상인들에게 편의를 제공했다. 이후 여러 시기를 거치면서 정도의 차이는 있지만 노구교에 대한 다양한 형태의 수리나 보강이 이루어졌다. 금나라 조정은 다리 어귀에 성을 쌓고 군대를 주둔시켜 수도의 서남 지역에 위치한 중요 출입로를 통제하였다. 이는 필수적인 조치였다.

노구교는 전통 시기 노동자 인민의 탁월한 예술적 조형미를 잘 보여주고 있다. 이는 먼길을 떠나 경성으로 향하는 여행자들에게 매우 깊은 인상을 심어주었다. 그래서 현재 노구교를 소재로 한 아름다운 시가들이 많이 남아 있는데 그중 하나를 인용해 보면 다음과 같다.

황제의 어가가 다시 와서 새벽의 모습을 감상하는데,
닭울음 소리에 기우는 달이 나무를 회색빛으로 만든다.
여러 봉우리에 구름의 그림자가 넓게 드리우고,
주변의 물결치는 빛살이 저 멀리까지 뻗어나간다.
인기척이 조용한 듯 들리고 변방의 횃불이 고요하니,
말발굽이 추운 날에 밟고 가는데 다리에 서리가 가득하다.
멀리서 바라보는 풍경은 하나같이 생각에 잠기게 하는데,

저만치에 높게 솟은 건물들은 황제의 고향이겠구나.[46]

扈蹕重來趣曉裝, 鷄聲殘月樹蒼蒼.

數峰雲影橫空闊, 一帶波光入渺茫.

人語悄傳孤戍火, 馬蹄寒踏滿橋霜.

望中風景俱堪思, 況復樓臺是帝鄕.

이 시는 여명이 밝기 전의 노구교를 사실에 가깝게 묘사하고 있다. 달빛이 흐릿한 새벽녘에 웅장하고 위풍당당한 노구교가 맹렬하고 호탕하게 흐르는 영정하를 가로질러 서 있다. 다리 위의 돌난간에 조각된 사자들은 서로 대칭을 이루며 마주하고 있다. 기울어진 모양의 달이 하늘 끝에 비스듬히 걸쳐서 강물 위에 일렁이는 물결을 비춰 그림자를 만든다. 멀리서 어렴풋하게 들리는 닭의 울음소리가 이른 아침부터 길을 나선 행인과 함께하며 소곤거린다. 말발굽이 돌로 만든 다리 위를 내딛게 되자 '탁', '탁'하는 소리가 쟁쟁하다. 이것은 한 폭의 아름답고 기묘한 '노구효월盧溝曉月'의 그림이라 하겠다.

'노구효월'은 금나라 시기에 이미 '연경燕京8경景' 중의 하나가 되었고, 명 왕조와 청 왕조의 시기를 지나면서도 끊이지 않고 이어져 북경 서남 지역의 이름난 풍경 중 하나로 자리매김했다.

---

46) 왕불王紱, 「호종과노구교시扈從過盧溝橋詩」, [청淸]영렴英廉 등찬等撰, 『일하구문고日下舊聞考』권93, 「교경郊坰」, 북경고적출판사北京古籍出版社, 1988, p.1568.

5. 대칸의 도시, 원元의 대도성

12세기 말에서 13세기 초 사이, 중국 북방 지역에는 유목민족인 몽골족이 세력을 확대하며 강성해갔다. 몽골족은 당 왕조 시기에 '몽올실위蒙兀室韋'라고 불렸는데, 처음에는 지금의 흑룡강성黑龍江省 액이고납하額爾古納河 일대에서 주로 활동했다. 이후 8세기에 이르러 서쪽으로 이동하기 시작하여 오논강과 케룰렌강 사이(지금의 몽골국 수도 울란바타르 동쪽 지역에 해당한다)에서 유목 생활을 했다. 12세기가 되자 철제기구를 사용하였고, 목축업이 발달했다. 요와 금나라 시기부터는 중원 지역에서 유입되는 선진 문화의 영향을 받게 되자 몽골족의 사회경제가 비약적으로 발전했다.

몽골 보르지긴 부족의 귀족 테무진은 부락들 간에 지속된 오랜 전쟁을 거치면서 세를 규합하여 마침내 몽골족의 장기 분열 상태를 매듭짓고 부락의 통일을 이루었다. 1206년, 테무진은 정식으로 몽골족 정권의 수립을 선포했고 오논강에서 몽골의 칸으로 즉위하였다. 각 부족들은 존중의 뜻을 더해 그를 칭기즈칸이라 칭했다.

몽골이 통일된 이후, 칭기즈칸을 대표로 하는 귀족 세력들은 곧바로 남쪽을 향해 대규모의 전쟁을 추진했다. 1211년, 몽골의 군대가 대거 남쪽으로 내려가 금을 공격했다. 2년이 지난 후에는 다시 군대를 세 갈래 길로 나누어 남하하였고 중도성을 한 차례 포위하기도 했다. 이때 중도성 이남의 대평원 지대에 있던 몇몇 지역들을 점령했다. 이듬해에 다시 한번 중도성을 포위했다. 금 왕조는 몽골 군대의 빈번한 침략과 위협으로부터 벗어나기 위해 수도를 남쪽에 있는 변량汴梁(지금의 하남성 개봉開封에 해당한다)으로 옮겼다. 이때까지 중도성은 대략 60여 년 동안 금 왕조의 정치적 중심지로서 역할을 했다.

금 왕조 후기가 되자, 정치적으로 부패 상황이 만연하였고, 북방 지역의 사회경제가 급격하게 쇠락했다. 전국 각지에서 농민기의가 발생하였고 기의군은 지금의 산동, 하남, 섬서陝西 등 상당히 넓은 지역을 장악하였다. 당시 금의 군대는 회복하기 어려울 만큼의 붕괴 상황에 놓여 있었고 전투력을 거의 상실한 처지에 있었다. 1215년, 그러니까 금이 변량으로 천도한 이듬해에 몽골의 기병들은 남구南口 일대의 천연 요새를 돌파했다. 자욱하게 피어오르는 먼지 연기 속에서 수없이 많은 말들이 빠른 속도로 내달려 중도성 아래에 다다랐다. 이들은 물 한 방울조차 새어나가지 못할 정도로 삼엄하게 중도성을 포위했다. 한 차례의 격렬한 쟁탈전이 벌어진 후 금나라 병사들은 더이상 중도성을 지키지 못했다. 이내 몽골의 기병이 중도성을 함락했다.

몽골의 기병이 금나라의 중도성에 입성했을 때 몽골의 귀족 집단은 해당 지역에 도성을 건설할 생각이 조금도 없었다. 그래서 병마의 전란으로 혼란스러운 상황 속에서 중도성 내부에 있던 금나라의 황궁을 불태워버렸다. 이로써 한 나라의 궁궐은 순식간에 한 줌의 재와 폐허로 바뀌었다. 이로부터 거의 20년이 지난 후인 1234년 어느 날 금의 중도성 지역을 방문한 어떤 이가 자신이 직접 목도한 것에 대해, "부서진 기와와 벽돌이 쌓여 있고

가시나무와 풀들이 숲을 이루고 있다."[47]는 묘사를 남겼다.

칭기즈칸은 중도성을 함락하고 황하 이북의 넓은 평지를 점령한 이후에 화북 지역의 관리 임무를 모칼리에게 맡기고 자신은 곧바로 군대를 통솔하여 서방 정벌에 나섰다. 당시 중도성은 이미 연경燕京으로 이름을 바꾼 후였고 그저 폐허에 가까운 도시에 불과했다.

이후 40여 년이 지나 상황에 큰 변화가 생겼다. 이때는 칭기즈칸이 사망한 지 30년이 지난 후였고, 그의 손자인 쿠빌라이가 칸의 지위를 계승하고 있었다. 원나라 중통中統 원년(1260), 쿠빌라이는 남송을 멸망시키고 중국 전역을 통일하려는 웅대한 꿈을 품었다. 이에 몽골 고원에 있는 화림和林(지금의 몽골 공화국 카라코룸에 해당한다)을 떠나 연경성으로 내려왔다. 그런데 당시 연경성 내에 있던 궁전들은 이미 모두 폐허가 된 상태였기 때문에 쿠빌라이는 예전 금나라 중도성의 동북 교외 지역에 새로운 도성을 건설하기로 결정했다. 새로운 도성을 건설하는 과정 중에 '원元'을 국호로 정했고, 아울러 새로운 도성의 이름을 대도大都라 명명했다. 지원至元 11년(1274)에 대도성이 완성되었다. 이것이 바로 일반적으로 말하는 원의 대도이다. 몽골인들은 이것을 '한팔리汗八里'라고 칭하기도 했는데, '칸의 도시'라는 뜻이 담겨 있다.

원 대도성의 건설은 매우 성공적이었다. 이탈리아인 마르코 폴로(Marco Polo)가 지원 12년(1275)에 대도성을 방문한 적이 있었는데, 그는 대도성의 평면설계에 대해 극찬을 아끼지 않았다. 여행기에 다음과 같은 기록이 담

---

47) 추신지鄒伸之, 『사몽일록使蒙日錄』.

겨 있다.

성 전체는 4각형의 형태로 분할되었는데, 이것이 매우 질서 정연하게
이루어진 상태에서 건물들이 축조되었다. 분할된 사각형의 구역은 그
규모가 거대한 건축물을 만들기에 충분할 정도였고 궁중의 정원庭院이
나 원유院囿가 들어서도 남을 만큼의 크기였다. (중략) 각 구역의 주위
로 아름다운 도로가 놓였고 행인들이 이를 통해 이동했다. 성 전체의
평면적인 규획은 바둑판과 같은 모양을 하고 있었으며 그 조형미가

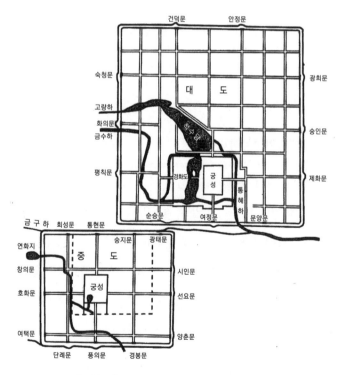

[그림 25] 금 중도성과 원 대도성의 유지

얼마나 뛰어난지 이루 다 말하지 못할 정도였다.[48]

대도성에 대한 마르코폴로의 묘사는 그가 귀국한 이후에 회상한 내용을 바탕으로 작성되었다. 또한 제3자에 의해 정리된 기록이기 때문에 실제 그가 했던 묘사와 일치하는지는 확신하기 어렵다. 그럼에도 불구하고 의미 있는 것은, 이 서술을 통해서 짐작해 보건대 당시 원의 대도성은 세계적으로 견줄만한 대상이 없을 만큼 빼어난 도시였다는 것이 분명해 보인다는 점이다.

그러면 이 위대한 도시는 어떻게 건설될 수 있었을까? 이에 대한 이야기는 경화도瓊華島에서부터 시작하는 것이 좋을 것 같다.

1) 경화도瓊華島의 수수께끼

『원사元史』의 「세조본기世祖本紀」에 따르면, 1260년 쿠빌라이는 연경에 도착한 이후 성 안에 머무르지 않고 연경의 근교 지역에 군장을 풀었다. 쿠빌라이는 연경성에서 멀지 않은 곳을 찾아 자신의 거처로 삼았던 것이다. 그러면 그곳은 과연 어디였을까? 얼핏 보면 그다지 중요하지 않은 작은 문제처럼 보이지만 실제로는 중요한 의미를 갖는다. 이 문제의 대답이 이후 대도성의 건설과 긴밀한 관계를 맺고 있기 때문이다.

---

48) 풍승균馮承鈞 역譯, 사해앙沙海昻 주注, 『마가파라행기馬可波羅行紀』 2권7장, 상무인서관商務印書館, 1936.

원 중통中統 2년(1261)은 쿠빌라이가 연경에 온 바로 다음 해이다. 연경에 도착한 쿠빌라이는 어느 호수에 있는 작은 섬을 개축하도록 명하고 그것을 경화도라고 했다. 지원 원년(1264)이 되자 다시 명령을 내려 경화도를 보수하고 정비하도록 했다. 그 후 1년이 지난 어느 날에 어떤 사람이 옥석玉石 덩어리에 조각을 하여 '독산대옥해瀆山大玉海'라 이름 붙인 술항아리를 쿠빌라이에 헌상하는 일이 있었다. 쿠빌라이는 매우 기뻐하며 이를 광한전廣寒殿에 보관했다. 이듬해에는 수공예 장인들이 쿠빌라이를 위해 정교하고 아름답게 조각한 전용 침대를 만들어 '오산진어탑五山珍御榻'이라는 이름을 붙여 헌상했다. 쿠빌라이는 이 또한 광한전에 두도록 했다. 이일들은 사료에 분명하게 기록되어 있는데 기록에 따르면 광한전은 바로 경화도에 있었다고 한다. 또한 헌상의 일이 있었던 해에 3차례에 걸쳐 경화도를 개축했으며, 지원 4년(1267)에는 광한전에 별도로 옥전玉殿을 건설했다고 한다.

새로운 도성이 완성되기 이전에는 경화도의 광한전이 쿠빌라이의 임시 거주 장소였다는 사실은 분명 긍정할 수 있을 듯하다.

그렇다면 경화도는 어디에 있었을까? 그 구체적인 위치는 북경의 북해공원 내에 있는 백탑산白塔山에 해당한다. 현재 이곳에는 아름다운 백탑

[그림 26] 북해공원

이 세워져 있다.

앞서 이야기했던 것처럼 금나라 시기 이곳에는 중도성의 동북 교외에 세워졌던 대녕궁大寧宮이라는 이궁離宮이 있었다. 원래 고량하의 하류에 속하는 자연 호수가 이 근처에 있었는데 이에 대한 인공적인 준설작업이 한차례 시행된 바 있다. 이때 나온 흙을 호수의 동쪽 편에 쌓아 만든 섬이 바로 경화도이다. 1215년, 몽골의 기병이 중도성을 에워싸고 공격할 때 당시의 전쟁 상황을 기준으로 보면 대녕궁은 후방에 해당했다. 때문에 중도성 내에 있던 궁전들은 참혹한 파괴를 당한 반면 성 밖에 있던 대녕궁은 거의 완전한 형태로 보존될 수 있었다. 바로 이러한 연유로 인하여 쿠빌라이가 처음 연경에 도착했을 때 연경성과 멀지 않은 곳에 있던 금의 이궁을 선택해 주둔했던 것이다.

흥미로운 것은 몇 년 후, 새로 건설되는 거대 규모의 도성이 바로 이 대녕궁이 있던 호수를 중심으로 건축되기 시작했다는 점이다. 이 도성이 바로 조금 전에 이야기했던 역사적으로 명성이 높은 원의 대도성이다.

북경의 도시 발전 과정을 보면, 가장 이른 시기의 도시인 연燕의 도읍 계성薊城에서 시작해 금나라의 중도성中都城에 이르기까지 각 시기의 도성들은 모두 북경의 서남부, 즉 지금의 연화지蓮花池 동쪽 지역에 위치했다. 또한 동일한 원시 취락을 그 전신으로 삼고 연화지의 수자원을 활용하여 성장했다. 도성의 범위가 끊임없이 확대되고, 이와 함께 도성의 면모 또한 변화했지만, 도성의 중심 위치는 시종일관 큰 변화가 없었다. 이렇게 된 이유는 도성의 지리적 위치를 선정하는 데 있어 연화지라는 이 작은 호수와 연화지로부터 발원해 흐르는 작은 강들(연화지 수계라고 통칭할 수 있을 것 같다)

사이의 관계가 중요했기 때문이다.

　원 대도성의 건설은 북경의 도시 발달 과정에 있어 하나의 중요한 전환점이었다. 대도성은 대대로 연화지 수계를 활용하여 이어져 왔던 도성들의 옛 구역을 포기하고 그 동북의 교외 지역에 새로운 공간을 선정하여 도시를 건설했기 때문이다. 이렇게 보면 원시기 대도성의 건설은 북경의 위치 변화를 보여주는 표식과도 같다. 도시의 발전사적 측면에서 볼 때 이는 의심의 여지 없는 중대사건이라 하겠다.

　새롭게 건설되는 도시는 금나라의 이궁인 대녕궁 부근에 있는 호수(즉 지금의 중해中海와 북해北海에 해당하는 것으로 당시에는 남해南海가 아직 존재하지 않았다)를 중심으로 설계되었다. 이 호수는 고량하의 물길이 이어져 형성되었기 때문에 고량하 수계에 속한다고 할 수 있다. 사실, 원 왕조가 북경의 도시 위치를 연화지에서 고량하 수계의 상류로 옮긴 것은 결코 우연한 일이 아니고 도시 건설을 위한 긴 안목에서 고려한 결과였다.

　물론 기존의 도성 지역을 선택하지 않은 주요 원인은 금나라 궁궐이 심하게 훼손되어 거의 폐허 상태에 있었기 때문일 것이다. 그런데 다른 한편으로는 중도성의 궁궐과 달리 대녕궁을 중심으로 한 금나라의 이궁 지역이 경치가 아름다울 뿐만 아니라 거주하기에도 적합한 환경을 갖추고 있었기 때문이다. 이곳은 다른 지역에서 쉽게 구할 수 없는 도시 건설의 최적지 중 하나였다. 이와 함께 무시할 수 없는 원인 중 하나는 도시를 건설하고 유지하는 데 있어 객관적으로 요구되는 수원의 확보였다.

　북경 지역에 도시가 발달하던 초기에는 연화지의 수계가 도시의 각종 용수 수요를 기본적으로 충족시켜 줄 수 있었다. 그런데 사회경제가 발달함에 따라, 특히 북경이 명실상부한 전국의 정치적 중심지로 자리매김하게 되자 황제의 도성으로서 그 규모가 거대해지고 궁정과 원림의 용수량이 하루가 다르게 증가했다. 이러한 상황에서 한정된 수량의 연화지로는 용수의 수요를 맞추기가 어려웠다. 또한 원나라의 통치자들은 매년 강남 지역에서 징수한 수백 만 석의 곡물을 대도성으로 운송하여 황실과 거대한 관료기구가 소비할 수 있도록 해야 했는데 이를 위해서는 조운 문제가 반드시 해결되어야 했다. 이에 원의 조정은 이전 왕조들이 취했던 조치들을 찾아 살폈다. 주로 금나라 통치자들이 조운을 통해 곡물을 운송했던 방식을 참고했다. 쿠빌라이가 중도성을 처음 방문한 지 3년이 되던 해인 중통 3년(1262)에 당시 수리 공사의 탁월한 전문가였던 곽수경郭守敬이 중도성의 옛 갑하閘河를 개조하고 옥천산玉泉山의 물을 끌어오는 계획을 제안했다. 그의 계획을 보고받은 쿠빌라이는 곧바로 이를 허락했다. 지형에 근거하여 판단해보면, 당시에 옥천산의 물을 조운에 이용한다는 것은 곧 옹산박甕山泊(칠리박七里泊이라고도 불렸는데 지금의 곤명호昆明湖 전신이다)과 고량하를 통해 물을 아래로 흐르게 하여 갑하閘河에 연결하는 방법이었다. 이 물길은 바로 대녕궁의 부근을 지나 흐르게 되었다. 결국 북경성의 위치가 중도의 옛성에서 대도라는 새로운 도성으로 옮겨지는 과정에서 수원의 위치도 연화지 수계에서 고량하 수계로 바뀌게 되는 것은 원 조정이 풍부한 용수자원을 확보하기 위해 세심하게 고려한 결과였다.

2) 대도성의 평면 설계

원나라 대도성은 중국 역대 왕조의 도성 건설에 있어 그 평면 설계가 중
국의 이상적인 설계 방안에 가장 가깝다고 할 수 있다. 여기서 말하는 이상
적인 설계라는 것은 황제 권력을 지극히 존엄한 존재로 드러내어 그 자체
를 설계의 핵심 이념으로 삼는 것을 말한다. 이러한 설계에 대한 구체적인

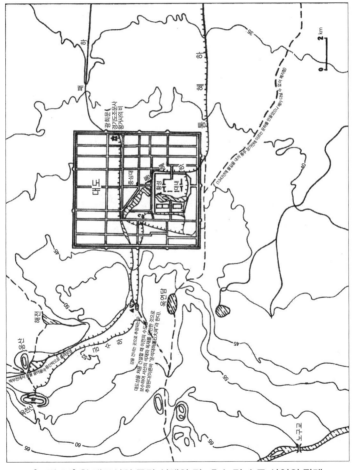

[그림 27] 원 대도성의 공간 설계와 강, 호수 및 수로 사이의 관계

내용은 춘추전국 시대에 편찬된 『주례周禮』 「고공기考工記」에 설명되어 있다. 제왕을 위한 도성의 설계는 반드시 큰 규모의 정방형 성城의 행태로 이루어져야 했다. 네 면에는 각각 3개의 문이 설치되고 문 안쪽으로는 곧게 뻗은 통구通衢(넓은 도로를 말한다)가 종횡으로 서로 교차한다. 도성의 안쪽 공간 중에 중앙의 정면(남쪽면을 말한다)은 조정朝廷이 되고 뒷면(북면을 말한다)은 시장市場이 된다. 조정의 위치에서 왼쪽(동쪽 면을 말한다)이 태묘太廟가 되고 오른쪽(서쪽 면을 말한다)은 사직단社稷壇이 된다. 이른바 "장인匠人이 나라를 조영함에 무릇 사방을 9리里로 하고 각 벽면에는 3개의 문이 있으며 나라 안에는 9개의 횡도橫道와 9개의 종도縱道가 있다[匠人營國, 方久里, 旁三門, 國中九經九緯]."거나 "왼쪽에 종묘를 두고 오른쪽에는 사직단을 두며, 앞쪽으로는 조정을 두고 뒤쪽에 시장을 만든다[左祖右社, 面朝後市]." 는 것이 바로 이를 말한다.

그런데 "왼쪽에 종묘를 두고 오른쪽에는 사직단을 두며, 앞쪽으로는 조정을 두고 뒤쪽에 시장을 만든다[左祖右社, 面朝後市]."는 말에는 동서남북의 방향을 직접적으로 설명하고 있지 않지만, 사실상 그 안에는 "남쪽을 향하여 왕노릇 한다[面南而王]."는 관념이 명확하게 내재되어 있다고 하겠다. 따라서 「고공기」 저자의 시각에서 보면 궁전 건축물이 북쪽에 자리하고 남쪽을 향하는 것은 별도의 해석이 필요치 않은 분명한 사실에 해당했다. 실제로 중원 지역에 있던 궁전 건축물은 모두 정남향으로 배치되었고, 이러한 특징은 중국의 역대 도성들이 보여주는 설계상의 큰 특색이다. 이러한 특징의 출현은 황하 유역의 지리적 환경과 밀접한 관련을 맺는다. 중국의 황하 유역은 지구의 북반구 온대 습윤 계절풍 기후 구역에 속해 계절적 변화가 명확하다. 겨울에는 아시아 대륙의 서북 내지에서 차가운 고기압이 형성되어 한랭하고 빠른 풍속의 편북풍이 황하 유역의 중하류를 강타한다. 그러면 혹독하게 추운 기후가 길게는 몇 개월씩 이어진다. 여름에는 동남 지역의 태평양 바다 위에서 따뜻한 고기압이 형성됨에 따라 동남쪽에서 올라온 습윤한 계절풍이 많은 양의 강수를 동반하고 기온까지 상승시켜 심한 더위가 사람들을 힘들게 한다. 이러한 조건하에서는 건물을 남쪽으로 향하게 축조하는 것이 가장 좋다. 북쪽 면을 밀봉하여 겨울의 한기와 바람을

[그림 28] 원대 화의문和義門의 유지遺址

막고, 남쪽 면에는 창문을 설치하여 겨울철에도 햇볕이 실내까지 비스듬히 비출 수 있게 하는 동시에 여름철 공기 순환도 가능하게 하기 때문이다. 이러한 기후적 특징에 적응하기 위해, 황하 유역에서 가장 이른 시기에 세워진 궁전 건축물인 하남성 언사현偃師縣 이리두二里頭 하문화夏文化의 건축 구역 또한 북쪽에 위치하고 남쪽을 향하는 형식으로 조성되어 있다. 이 특징은 장기간 이어지면서 하나의 관례로 굳어졌다. 때문에 앞서 인용한 『주례』「고공기」의 기록에서 단지 "앞쪽으로는 조정을 두고 뒤쪽에 시장을 만든다."고만 하여도 그들 사이의 방향 문제는 특별한 설명이 필요 없는 것이 된다. 그런데 '앞쪽으로 조정을 둔다는 것'은 꽤 중요한 의미를 갖는다. 여기서 언급되는 앞쪽은 곧 남쪽을 뜻하고 있어서 이러한 상황을 통해 결국 사람들의 의식 속에 공유되고 있는 "남쪽을 향하여 왕노릇한다."라는 봉건

적인 전통 사상이 생겨난 것이다.

원나라 대도성은 비록 정사각형의 모습은 아니고 북쪽 성벽에 조성된 성문이 3개가 아니라 2개로 되어 있지만, 전체적인 형태로 보자면 성 내의 주요 건축물—조정, 시장, 태묘, 사직단 등—의 배치 구조가 기본적으로 『주례』의 「고공기」가 전하는 설계형식에 부합한다.

원 조정은 대도성을 건설하기에 앞서서 지형의 측량을 먼저 시행했다. 이후 전통적인 설계방식에 근거하고 역사 발전의 요소와 지리적인 특징을 결합하여 성 전체의 전반적인 규획을 확정했다. 이후 단계적인 과정을 거치며 시공을 진행했다. 먼저, 지형의 높낮이를 파악하여 그에 따라 지하에 하수도를 매설하고 배수시설을 설치했다. 이어서 구역 배치의 원칙에 근거하여 지면을 설계했다. 전체 과정은 질서 정연하게 이루어졌으며 매우 과학적이었다.

궁전 건축물의 배치는 단순히 도성의 중앙이 남쪽을 향한다는 원칙만을 채용한 것이 아니었다. 아울러 뛰어난 예술적 방법도 적용하여 장엄하고 웅장한 궁전건축과 다양한 모습을 한 아름다운 하천 경관이 서로 조화를 이루도록 했다. 결과적으로 인공미와 자연미가 서로 빛을 더해주는 기묘한 효과를 이끌어냈다.

구체적으로 보자면, 당시 경화도와 그 주변의 호수를 중심으로 세 그룹의 궁전 건축물이 호수를 둘러싼 형태로 동쪽과 서쪽에 들어섰다. 호수의 동쪽에는 황제의 궁전에 해당되는 이른 바 '대내大內'가 위치했다. 이것은 훗날 자금성의 전신이다. 호수의 서쪽에는 남북 방향으로 두 개의 궁전 건축군이 들어섰는데, 남쪽 구역의 것은 융복궁隆福宮이라 불렸고, 북쪽 구역의 것은 흥성궁興聖宮이라 칭해졌다. 이들은 각각 태자와 황태후가 기거하는 장소였다. 세 개의 궁전 건축물이 정립해 있는 구도에서 그 사이 공간에 위치한 호수는 전통적인 관습에 따라 태액지太液池라고 이름 붙여졌다.

이 세 그룹의 궁전 건축물을 에워싸고 성벽이 건설되었다. 당시에는 소장蕭墻이라고 불렸다. 일부에서는 홍문난마장紅門闌馬墻이라고도 했는데 이것이 훗날 황성皇城이 되었다.

마지막으로 황성의 바깥을 둘러싸는 대성大城이 만들어졌다. 이것은 외곽성外郭城의 성벽에 해당한다. 대성의 평면 설계에 있어 남북을 관통하는 중축선이 명확하게 확인된다. 이 중축선은 태액지의 동쪽 궁성 건물을 관통하여 궁성의 실질적인 중심선이 되었다. 이것은 궁성의 위치를 보다 분명

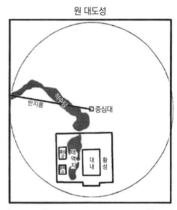

[그림 29] 중심대에서 반지름 구획 그림

하게 드러냈고 이로써 봉건 왕조의 통치 중심이 갖는 지고무상의 중요성을 뚜렷하게 발현시켰다.

궁성의 위치를 확정한 후에는 성 전체의 평면 배치에 있어 중심점에 해당하는 위치를 설정했다. 궁성의 중심선을 따라 북쪽으로 뻗어나가면 태액지의 상류에 있는 적수담 호수와 만나게 되는데 중심점은 바로 이 호수의 동북쪽 호반에 놓였다. 중심점의 위치에 '중심대中心臺'라고 이름 붙인 석조의 측량 표식을 세웠다. 중심대에서 동쪽으로 50보步(약 23미터) 떨어진 곳에는 중심각中心閣을 축조하였다. 그 위치가 바로 현재 북경의 고루鼓樓

가 서 있는 곳에 해당된다.

중심대에서 남쪽을 바라보고 황성을 경내로 포함하는 거리를 반경으로 삼아서 북경성 전체를 감싸는 남쪽과 북쪽 성벽의 위치를 확정했다. 같은 방식으로 중심대에서 서쪽으로 적수담을 안쪽에 두는 거리를 반경으로 삼아 북경성의 동쪽과 서쪽 성벽의 위치를 정했다. 다만, 동쪽 성벽의 경우는 일부 지역이 낮은 구릉 지대였던 탓에 건물을 축조하기에 적절하지 않아 성벽의 위치를 서쪽으로 얼마간 이동했다.

대도성의 외곽성은 둘레가 28.6킬로미터로 남북 방향이 조금 긴 정방형의 모습을 띄었다. 남쪽 성벽은 지금의 북경시 동장안가東長安街와 서장안가西長安街의 남측에 세워졌고, 북쪽 성벽은 지금의 덕승문德勝門과 안정문安定門에서 북쪽으로 5리 떨어진 곳에 축조되었다. 현재에도 남아있는 흔적을 확인할 수 있어 '원 대도성의 성벽 유적지 공원[元大都城垣遺址公園]'으로 조성되어 있다. 동쪽 성벽과 서쪽 성벽은 각각 지금의 동직문東直門과 서직문西直門의 위치에서 남북 방향으로 연장한 직선과 서로 중첩된다. 원 대도성의 외성(대성大城)은 북쪽 면에 단지 두 개의 성문만을 두었는데 동쪽의 것은 안정문安貞門, 서쪽의 것은 건덕문健德門이라 했다. 북쪽 면을 제외한 나머지 3면의 성벽에는 각각 3개의 성문이 설치되었다. 동쪽 면의 성벽문은 광희문光熙門, 숭인문崇仁門(지금의 동직문에 해당된다), 제화문齊化門(지금의 조양문朝陽門에 해당된다)이 북쪽에서 남쪽 방향의 순서로 위치했다. 서쪽 성벽문의 경우는 3개의 성문, 즉 숙청문肅淸門, 화의문和義門(지금의 서직문에 해당된다), 평칙문平則門(지금의 부성문阜城門에 해당된다)이 북쪽에서 남쪽 방향으로 줄지어 있었다. 마지막으로 남쪽 성벽의 문은 중앙에

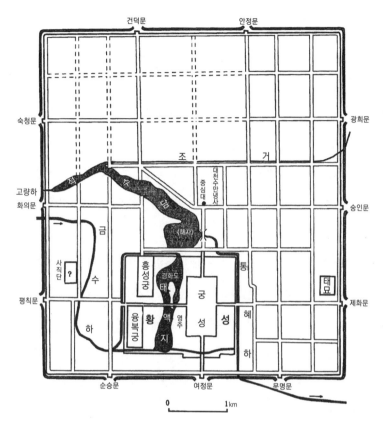

[그림 30] 원 대도성의 평면 설계와 수도水道 분포

여정문麗正門, 동쪽에 문명문文明門, 서쪽에 순승문順承門이 있었다.

성 안에 있는 거리는 매우 넓고 곧게 뻗어있어 한쪽 끝에서 다른 한쪽의 끝을 볼 수 있을 정도였다. 이것은 의도적인 배치의 결과인데 이로 인해 성문 역시 한쪽 성문에서 반대쪽 성문을 확인할 수 있었다.

마르코 폴로는 자신의 여행기에 대도성의 거리 구획이 갖는 특색 넘치는 모습을 위와 같이 묘사했다. 대도성은 실제 이처럼 모든 성문이 그 안쪽으로 곧게 이어지는 중심 도로를 하나씩 가지고 있었다. 두 개의 성문 사이에는 일부 예외가 있긴 했지만 대체로 하나의 중심 도로가 건설되었다. 이 중심 도로들은 종횡으로 서로 교차했고, 성 전체에 남북 방향과 동서 방향으로 중심 도로가 각각 9개씩 갖추어져 있었다. 그중에 여정문의 안쪽으로 나 있는 중심 도로는 궁성의 중앙을 관통하여 북쪽으로 '중심대'까지 이어졌다. 성 전체의 중축선을 따라서 만들어진 것이다. '중심대'에서 서쪽으로 적수 담의 동쪽 호반을 따라 이어진 구역에는 성 전체에서 유일하게 비스듬한 모습인 사가斜街가 놓여졌다. 이로 인해 바둑판 모양으로 만들어진 중심 도로의 형태에 일부 변형이 포함되었다. 동서로 지나는 큰 도로가 분할하는 지역에는 일부 예외를 제외하고 모두 종횡으로 배열된 도로가 형성되었다. 일조량을 늘리고 엄동의 북풍을 막기 위해서 종횡으로 교차하는 모든 도로는 동서 방향의 횡도橫道(호동胡同이라고도 한다)를 중심 도로로 삼고 횡도들 간의 거리를 가깝게 했다. 남북 방향의 도로는 종속적인 지위에 있었다. 도로의 폭은 일반적으로 25미터 정도였고 좁은 도로의 경우는 6-7미터 정도였다.

대도성 내에서 소장蕭墻 밖에 있는 거주 구역은 종횡으로 교차하는 도로에 의해 50개의 방坊으로 분할되었다. 각 방에는 문이 있고 문 위에는 해당 방坊의 명칭이 쓰여져 있었다. 그 명칭은 행정 관리상의 구역 명칭으로 사용되었다. 전체적인 상황을 고려해 보면, 대도성의 규획은 전반적으로 가지런하고 질서정연한 형태를 보인다는 특징을 갖고 있다.

대성大城의 안쪽 구역 그러니까 황성의 바깥 구역에는 도성의 분포상 특별한 의의를 갖는 별도의 건축물군이 세 개 더 있었다.

황성의 동쪽(지금의 동사패루東四牌樓 동쪽 구역에 해당된다)과 서쪽(지금의 서사패루西四牌樓 서쪽에 해당된다)에는 각각 건축물 그룹이 하나씩 세워져 독립된 구역을 형성했다. 동쪽의 구역은 전통 시기 황제가 선조들에게 제사를 올리는 태묘太廟이고, 서쪽의 구역은 제왕들이 토지와 오곡의 신에게 제사를 지내는 사직단이다. 좌우를 기준으로 대칭을 이루는 배열은 궁성이 건물 배치에 있어서 갖는 중요성을 더욱 높여준다.

이외에 성 전체의 중축선을 따라 북쪽으로 올라가면 '중심대'의 서쪽과 서북쪽 방면에 두 개의 큰 건축물이 앞뒤로 나란히 솟아 있다. 이것은 바로 대도성 전체에 시간을 알려주는 원대의 고루鼓樓와 종루鐘樓이다.

마지막으로 시장이다. 대도성 내의 주요 시장은 크게 세 곳에 위치했다. 한 곳은 적수담 북쪽 호반에 있는 사가斜街이다. 이곳은 '중심대'의 서쪽 구역에 해당되고 사가시斜街市라 불렸으며 일중방日中坊에 속했다. 적수담은 당시 새로 개창된 대운하의 종점이었는데 수운의 편리함으로 인해 사가시 일대는 상업이 발달하여 대도성 내에서 상업활동이 가장 활발한 구역이 되었다. 다른 하나는 양각시羊角市라고 불리는 곳으로 지금의 서사패루의 부근해 위치했다. 이곳은 양, 말, 소, 낙타, 당나귀, 노새 등이 전문적으로 거래되는 장소였다. 마지막 하나는 지금의 동사패루의 서남쪽에 있던 구추밀원각시舊樞密院角市로 명조방明照坊 내에 위치했다. 이 세 곳의 주요 상업 중심지를 살펴보면 양각시와 구추밀원각시는 동성東城과 서성西城 내의 적절한 장소에 조성되었고, 사가시는 북성北城에 자리했다. 이 모두는 도로의 요충지에 해당했다. 지금까지 살펴본 도시 배치에 근거해 보면, 대도성의 평면 설계는 『주례』「고공기」가 기록하고 있는 고대 도성의 이상적인 설계 모습을 잘 표현했을 뿐만 아니라 일정한 형태의 발전도 이루었다. 이 점은 눈여겨 볼만하다.

3) 웅장하고 화려한 대도大都의 궁성宮城

대도성에서 가장 중요한 위치를 차지하고 있는 것은 궁성이다. 대도성의 궁성은 요나라 남경성이나 금나라 중도성의 그것과는 비교할 수 없을 만큼 웅장하고 화려하다. 이른바 "비록 하늘 위의 청도淸都[49]나 바다 위의 봉영蓬瀛[50]으로도 이 궁성의 경치를 모두 표현하기에는 역부족이다."[51]라는 말이 있을 정도이다. 대내大內의 궁전은 전통 시기 중국인의 지혜와 건축적 재능이 응집된 결과물이었지만 완성된 지 채 한 세기도 지나지 않은 시점에 명나라 군대의 공격을 받아 파괴되었다. 명나라 통치자들은 우매하게도 미신을 쫓는 바람에 이전 왕조의 '왕기王氣'를 없앤다는 이유를 들어 대도성 전체를 훼손해 버렸다.

그래도 다행인 것은 당시 소순蕭洵이라는 자가 있었다는 점이다. 그는 명 초기에 공부랑중工部郎中에 임명되어 원나라 궁전을 해체하는 작업에 참여했다. 그는 건축 예술에 밝은 관리였기 때문에 곧 철거될 운명에 있는 궁궐 건축을 마주하고는 안타까움을 느끼지 않을 수 없었다. 이에 철거가

---

49) [역자주] 전설 속의 명칭으로 천제天帝가 거주하는 궁궐로 알려져 있다.
50) [역자주] '봉래蓬萊'와 '영주瀛洲'를 함께 지칭하는 말로 신선이 사는 장소를 말한다.
51) 소순蕭洵, 『고궁유록서故宮遺錄序』

시작되기 전에 최선을 다해 궁궐의 모습을 글로 묘사하여 남겨두었다. 그는 궁궐에 대해, "문궐門闕, 누대樓臺와 전우殿宇의 아름다움은 깊고 심원하며 난간과 쇄창鎖窓을 둘러싼 건물에 금빛과 푸른색빛이 흘러 빛났다. 궁중 정원에 있는 독특하고 기이한 돌들은 열을 맞춰 나열되어 있으면서 위아래로 변화하는 모습을 보이며 신성하고 비밀스러운 장소를 연출했다. 이러한 내용들을 이루 다 상세히 이야기하기 어려울 정도이다."[52]라고 기록했다. 소순은 관련 내용들을 모두 정리하여 책으로 만들었다. 이것이 바로 지금까지도 전해오는 『고궁유록故宮遺錄』이라는 책이다. 『고궁유록』은 원 대도성의 궁성을 연구하는 데 있어 가장 중요한 자료 중 하나이다.

이외에 대도성의 궁성을 연구하는 데 중요하게 다뤄지는 필수 자료로 원 말기에 도종의陶宗儀가 완성한 『철경록輟耕錄』이 있다. 이 책에는 원나라 '궁궐제도'와 관련된 기록이 매우 상세하게 되어 있다.

오늘날 우리는 이들 전통 시기 기록들을 통해 이미 오래 전에 사라진 대도성의 궁성 모습을 짐작해 볼 수 있다. 그 대략적인 모습을 적어보면 다음과 같다.

궁성의 주변 둘레는 9리里 30보步로, 동서 방향으로 480보, 남북 방향으로 615보가 된다. 성벽의 높이는 35척尺(원나라 대도성의 도시 설계에는 장도長度를 사용했기 때문에 모두 보步를 기본 단위로 삼았고 1보는 1.54미터에 해당된다)이었다. 궁성은 남쪽을 향했고 정문은 숭천문崇天門이라 했다. 그 왼쪽에는 성공문星控門, 오른쪽에는 운종문雲從門이 있었다. 숭천문 위에는 궐루闕樓

---

52) 소순, 『고궁유록서』

가 설치되었고 양쪽 날개 쪽으로 회랑回廊이 있어 양쪽을 연결했다. 끝 쪽으로는 뛰어난 조형미를 자랑하는 십자각루十字角樓가 튀어나온 형태로 세워져 있었다. 궁성의 서문은 서화문西華門이라 불렸고 동문은 동화문東華門이라 했으며 북문은 후재문厚載門이었다. 궁성의 네 모퉁이 공간에는 유리기와를 얹고 처마 장식이 더해진 십자각루十字角樓가 있었다. 궁성 전체의 궁문은 금빛 장식이 달린 붉은색 대문으로 되어 있었는데 붉은색의 기둥과 문채 무늬가 들어가 있어 장관을 이루었다. 이 모습은 우리가 지금 볼 수 있는 명청 시기의 자금성과 비교해 일부 차이날 뿐 매우 유사한 형태였다.

원대 궁성은 이후 들어선 명청 시기의 자금성과 비교해 남북의 경계 위치가 다소 차이났다. 현장 조사에 따르면, 원대 궁성의 남문(숭천문)은 지금의 자금성 내에 있는 태화전이 있는 위치에 해당하고, 북문(후재문)은 경산 공원의 소년궁 남쪽과 일치한다. 원대 동화문과 서화문은 청대 고궁故宮의 동화문과 서화문에서 남북 방향으로 연장된 직선상에 있었지만 구체적인 위치는 달랐다. 지금의 동화문과 서화문은 궁성에서 남쪽으로 치우친 위치에 있지만 원대 궁성의 동화문과 서화문은 성벽의 중앙에 위치했다. 원대 궁성을 복원해보면 남북으로 길이가 대략 1킬로미터이고 동서로의 폭은 740미터 정도가 되어 전통 시기의 문헌기록과 기본적으로 일치한다.

궁성 내의 주요 건축물들은 남북으로 크게 두 그룹을 형성했다. 남쪽 그룹에 속하는 건축물들은 대명전大明殿을 중심으로 건설되었다. 대명전은 황제의 등극과 매해의 첫날 또는 황제의 생일이거나 조회가 있을 때 이용되었다. 그 위치는 바로 궁성의 중심선 위에 있었는데 동시에 성 전체의 중축선 위에 있었다. 건물의 기단은 높이가 10척(일부에서는 5척이라고도 함)으로 정면에 계단이 있으며 크게 세 단계로 구분되었다. 용봉龍鳳의 도안이 조각된 한백옥漢白玉[53]의 난간이 4면으로 둘러쳐 있었고, 난간의 밖에 있는 기둥들 아래에는 한백옥을 조각해 만든 자라 머리가 돌출되어 있었다. 건물의 네 모서리에는 한 면의 길이가 5-6척쯤 되는 방형의 큰 기둥이 있었고, 그 윗부분에는 금룡金龍이나 꽃 그림 또는 구름 모양의 도안들이 장식되어 있었다. 이는 현재 확인되는 고궁 태화전의 기단과 매우 유사한 형태이다. 대명전의 건물 뒤쪽으로는 기둥행랑[柱廊]이 있어 침전과 곧바로 통했다. 침전의 동쪽과 서쪽에는 두 개의 전각이 서로 대칭을 이루고 있었는데 대명궁과 합하면 '공工'자의 형태를 띠었다. 대명전의 네 면은 120간間에 달하는 주무周廡[54]가 감싸고 있었는데, 남북 방향으로 길이가 다소 길고 폭이 좁은 장방형의 모습으로 되어 있었다. 그 네 모퉁이에는 각루角樓가 설치되었다. 동쪽과 서쪽의 주무는 중간에서 남쪽으로 얼마간 치우친 곳에 각각 종루鍾樓(문루文樓라고도 한다)와 고루鼓樓(무루武樓라고도 한다)가 세워졌다. 북쪽 주무의 정중앙에는 전각殿閣이 축조되어 있었는데, 그 위치가 바로 침궁의 뒤에 해당했다. 주무 전체에는 모두 7개의 문이 설치되었다. 남쪽 면에 문이 3개 있었는데, 그중 중앙의 것이 대명문大明門으로 남쪽 궁전 구역의 정문에 해당했다. 북쪽 면에는 두 개의 문이 나란히 있었다. "무릇 궁전의 주무周廡는 아름답게 수를 놓은 붉은색 기둥과 벽을 사용해 만들었고 유리 기와로 서까래를 장식했다."[55]

---

53) [역자주] 대리석의 일종으로 백색의 빛이 나며, 재질이 단단하여 최고의 건축 자재로 인정받는다. 일설에 따르면, 한대漢代부터 사용되었다고 하여 한백옥이라 불린다고 한다.
54) [역자주] 일종의 회랑으로 건물의 이동을 위한 통로로 사용된다.

북쪽 그룹에 속하는 궁전 건축물 중에서는 연춘각延春閣이 중심이 되어 후정後庭을 이루었다. 후정 전체의 평면설계와 건축물의 형태는 남쪽의 건축물군과 기본적으로 일치했다. 다만, 주무周廡는 172간間으로 되어 있어 52간이 더 많았다. 때문에 남북 방향으로 길게 조성되어 상대적으로 더 분명한 장방형을 띄었다. 북쪽 주무에 문이 설치되지 않은 점은 남쪽 그룹의 궁전 건축물과는 차이나는 점이었다.

대명전과 연춘각은 두 그룹의 건물군을 대표하는 주요 궁전건축물인데 두 건물군 모두 '전殿'과 '궁宮' 사이에 하나의 기둥행랑[柱廊]을 가지고 있어 '공工'이라는 글자의 형태를 나타냈다. 건물 내의 분위기는 몽골족의 '장막[氈帳]'과 같은 색채가 농후했다. 예를 들면, "내침內寢은 복겹의 휘장이 둘러쳐 있었고, 은색 족제비 가죽으로 감싸있으며 바닥은 모두 가는 대자리[細簟]가 깔려 있었다. 그 위에 다시 황적색의 두터운 양탄자가 얹어져 여러 겹으로 된 부드러운 바닥이 만들어졌다."[56] 목조 구조물 중 겉으로 드러나는 부분은 모두 직조물로 덮였고 벽의壁衣와 카펫이 폭넓게 사용되었다. 이 모든 것이 원대 궁정 건축물에서 비교적 명확하게 확인되는 특징들이다.

궁성의 전체적인 배치구조를 볼 때, 성 내에서 지형적으로 높은 지점에 위치한 만수산萬壽山을 언급하지 않을 수 없다. 만수산은 만세산萬歲山이라고도 불리는데 금나라 대녕궁의 경화도에 해당한다. 만수산의 남쪽에는 원지圓坻라고 불리는 작은 섬 하나가 있었다. 이것은 영주瀛洲라고도 했는데 길이가 200여 척尺에 달하는 백옥석의 다리를 통해 만수산과 직접 연결

55) 도종의陶宗儀, 『철경록輟耕錄』 권21, 「궁궐제도宮闕制度」.
56) 소순蕭洵, 『고궁유록故宮遺錄』.

되었다. 이 작은 섬 위에는 의천전儀天殿이 세워져 있었다. 이것은 지금 확인되는 단성團城의 전신이다. 원지의 양쪽 측면에는 두 개의 목조 다리가 설치되어 동쪽과 서쪽의 호숫가와 이어졌다. 서쪽에 있는 목조 다리는 현재 북해공원北海公園에 있는 대석교大石橋의 전신이 된다. 동쪽의 것은 북해공원의 정문 앞쪽에 해당되는데, 이후에 땅으로 매립되어 지금은 그 모습을 확인할 길이 없다. 당시 서쪽을 관통하는 목조 다리는 대로大路라고 불릴 정도로 폭이 넓었고 서쪽으로 융복궁隆福宮과 흥성궁興盛宮을 거쳐서 황성의 서문과 맞닿았다. 동쪽으로 이어지는 목조 다리는 정면으로 대내大內의 서문인 서화문西華門과 마주했다. 서화문을 지나면 동화문東華門으로 연결되는 어도御道가 있었다. 대내의 북문 밖은 지금의 경산공원 북면에 해당하는데, 지금의 지안문地安門 안쪽으로 이어지며 상당히 넓은 규모의 녹지대를 갖추고 있었다. 원대에는 이곳에서 희귀 동물들을 키웠기 때문에 '영유靈囿'라고 불렸는데 기본적으로 황실의 동물원이었다고 할 수 있다. '영유'의 서쪽으로 보면 길이 76척尺, 폭 41척에 달하는 석교가 있었고 만수산과 함께 하나의 조합을 이루었다. 당시에 다리의 절반은 돌로 만든 수로의 형태여서 동쪽 호반에 있는 금수하金水河로 물을 흘려보내는 도조渡槽로 기능하며 물을 섬 위로 끌어올리는 역할을 했다. 이후에는 '전기운구轉機運斛'라고 불리는 동력기계(즉, 수두水斗를 말한다)를 통해 만수산 꼭대기까지 물을 올려서 산 위에 솟아나는 샘물을 만들었다. 석룡구石龍口를 통해 뿜어나온 물은 태액지로 흘러 들어가, 원림을 구성하는 데 필요한 물을 공급했다. 원래 만수산의 정상에는 광한전廣寒殿이 있었는데 여러 차례에 걸쳐 보수가 이루어졌고 이와 함께 인지전仁智殿, 하엽전荷葉殿, 방호정方壺

亭, 영주정瀛洲亭 등이 새롭게 건설되었다. "산은 모두 영롱석玲瓏石이 쌓여서 만들어졌고 봉우리와 기슭은 조화를 이루는 모습을 하고 있었다. 소나무와 측백나무가 울창하였고, 그 아름다움이 마치 하늘이 만든 것만 같았다."[57]라고 했으니 그 경치의 수려함은 이루다 형언할 수 없을 정도였다.

전통적으로 궁정 광장은 궁성의 정문 앞에 있기 마련인데, 원 대도성의 궁정 광장은 황성의 정문 앞으로 옮겨져 위치했다. 이것은 대성大城의 정문에서 궁성까지의 사이 공간에 건축적인 층차와 서열의 의미를 한층 더 강화하려는 의도였다. 이 결과 궁궐의 지위가 더욱 높아졌고 아울러 출입구의 경비도 훨씬 더 삼엄해졌다.

대도성은 지원至元 4년(1267)에 건설되기 시작하여 18년이 지난 지원 22년(1285)에 완성되었다. 그중 궁성 부분의 공사는 4년에 걸쳐 시행되었고 이 과정에서 중도中都, 진정眞定, 순천順天, 하간河間, 평난平灤 등의 지역으로부터 2만8천여 명의 노동자가 징발되었다고 한다. 실제로는 대도성의 설계와 건설에 참여한 인원의 숫자가 이를 훌쩍 뛰어넘었을 것으로 보이고 이와 관련된 지역 역시 매우 광범위해서 중국 국내에 한정되지 않았다. 심지어는 아시아 각 지역에서 건너온 각종 수공예 장인들도 있었다. 대도성의 도시 계획과 설계에 반영된 요소들을 살펴보면, 대도성은 황제의 도성으로서 갖는 중국의 전통적인 규획제도를 계승했을 뿐만 아니라 동시에 일정한 형태로 발전시켰다는 것을 알 수 있다. 또한 외국의 건축 기술과 형식 또한 흡수했다는 것도 느낄 수 있다. 따라서 대도성은 중국의 노동자 인민

---

57) 『철경록輟耕錄』

들이 힘을 모아 창조해낸 걸작이자 아시아 인민들의 지혜가 녹아든 결정체라고 할 수 있다.

원나라 대도성의 주요 설계자는 유병충劉秉忠(1216-1274)이었다. 그는 하북성 형대邢臺 사람으로 처음에는 이름이 간侃이었지만, 원 세조 쿠빌라이가 병충이라는 이름을 하사했다. 유병충은 어려서 승려로 활동했고 스스로 장춘산인藏春散人이라 칭했다. 학문의 수준이 높고 여러 분야를 두루 섭렵했는데, 특히 역경易經과 소옹邵雍의 경세학문에 정통했다. 천문, 지리, 역법 등에도 조예가 깊어서 쿠빌라이의 총애를 많이 받았다. 쿠빌라이가 몽골고원에서 활동하던 때에 유병충은 이미 그의 참모로 함께 했다. 유병충은 일찍이 쿠빌라이의 명령을 받아 도성의 부지를 새로 선정해 개평성開平城(지금의 내몽고 다룬多倫의 부근에 해당한다)을 건설하였다. 개평부開平府는 중통中統 4년(1263)에 상도上都로 승급되었다. 4년 후인 지원 4년(1267)이 되었을 때, 유병충은 갑작스럽게 쿠빌라이로부터 중도성을 건설하라는 명령을 받았다. 중도성은 얼마 후 대도성으로 개칭되었다. 이 일에 대해 『원사元史』에 수록된 유병충의 열전은 관련 내용을 비교적 구체적으로 기록하고 있다. 다음은 그중의 일부이다. "(지원)4년 쿠빌라이는 다시 유병충에게 명령하여 중도성을 짓도록 하자 종묘와 궁실의 건설이 시작되었다. 8년, 유병충은 국호를 대원大元으로 정하고 중도中都를 대도大都로 바꿀 것을 상주했다. 쿠빌라이는 관직을 수여하고, 조회를 열며, 봉록을 지급하거나 관료제도를 규정하는 것과 같은 일들을 모두 유병충으로 하여금 관여하게 하였고, 이는 곧 한 시대의 새로운 기준이 되었다." 이것은 곧 대도성이 유병충의 책임하에 건설되었을 뿐만 아니라 원 왕조의 국호와 국가의 전

장제도 또한 유병충이 건의한 것에서 비롯되었다는 사실을 말해준다. 『속
자치통감續資治通鑑』은, "경정景定 4년(원 세조 중동 4년, 즉 1263년에 해당한다)
봄 정월正月에 유병충이 연燕 지역을 수도로 삼도록 요청하자 몽골의 주군
은 이를 따랐다."고 기록했다. 이 설명에 따르면 쿠빌라이가 북경에 수도를
세운 것은 유병충의 주장과 밀접한 관련이 있다는 것을 알 수 있다.

대도성을 설계하는 중심 사상은 기본적으로 『주례周禮』, 「고공기考工記」
에서 말하는 제왕의 도시를 건설하는데 있어 이상적인 배치형국의 모습을
참조하여 만들어졌다. 유병충은 유가의 경전에 밝은 한족 지식인이었다.
몽골 최고 통치자의 신임을 두텁게 받고 있던 유병충은 대도성을 축조할
때 중국 전통의 이상적인 설계를 근거로 삼았으며 아울러 상당 부분을 그
것에 맞게 실현시켰다.

물론 원 대도성의 건설은 유병충의 역할 이외에 갖은 고생을 다 한 일반
인민대중들의 노력과 다양한 건축의 경험을 갖추고 있던 능력 좋은 장인들
의 공헌이 더해져 완성된 것이다. 그런데 원나라 통치자는 이 거대한 규모
의 도성을 건설하기 위해 야만적인 노예 사역의 방식을 동원했다. 다수의
노동자들로 하여금 노예나 다름없이 무상으로 공사에 참여하도록 강제했
고, 전국 각지뿐만 아니라 심지어는 아시아의 일부 국가에 있는 여러 분야
의 전문기술자들을 징발했다. 필요에 따라서는 납치하는 일도 있었다. 당
시 대도성에는 다양한 이름의 전문적인 공장工場이 설치되었다. 대목국大
木局, 소목국小木局, 거국車局, 동국銅局, 채석국採石局 등이 있어 도시의 건
설, 특히 최고 통치자가 향유하는 궁전과 원유苑囿를 건설하는 데 중요한
역할을 했다. 그러나 건설에 참여했던 사람들의 이름이 역사서에 남아 있

지 않아 그들의 행적을 달리 확인할 길은 없다. 다만, 현재 『원사元史』이외에 여타 흩어져 있는 기록들 중에서 대도성의 건설에 적극적으로 참여하고 중요한 공헌을 한 몇몇의 인물들이 확인된다.

그중의 한 사례로 태항산 아래의 곡양현曲陽縣(지금의 하북성 곡양현曲陽縣에 해당한다) 양평촌陽平村에서 온 석공石工 양경楊瓊, 그리고 같은 고향 염가탄촌閻家疃村 출신의 석공인 왕도王道, 왕호王浩 형제가 있다. 양경은 아버지 양덕楊德, 삼촌 양영楊榮, 형 양진楊進과 함께 모두 석공이었다. 이들 중에서 양경이 기술적으로 단연 뛰어나 쿠빌라이의 총애를 받았다. 쿠빌라이는 상도를 먼저 조성하고 대도를 만들었는데 양경은 이 두 도성의 궁전과 성곽을 축조하는 공사에 모두 참여했다. 왕도, 왕호 형제는 양경과 함께 대도성의 건설에 동원되었는데 왕호는 예술적 능력이 매우 뛰어났다.[58] 대도성의 궁전 건축물은 다수의 석공들이 다량의 석재를 활용해서 만들었다. 궁중에 설치된 진귀한 물건이나 부속 건축물 및 교량, 난간 등에 모두 석재가 사용되었으며 높은 수준의 건축적 예술이 녹아들었다. 이 모든 작업은 민간 예술가에 의한 창조적 작업이 없이는 불가능했다. 이들이 중국 건축사에서 석조예술의 발전을 위해 기여한 공헌은 무시될 수 없을 것이다.

다음 사례로 아랍 출신의 야시르[Yeheidie'erding, 也黑迭兒]가 있다. 야시르는 페르시아 사람으로 건축 예술에 정통했다. 대도를 건설하기 전에는 '차질아국茶迭兒局'[59]을 관리하는 직무를 맡고 있었다. '차질아茶迭兒'라는

---

58) 광서光緒『곡양현지曲陽縣志』권17, 「공예전工藝傳7」.
59) [역자주] 원나라 시기 공부工部에 예속되어 각종 물품의 제조 업무를 담당하였

것은 장막을 친 '텐트'를 뜻한다. 지원 3년(1266) 8월에 쿠빌라이는 대도의 건설을 준비하면서 야시르로 하여금 '차질아에 예속된 여러 장인들과 총관부의 다루가치[達魯花赤]들을 통솔하도록' 명령했다. '다루가치'는 몽골어로 감독관 또는 관리관의 의미를 가지며, '여러 장인들'은 차질아국에 배치되어 있던 중국 국내외의 장인들을 말한다. 같은 해 12월, 야시르는 정식으로 대도성 건설의 임무를 부여받았다. 기록에 따르면, 야시르가 축조한 궁전, 관아, 관서, 별장, 정원과 높은 건축물 및 길게 뻗은 처마 지붕 등은 모두 상당히 정제된 규율에 맞춰져 조성되었다. 사실상 대도의 궁성 건축은 외국의 다양한 건축 기술과 품격이 조화롭게 융합된 결과라고 할 수 있다. 녹정전盝頂殿, 종모전棕毛殿, 유오이전維吾爾殿 등이 이를 잘 보여준다. 다양한 색에 수려한 무늬를 가진 황색, 녹색, 남색, 청색, 백색의 유리 재료들이 궁중 건축물에 다량으로 사용되었다. 이러한 사실들은 중국 도시 건설의 역사를 이해할 때 특별히 주의해 볼 만한 내용들이다. 아울러 대도大都라는 거대하고 아름다운 도시의 건설을 감상하는 데에도 기꺼이 덧붙여 기록해 둘 만하다.

4) 원 대도의 수리水利 건설

원 왕조가 북경을 수도로 확정한 이후 가장 먼저 마주하게 된 문제는 전

으며 소속 기관으로 제사국諸司局, 수지고收支庫 등이 있었다.

국 각지의 양식糧食을 대도성으로 운반하여 경제적 수요를 충족시키는 것이었다. 『원사』, 「식화지」에 따르면, 원나라가 1년에 거두어들이는 양식의 총액은 약 1천2백 만 석에 달했다. 지금의 중국 북방에 해당하는 지역에서 나오는 220여 만 석 이외에 전국 각 성省에서 980여 만 석을 징수했는데 그 중에 많을 때는 약 3백만 석을 해운을 통해 북경으로 운반해야 했다. 이러한 상황에서 조운을 통한 곡물의 운반은 상당히 과중한 임무였다. 건국 초기, 원나라 황제는 남북의 대운하를 개통하는데 진력하는 동시에 해운의 발전도 함께 도모했다. 내륙의 운하나 해운을 통한 곡물의 운반은 모두 먼저 통주通州에 도착한 후에 북경으로 향했다. 그런데 통주에서 대도까지의 운송은 수원水源의 문제가 해결되지 않아 육로를 통한 운반에 의지해야 했다. 이 때문에 소모되는 비용이 상당했다. 매년 말과 마차를 이용해 운반하는 비용만 무려 6만 민緡에 달했고, "가을 장마철에는 당나귀 등 가축들이 셀 수 없이 많이 죽어나갔다."[60]

대도가 건설되기 이전, 당시 수리 공사의 전문가로 명성을 날리던 곽수경郭守敬은 옥천산玉泉山의 물을 끌어다가 조운에 이용하는 방법을 건의했다.

(원元) 중통 3년(1262)에 (중략) 곽수경이 황제를 알현하여 수리水利와 관련된 6가지 사항을 논의했다. 첫 번째는, 중도中都의 옛 조운의 물길을 동쪽으로 통주에 연결하고 옥천산의 물을 끌어들여 배를 띄우게

---

60) 『원사元史』, 「곽수경전郭守敬傳」.

하면 해마다 운반비용으로 드는 6만 민을 아낄 수 있다는 것이었다.[61]

앞에서 언급한 바 있듯이, 일찍이 금나라의 건국 초기에 지금의 곤명호 부근에 있는 옥천산의 샘물 중 일부가 인공적인 노력에 의해 고량하의 상류로 유입된 적이 있었다. 이를 통해 고량하의 유량이 확대되었고 늘어난 강물은 파하壩河와 갑하閘河로 흘러들어 조운과 연결되었다. 원 대도성의 위치는 연화지의 수계를 떠나 고량하의 수계로 옮겨갔고 고량하의 중류에 있던 호수와 저수지의 일부가 대도성 내에 포함되었다. 고량하 중류의 호수와 저수지를 성의 안쪽으로 유입시킨 것은 도시 내부의 생활용수 문제를 해결하는 것뿐만 아니라 조운에 필요한 수자원을 확보하는 데에도 매우 유리했기 때문이다.

고량하 상류의 주요 수원, 즉 옥천산에 있던 여러 샘물들은 대도성이 건설되자 마자 원나라 황실에 의해 점유되었다. 원 황실은 전용 수로를 축조하여 옥천산의 샘물을 남쪽으로 흐르게 하여 화의문和義門(지금이 서직문에 해당한다)의 남쪽 수문을 거쳐 궁성 안으로 유입시켰다. 대도성으로 들어온 물길은 궁원宮苑을 지나 황궁의 태액지로 흘렀고, 그 이후에는 궁성의 남쪽을 돌아나가 운하와 연결되었다. 이것이 바로 금수하金水河이다. 현재 북경의 천안문 앞에는 '외금수하外金水河'가 있는데 이것은 예전에 있던 금수하에서 비롯된 것이다. 지금 옥천산 앞에는 '금하金河'라는 이름의 하천이 있는데 장하長河와 연결되어 있다. 그런데 원 왕조 시기에는 금수하가

---

61) 소천작蘇天爵, 『元朝名臣事略』 권9, 『기보총서畿輔叢書』 본본

줄곧 독립된 하천의 형태로 성안에 유입되었고 다른 물길과 서로 섞이지 않게 되어 있었다. 때문에 다른 하천과 만나게 되는 지점에서는 고가 형태의 수로를 만들어 그 위를 지나게 했고 이로 인해 '강을 뛰어넘는 수로'라는 별칭으로 불리기도 했다. 수로 곳곳에는 "금수하에서 손을 씻는 것을 금한다."라는 명령이 걸려 있었다. 옥천산의 샘물들은 이렇게 황실의 궁원에 의해 독점되었다.

이렇듯 옥천산의 수자원이 원 황실에 의해 독점적으로 이용되고 있던 탓에 옥천산의 물을 조운에 이용하고자 했던 곽수경의 계획은 실현되지 못했다. 운하에 물을 대기 위해서는 어쩔 수 없이 다른 수원을 찾지 않으면 안 되었다.

곽수경은 조운에 하천을 연결하여 대도성의 조운 문제를 해결하기 위해 직접 대도성의 서북쪽에 있는 산지와 계곡의 샘물과 시냇물에 대한 실지 조사와 정밀한 지형측량을 실시했다. 그 결과 대도성의 서북쪽으로 60리 떨어진 곳에 신산神山(지금의 봉황산에 해당한다)이 있고 그 아래에 백부천白浮泉이 있다는 사실을 발견했다. 이 샘에서 상당한 양의 샘물이 솟아 나왔고 그 지대가 대도성보다 높아 수로를 만든다면 대도성으로 흐르게 할 수 있었다. 단지 중간에 떨어져 있는 사하沙河와 청하清河의 하곡河谷만이 대도성보다 지대가 낮게 형성되어 있을 뿐이었다. 이에 곽수경은 실측한 지형 정보에 근거해서 묘안을 제시하고 시행했다. 우선 백부천의 물을 서쪽으로 흐르게 하여 서산西山 아래를 따라 내려가게 했다. 이후 사하와 청하의 하곡을 상류 지역으로 통해 넘어가도록 했다. 그런 다음 다시 서산의 기슭을 따라 동남쪽으로 흐르게 하여 완만하게 떨어지는 언덕 지형을 거쳐 내려가게 했다. 아울러 이 과정에서 크고 작은 주변 샘물들을 한데 모으고 수로와 제방을 축조하여 최종적으로는 여러 샘물들이 옹산박甕山泊(지금의 곤명호 전신에 해당한다)에 모이게 했다. 옹산박에서부터는 기존의 수로를 이용하여 백부천의 샘물을 동쪽으로 흘려보내 화의문 북쪽의 수문을 통해 대도성에 유입될 수 있게 했다. 이렇게 하여 물길은 적수담으로 모여들었다. 결국 대도성은 이전에 없던 새로운 수원을 개척할 수 있었다.

적수담의 물은 만녕교萬寧橋를 거쳐 흘러가다가 황성의 동쪽 성벽 밖을 따라서 남쪽으로 내려간 후에 다시 여정문麗正門의 동쪽 수문을 통해 빠져나갔다. 이후 동남쪽으로 방향을 바꿔 문명문文明門 밖에 이르면 곧 옛 갑하閘河와 연결되었다. 곽수경은 수로를 따라 새로운 갑문閘門들을 만들어 유량을 조절했다. 구체적으로 언급해보면, 경사도가 비교적 큰 구간에는 위아래의 쌍갑雙閘을 설치하고 갑문을 번갈아가며 열어서 조운의 통행에 편리하도록 유량을 조절했다.

새로운 갑문이 설치된 하천을 백부천의 샘물이 나오는 지점부터 시작해서 통주通州의 고려장高麗莊을 거쳐 백하白河(지금의 북운하北運河에 해당한다)로 들어가는 지점 사이의 구간을 계산해 보면 당시의 실측 길이가 160리里 140보步였다. 이 거대 규모의 수리 시설 공사는 지원 29년(1292)에 착공되어 이듬해 가을에 전 구간이 완성되었다. 이로써 하천 운송이 순조롭게 이어졌고 남쪽에서 올라온 선박들이 적수담에 무리를 이루며 정박할 수 있게 되었다. 당시에 상도를 출발해 대도로 귀환하던 쿠빌라이가 "적수담을 지나면서 배들이 호수를 가릴 정도로 많은 것을 보고는 크게 기뻐했다."[62]고 한다. 이후에 이 물길은 통혜하通惠河라는 이름으로 불렸다.

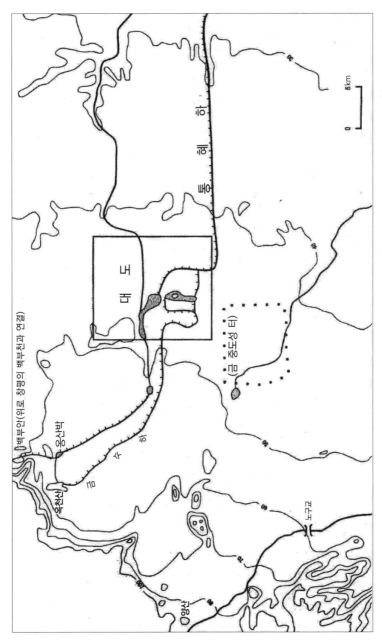

[그림 31] 원 대도성의 위치와 새로운 수원의 이용

[그림 32] 노구교의 뗏목 운반 그림

통혜하의 성공적인 축조는 도시 북경이 건설되는 역사에 있어 하나의 획기적인 사건이었다. 새로운 수원을 발굴한다는 측면이든, 또는 인공수로를 조성하는 공사기술의 측면이든 모든 면에서 이전에 없던 신기원을 이룬 것이었다. 그런데 통혜하의 상류, 즉 백부천에서 그 아래로 옹산박까지의 구간에는 수로와 서산西山이 대체로 평행을 이루고 있었다. 이러한 상황에서 매년 우기 때마다 산사태나 홍수가 일어나기라도 하면 곧 어김없이 수로가 훼손되었다. 이 때문에 통혜하를 통한 운송시스템은 원나라가 멸망할 때까지 수원 부족의 문제에서 완전히 자유롭지는 못했다.

한편, 금나라의 금구하金口河가 대도성이 건설되기 전에 한 차례 복원된 적이 있었다. 당시의 목적은 조운을 정비하려고 했던 것이 아니라 복원된 수로를 통해 서산에서 채집한 목재와 석자재를 운반하여 대도성의 건설에 활용하려는데 있었다. 그러나 수해水害의 위협으로 인해 복구된 지 얼마 지나지 않아 금구하金口河는 다시 막혀버리고 말았다.

---

62) 『원사』, 「곽수경전」.

6. 명대 제왕의 도읍지

원나라 말기, 몽골 통치자에 저항하는 농민기의가 전국적으로 일어났다. 지정至正 11년(1351)에 폭발한 홍건군紅巾軍의 기의는 13년이 넘도록 이어졌다. 기의군들은 여러 지역에서 전쟁을 벌였다. 몽골 통치자의 근거지인 상도上都[63]를 공격하여 당시 최고의 화려함을 자랑하던 황제의 궁궐을 불태워버렸다. 이후 대도大都에서 불과 100리 정도를 사이에 둔 내부 지역에까지 압박해 들어갔다. 원 왕조는 바람 앞의 등불과 같은 처지에 있었다.

그러나 홍건군의 공격은 결국 실패로 끝났다. 당시 홍건군과 원나라의 군대가 혈투를 벌이는 사이, 양자강 하류에서는 주원장의 세력이 성장하여 지속적으로 영역을 확장했다. 주원장은 진우량陳友諒과 장사성張士誠의 세력을 병합했고 강남의 거의 절반을 손에 넣었다. 지정 27년(1367)에 주원장은 대장 서달徐達과 상우춘常遇春으로 하여금 군대를 이끌고 북벌을 시행하도록 지시했다. 북벌군은 원 왕조의 통치가 종식되기를 기대하는 사회적 분위기에 부응하며 파죽지세로 진군했고 전투에서 승리를 거듭했다. 이듬해 7월, 서달은 대운하 교통의 요지인 임청臨淸에서 군대를 모아 덕주德州, 통주通州 등을 공격하면서 진격했고 곧 원나라의 심장부인 대도성大都城으

---

63) [역자주] 당시 상도上都 개평開平으로 지금의 내몽고 다륜현多倫縣 상도하上都河의 북쪽 하안에 해당하는 지역이다.

로 나아갔다.

결국 주원장의 군대는 홍무 원년 8월 2일(1368년 9월 12일)에 대도성을 점령했고, 원 왕조의 순제順帝 토곤 테무르[妥歡貼睦爾], 후비, 태자 및 몽골의 대신들은 건덕문健德門을 빠져나가 북방으로 도망쳤다. 이것으로 98년간 유지되던 원나라는 역사 속의 존재가 되었다. 주원장은 같은 해 1월 남경에서 황제의 보좌에 올라 명 왕조의 개국 황제인 명明 태조太祖가 되어 있었다.

1) 북경성을 다시 건설하다

서달이 원의 대도를 함락시킨 이후 대도성은 북평北平으로 개명되었다. 당시 원의 순제는 몽골 고원으로 퇴주했지만 대원황제大元皇帝라는 기존의 칭호는 유지했다. 언젠가는 남쪽으로 다시 내려가서 원나라의 성세를 재현하겠다는 뜻을 반영한 것이었다. 명의 군대는 대도성을 점령한 후 군사적 방어 능력을 강화하기 위해 대도성에 대한 대규모 개조 공사를 단행했다. 당시 대도성의 내부 공간 중 북쪽 부분은 다소 황량한 상태에 있었다. 장기간의 전쟁으로 인해 기근이 발생하여 다수의 인구가 유실되거나 사망했기 때문이었다. 명 왕조는 북평성을 건설하면서 북쪽 구역에 대한 활용을 포기하고 북면 성벽에서 남쪽으로 5리 내려온 위치를 새로운 기준선으로 정했다. 그리고 그 지역에 있는 적수담積水潭에서 동쪽으로 나가는 수로의 남쪽 두둑에 새로운 성벽을 쌓았다. 새로 만든 북쪽 성벽의 서쪽 부분은 적수담에서 폭이 가장 좁은 부분을 지나 서남 방향으로 기울어진 모퉁이를 만들었다. 때문에 적수담의 서쪽 부분 중 일부는 성벽으로 잘려나가 성 밖에 놓이게 되었다. 명 왕조는 북평성에 대해 원의 대도성과 마찬가지로 북쪽 성벽에 두 개의 성문을 만들었다. 이름은 새롭게 붙였는데 동편의 문을 안정문安定門이라 하고 서편의 문은 덕승문德勝門이라 했다. 이렇게 하여 명대 북경성의 북쪽 경계가 확정되었다. 명 왕조는 동쪽 성벽에 있던 숭인문崇仁門을 동직문東直門으로 바꾸고, 서쪽 성벽에 있던 화의문和義門은 서직문西直門으로 변경했다. 이후 정통正統 원년(1436)에는 9개의 문에 성루城樓를 쌓기 시작하여 3년만에 완성했다. 이때 원대의 여정문麗正門은 정양문正陽門으로 바꾸었고, 문명문文明門은 숭문문崇文門으로, 순승문順承門은 선무문宣武門으로, 제화문齊化門은 조양문朝陽門으로, 평칙문平則門은 부성문阜成門으로 변경하였다. 이때 바뀐 이름들이 지금까지 이어져 오고 있다.

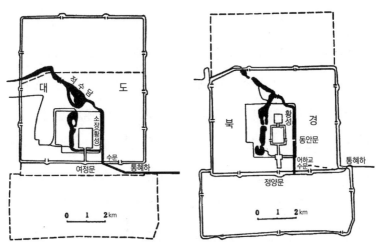

[그림 33] 원명 시기 도성의 변천과 물길의 위치 비교도

당시 풍수의 관념에 미혹되어 있던 명 황실은 북평성 내에 남아 있던 원 왕조의 궁성을 모조리 철거하여 없애버렸다.

명 홍무 3년(1370), 주원장은 넷째 아들 주체朱棣를 북평의 연왕燕王으로 책봉했다. 그로 하여금 북방의 수비를 책임지고 몽골의 남침을 막도록 한 것이다. 이때 연왕부燕王府는 원대 융복궁隆福宮의 옛 자리에 조성되었다.

홍무 31년(1398)에 주원장이 사망했다. 황태손이었던 주윤문朱允炆이 황 위를 이어 혜제惠帝로 즉위했고 연호는 건문建文으로 개원했다. 당시 연왕 주체는 정예의 군대를 휘하에 두고 있으면서 황권을 탈취할 뜻을 품고 있 었다. 건문 원년(1399), 결국 주체는 황제의 주변에서 정치를 어지럽히는 간 신들을 제거한다는 명분을 내세우고 남경으로 군대를 출정시켰다. 이것이 바로 그 유명한 '정난靖難의 역役'이다. 4년에 걸친 전쟁 끝에 주체는 결국 조카로부터 황위를 빼앗았다. 주체는 곧 성조成祖 황제가 되었고, 연호를 영락永樂으로 바꾸었다.

명나라 성조 주체는 즉위한 후 당시 북방에 있던 몽골의 잔여 세력을 명 왕조에 위협적인 존재로 간주했다. 이어서 몽골 부족들에 대해 회유와 방 어를 겸한 정책을 시행하는 동시에 수도를 남경에서 북평으로 옮기는 일 을 적극적으로 추진하였다. 수도를 옮기는 것은 몽골인들의 남하에 효과적 으로 대응하고 이를 계기로 동북 지역에 대한 통제를 강화하여 왕조의 통 합을 유지하려는 목적을 갖고 있었다. 성조는 북평의 명칭을 북경北京으로 변경하고 본격적으로 북경성의 건설을 위한 토목 공사를 추진하였다. 그 러나 당시 북경 지역은 여러 해에 걸친 전쟁으로 인해 성 내의 거주 인구가 많지 않았다. 명 조정은 인구 문제를 해결하기 위해 강남과 산서 지역의 부호부戶들을 대규모로 이주시켰다. 북경 주변의 촌락들도 피폐한 상황이었기 때문에 외지에 거주하는 농민들 중 토지가 없거나 소규모의 토지만을 가지고 있던 사람들을 대량으로 이주시켰다. 어떤 경우에는 죄수들을 북경 부근 지역으로 옮겨 둔전을 실시해 토지를 개간하기도 했다.

전체적으로 볼 때 북경성의 건설은 완만한 속도로 진행되었다. 영락 4년(1406)이 되어서야 궁전과 성벽의 건설이 시작되었다. 영락 5년(1407)에는 대신들을 사천四川, 호광湖廣, 강서江西, 절강浙江, 산서山西 등지에 파견하여 건설 자재로 쓸 목재를 모았다. 당시에 23만 명의 건축 기술자와 100만 명이 넘는 인부들, 그리고 다수의 병사들을 궁전의 건축 작업에 투입했다. 전국 각지에서 수많은 일반민들이 노역의 부담을 감당해야 했다. 얼마나 많은 이가 노역을 제공해야 했는지 그 수를 다 헤아리기 어려울 정도였다. 사천, 호광, 귀주貴州 등의 지역민들은 갖은 고생을 하며 궁궐을 만드는 데 필요한 진귀한 목재들을 헌상했다. 산동山東 임청臨淸의 기술자들은 밤을 새워가며 궁궐과 성벽에 사용되는 벽돌을 구웠다. 궁전 내부의 바닥을 덮는 사각형의 벽돌은 '금전金甎'이라 불렸는데 소주蘇州에서 생산되었다. 교통이 불편하고 운송 시스템이 발달하지 못했던 조건하에서 얼마나 많은 인부들이 무거운 건축 자재들을 운반해야 했으며, 그 사이에 목숨을 잃게 되었는지 알 수 없다. 또한 부패한 관리들은 건축 자재의 확보를 핑계 삼아 온갖 수단으로 농민들을 착취했으며 이로 인해 많은 이가 파산하여 가정을 잃었다.

북경성의 축조는 영락 4년에 시작하여 15년의 공사 끝에 영락 18년(1420)에 비로소 완공되었다. 이것은 규모가 거대하고 엄청난 비용이 들어간 건축공사였다.

영락 연간에 진행된 북경성의 축조는 어떤 형태로 이루어졌을까?

명 초기에 건설된 북경성은 원의 대도를 기초로 성립되었다. 건설 과정에서 이전의 것을 그대로 사용하기도 했고 어떤 부분에서는 일부 개선을 시도하기도 했다. 앞서 언급했던 것처럼 원의 대도성은 원래 치밀한 계획을 거친 후에 만들어졌는데 그것의 가장 큰 특징은 지리적 조건을 충분히 활용했다는 데에 있다. 지금의 십찰해什刹海(당시에는 적수담積水潭이라 했다)의 동쪽 호반에 근접한 위치에서 북경성의 전체를 관통하는 중축선을 확정했다. 중축선의 방향은 전통적인 방식을 받아들인 것으로 북쪽과 남쪽을 잇는 형태였다. 이것의 구현을 위해 지금의 고루鼓樓가 있는 지점을 중축선의 시작으로 삼아 '중심대中心臺'를 세우고 '중심각中心閣'을 건설했다. 이곳은 사실상 북경성 전체의 평면에 있어 기하학적 설계의 중심이었다. 중축선의 획정을 북경성의 평면도로 분석해 본다면, 태액지의 동쪽 호반에 궁성의 '대내大內'를 만들고, 동시에 태액지의 서쪽 호반에는 흥성궁興盛宮과 융복궁隆福宮을 북쪽에서 남쪽으로 이어지는 형태로 건설한 것이 특징적이었다. 이렇게 호수를 사이에 두고 서로 바라보게 하는 형태는 정족鼎足의 모습을 형상화했는데 이곳에 바로 영주瀛洲의 의천전儀天殿과 경화도瓊華島의 광한전廣寒殿이 있어 역사적 의의가 더해졌다. 이러한 배치를 드러내는 공간의 네 면은 소장蕭墻으로 둘러쳐져 있었는데 이는 훗날 황성의 성벽이 된다. 이 소장의 안쪽은 대도성 전체에 있어 가장 핵심적인 공간이었다. 이 핵심적인 공간 안에서도 가장 특별한 지위에 있었던 것은 당연히 '대내'였다. 대내는 곧 성 전체를 관통하는 중축선 상에서도 가장 중요한 위치를 차지했다.

명 초기에 대도성을 개조하는 작업은 앞서 언급했던 것처럼 거주민이 상대적으로 희소했던 북쪽 부분에서부터 시작되었다. 먼저 원의 대도성 북쪽 성벽에서 남쪽으로 5리 내려온 지점을 기준으로 동서 방향의 선을 그었다. 이후 기존에 있던 호수의 상류와 동쪽으로 물을 흘려보내는 조거漕渠를 이용해 호성하護城河를 만든 후 새롭게 북쪽 성벽을 축조했다. 이로써 지금의 안정문安定門과 덕승문德勝門를 잇는 형태로 북쪽 성벽의 라인이 확정되었다. 얼마 후 성에 대한 개조 작업은 대도성의 남쪽 부분을 확장하는 시도로 이어졌다. 원대의 남쪽 성벽에서 밖으로 2리 떨어진 곳에 새로운 남쪽 성벽을 건설했다. 이것이 바로 지금의 숭문문崇文門, 정양문正陽門, 선무문宣武門을 잇는 라인이 되었다. 평면도에서 성 전체를 조망해보면, 명대 북경성의 북쪽과 남쪽 성벽의 위치가 기존 대도성의 위치와 달라짐에 따라 원대 대도의 '중심대'는 더이상 도성의 기하학적 중심이라는 지위를 유지하지 못하게 되었다. 북경성의 새로운 기하학적 중심은 원대보다 다소 남쪽으로 이동하여 만세산萬歲山이 자리한 곳으로 옮겨졌다.

명대 자금성은 원나라 대내가 폐허가 된 자리 위에 새로운 설계에 따라 건설되었기 때문에 원나라의 대내와 비교해 얼마간 유사한 면도 있고 예전보다 개선된 부분도 있었다. 명대 자금성과 원대 대내를 비교해 보자면, 자금성은 대내의 옛 위치에서 남쪽으로 조금 이동하였지만 동쪽과 서쪽의 성벽 위치에는 변함이 없었다. 단지 성벽의 북단 부분이 다소 축소되고 남단이 조금 확장되었을 뿐이었다. 때문에 궁성의 형태는 모두 동일하게 남북 방향으로 길게 뻗은 장방형이었다. 또한 궁성이 성 전체를 남북으로 가로

지르는 중축선 상의 중요 지점에 자리했다.

　자금성이 남쪽으로 내려가게 되자 원나라 때에는 후궁 내에 있었던 연춘각延春閣의 위치가 자금성의 북면 성벽 바깥으로 나가게 되었다. 명 조정은 풍수지리적인 입장을 고려해서 이곳에 이른바 매산煤山(청 초기에 경산景山으로 바꾸었다)이라고도 불리는 만세산을 쌓았다. 이것은 자금성의 해자와 남해南海를 조성할 때 나온 흙더미를 이용하여 만들어졌다. 만세산에서 중봉中峰의 위치가 바로 연춘각의 옛 자리에 해당된다. 명 왕조가 이곳에 토산을 쌓은 것은 이전 왕조의 '풍수風水'를 눌러 진압한다는 뜻을 보이기 위한 것이어서 이 흙산은 '진산鎭山'이라고 불리기도 했다. 북경성 전체의 평면설계를 고려해 볼 때, 만세산은 또 다른 중요한 현실적인 의의를 갖는다. 만세산의 중봉이 원나라 대도의 '중심대'를 대신하여 새로운 도시의 기하학적 중심이 된 것이다. 만세산 중봉의 위치는 성 전체의 중축선 상에 있을 뿐만 아니라 동시에 정확하게 내성內城의 북쪽 성벽과 남쪽 성벽의 중간 지점에 해당한다. 인위적으로 만든 이 흙산은 궁성 건축의 측면에서는 그다지 실용적인 가치가 없지만 그 상징적인 의의는 작지 않다. 이것은 마치 기하학적 도안처럼 규율을 맞추고 균형을 이룬 평면 설계도에서 우람하게 솟아 있는 물리적인 존재를 활용해 전통 시기 제왕들의 지고무상한 존엄을 드러내려는 목적의 산물이었다.

　한편, 남쪽으로 자금성이 옮겨진 사실과 관련해 주의해볼 만한 것이 하나 있다. 자금성을 남쪽으로 옮겨야만 중축선 상의 주요 지점들을 안정적으로 배치할 수 있었을 뿐만 아니라 동시에 궁성의 네 면을 돌아나가는 해자를 비교적 넓게 조성할 수 있었던 것이다. 원의 대도와 같은 형태에서는

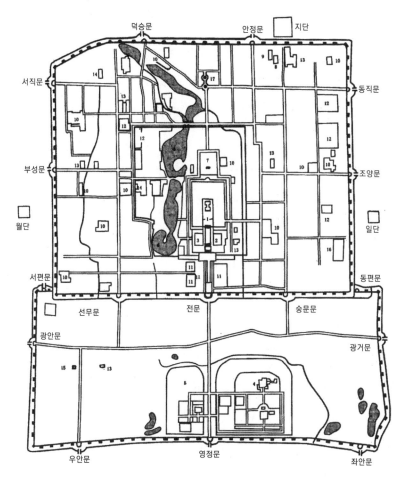

[그림 34] 명청 시기 북경성 평면도

1. 궁전宮殿 2. 태묘太廟 3. 사직단社稷壇 4. 천단天壇 5. 선농단先農壇 6. 태액지太液池(삼해三海)
7. 경산景山 8. 문묘文廟 9. 국자감國子監 10. 여러 왕부王府와 공주부公主府 11. 아문衙門
12. 창고倉庫 13, 14, 15. 사묘寺廟 16. 공원貢院 17. 종루鍾樓, 고루鼓樓

해자를 만드는 것이 사실상 불가능했다. 왜냐하면 원나라 대내의 서북쪽이
태액지의 동쪽 두둑과 너무 가까워서 해자를 조성할 수 있는 여분의 공간
을 확보하는 것이 어려웠기 때문이다. 해자의 축조는 자금성의 방어 능력

을 한층 높이는 작업이었다. 해자를 구성하는 물의 일부는 자금성의 서북쪽 모서리 부분에서부터 암거暗渠를 통해 성의 안쪽으로 들어갔다가 서쪽 성벽을 따라 남쪽으로 흘러나갔다. 오문午門을 돌아나간 후에는 동남쪽 모서리 부분에서 암거를 통해 해자로 이어졌다. 이것은 '내금수하內金水河'라고 불렸다. 내금수하는 태묘太廟의 동편 성벽을 지나 남쪽으로 흘러나가서 '외금수하外金水河'와 합류한 후 최종적으로는 동쪽에 있는 통혜하로 이어졌다. 내금수하는 자금성의 지형이 서북쪽에서 동남쪽으로 2미터 정도 낮아지는 경사형 지면으로 되어 있다는 조건을 이용해 조성되었다. 물길을 내기 전에 지형에 대한 세심한 관측과 조사가 없었다면 불가능했을 작업이다.

자금성의 내금수하는 중요한 실용적 기능을 갖고 있다. 북경 지역의 기후는 여름에 우기가 집중되어 있으며 짧은 시간에 폭우가 쏟아지는 특징이 있다. 아울러 북경의 지형은 기울어진 분지 형태로 되어 있다. 이러한 상황에서 만약 배수가 잘 이루어지지 않는다면 쉽게 물이 범람하여 재해가 될 가능성이 크다. 자금성의 크고 작은 건축물들이 처마와 기둥을 서로 연결하고 있고 또한 대부분의 지면이 벽돌이나 돌로 덮여 있는 것은 폭우가 내리더라도 곧 내금수하를 통해 빗물을 성 밖으로 배출할 수 있게 하려는 목적 때문이다. 반대로 화재가 나거나 급히 물을 사용해야 할 때에는 내금수하가 물을 공급해주는 역할도 했다. 이렇듯 내금수하는 홍수를 예방하거나 화재를 진압하는 데 활용될 수 있는 실용적 기능을 갖고 있었다.

자금성 남쪽 면의 오문은 궁성의 정문인데 원대 대도의 영성문靈星門이 이에 해당했다. 오문의 안쪽에는 원대 주교周橋였던 금수교金水橋가 있다.

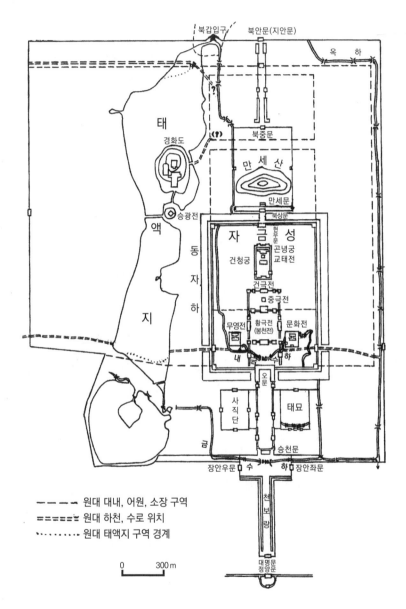

북갑입구   북안문(지안문)

옥 하

태

경화도

액

승광전

지

동 자 하

북중문

만 세 산

만세문

북상문

자 금 성

현융문

곤녕궁
교태전

건청궁

건극전

중극전

무영전   황극전
(봉천전)   문화전

내   하

오문

사
직
단

태묘

금

수   하

장안우문   승천문   장안좌문

천
보
랑

대명문
정양문

––––– 원대 대내, 어원, 소장 구역

===== 원대 하천, 수로 위치

·········· 원대 태액지 구역 경계

0   300 m

[그림 35] 명대 자금성 위치 약도

금수교의 북쪽에는 황극문皇極門(원래는 봉천문奉天門이라 했다)이 있고 황극문 안쪽으로는 원대의 숭천문崇天門과 대명문大明門이 있던 자리가 이어지는데, 이곳에는 황극전皇極殿(원래는 봉천전奉天殿이라 했다)이 건설되었다가 이후에 다시 중극전中極殿(원래는 화개전華盖殿이라 했다)과 건극전建極殿(원래는 근신전謹身殿이라 했다)이 추가적으로 세워져 이른바 외조外朝의 삼대전三大殿을 이루었다.

그 뒤편으로는 내정內廷이라 부르는 후삼전後三殿이 있었는데 원대 대명전大明殿의 자리에 건청궁乾淸宮, 교태전交泰殿, 곤녕궁坤寧宮이 들어섰다. 후삼전의 명칭은 청 왕조 시기에도 계속 이어져 사용되었지만 그 남쪽에 있던 삼대전의 명칭은 청대에 태화전太和殿, 중화전中和殿, 보화전保和殿으로 바뀌었다.

이 여섯 개의 전각들은 원대의 대명전과 연춘각이 그랬던 것처럼 성 전체를 남북으로 지나는 중축선 위에 자리했으며 그중에서도 가장 중요한 위치를 차지했다. 후삼전은 실질적으로 원대의 연춘각에 해당했다. 다른 점을 꼽자면, 여섯 개의 전각들이 비록 남북의 두 그룹으로 나뉘지만 이들 사이의 거리가 매우 가깝다는 사실이다. 이들 전각은 행랑들이 서로 이어져 있어서 원대의 대내와 비교해 보면 전체적인 건물군의 배치가 질서정연하고 공간의 연결이 더욱 긴밀했다.

궁성의 동서 양쪽 성벽에는 원대와 마찬가지로 두 개의 문, 즉 동화문東華門과 서화문西華門이 있다. 다만 이들의 위치는 남쪽으로 다소 옮겨졌는데 이것은 궁성의 수비를 고려했기 때문이다.

후삼전은 북쪽으로 어화원御花園과 통한다. 어화원의 중앙에는 흠안전欽

安殿이 있고 이곳에서 북쪽으로 나아가면 자금성의 북문에 해당하는 현무문玄武門(청대에는 이를 신무문神武門으로 고쳤다)과 연결된다. 현무문에서 다시 북쪽으로 향하면 만세산에 닿는다.

명 왕조는 원래 동쪽 성벽의 안쪽에 있던 태묘와 서쪽 성벽의 안쪽에 있던 사직단을 자금성 남문 밖의 좌우 공간으로 각각 옮겼다. 그러나 전통적인 제도 규범인 '좌조左祖', '우사右社'의 원칙에는 변함이 없었다. 원대와 비교해 황성의 성벽을 바깥으로 확장함에 따라 태묘, 사직단 및 새로 조성한 태액지의 남쪽 호수 부분이 모두 황성의 안쪽에 위치하게 되었다. 원대의 대내는 남쪽 공간이 제한적이어서 좌우 양쪽으로 늘어선 중앙 관청들을 제외하고는 다른 중요한 건물이 없었다. 명대에 들어서 궁성의 남쪽을 넓히자 자금성, 황성, 대성大城의 남쪽 성벽이 차례차례 아래로 옮겨지게 되었고 이에 내부 공간이 크게 넓어졌다. 아울러 명 왕조는 확대된 공간을 충분히 활용했는데 자금성의 오문 앞쪽에 조성된 중심 어도를 기준으로 그 양편에 태묘와 사직단을 대표로 하는 두 개의 건축군을 대칭 형태로 건설했다. 이에 따라 오문과 황성의 남문인 승천문承天門 사이의 영역이 궁궐을 축조하는 전체 계획에 포함되었고 자금성의 특징적 존재인 중심 어도가 보다 분명하게 드러났다.

승천문(청대에 천안문天安門으로 바뀌었다)의 앞쪽으로는 'T'자 형의 궁정 광장이 만들어졌다. 이것은 명 왕조가 원대 대도의 제도를 계승하는 동시에 발전시킨 대표적인 사례이다. 광장을 따라 동, 서, 남 세 방면으로 벽을 쌓게 되니, 'T'자 형의 광장이 완전한 형태로 독립되었다. 동, 서 양쪽과 남쪽의 돌출된 부분에 문이 설치되었다. 동쪽에는 장안좌문長安左門, 서쪽에는 장안우문長安右門, 남쪽에는 대명문大明門(청대에는 대청문大淸門으로 바뀌었다)이 만들어졌다. 대명문의 안쪽으로는 천보랑千步廊이 동서 쪽에 있는 벽과 나란히 하여 만들어졌다. 천보랑은 북쪽으로 이어지다 궁성과 맞닿는 부분에서 다시 동서 방향으로 꺾였다. 이렇게 해서 그 중간에는 끝을 평평하게 갈아놓은 화살과 같은 모양의 중심 어도가 생겼고 이는 대명문에서 곧바로 승천문까지 이어졌다.

일찍이 원나라 때부터 대도에서 상업이 발달하고 교역이 증대함에 따라 남쪽 성벽의 바깥, 특히 여정문과 순승문順承門 외곽의 큰 거리 일대에 거주민들이 늘어나고 시장이 번성했다. 이 지역은 중도中都의 옛 성곽과 가까웠는데, 금나라 시기에 중도에서 살다가 새롭게 만들어진 대도로 이주하지 못한 사람들이 대도성의 남문 외곽 지대로 이주함에 따라 여정문과 승천문 바깥 지역이 새로운 상업지구와 거주지구로 변모했다. 그런데 명 영락제 초기에는 여러 해 동안 이어진 전란으로 인하여 북경의 상업지역이 전래없이 위축되었다. 상황이 이렇자 명 조정은 황성의 4대문 이외에 종루鐘樓·고루鼓樓, 동사패루東四牌樓, 서사패루西四牌樓와 궁성의 각 성문의 주변에 다수의 주택과 상업 건축물을 만들었다. 이어서 "일반민을 불러 거주하게 하라[召民居住]."라든가, "상인들을 불러 상업활동을 하도록 하라[召商居貨]."는 등의 명령을 내렸다. 그리고는 이곳을 '낭방廊房'이라고 불렀다. 영락 연간에 자금성의 남쪽 성벽을 확장하는 과정에서 남쪽의 거주지역 중 일부가 성안으로 편입되기도 했지만 대부분의 거주지역은 새롭게 만든 성벽의 바깥에 위치했다.

북경성 남쪽 부분에는 거대한 규모의 천단天壇과 산천단山川壇이 축조되었다.

건국 초기에 명 왕조는 일찍이 궁성을 둘러싼 네 면의 성벽에 대해 강화 작업을 진행한 바 있다. 원대 대도의 성벽은 원래 항토夯土 기법[64]을 사용해 완성되었는데 명 초기에는 모두 벽돌을 쌓아 만든 것으로 바뀌었다. 성문의 통로 역시 벽돌의 터널 형태로 변경되었다. 명 조정은 성루城樓를 축조하는 동시에 성문의 바깥쪽에서 해자를 넘어 성 안으로 들어가는 다리를 목조 형태에서 석교石橋로 개선했다.

아래의 왼쪽 그림은 개조 작업을 하기 이전인 북경 내성內城의 모습이고,

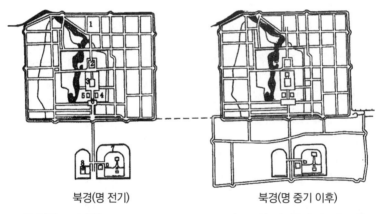

북경(명 전기)   북경(명 중기 이후)

                                        (1553년, 외성을 추가로 축조함)

1. 종루鍾樓, 고루鼓樓,
2. 만세산萬歲山(後에 경산景山, 매산煤山으로 불림)
3. 자금성紫禁城, 4. 태묘太廟, 5. 사직단社稷壇,
6. 승천문承天門(後에 천안문天安門으로 바뀜),
7. 천단天壇,
8. 산천단山川壇(後에 선농단先農壇으로 바뀜)

[그림 36] 명대 북경성의 발전 모습

---

64) [역자주] 흙을 다져서 성벽을 만드는 판축의 방법으로 단단한 건축물을 조성할 때 사용되었다. 많은 노동력을 필요로 하여 적게는 수천 명, 많게는 수만 명의 인부가 작업에 투입되었다.

아래의 오른쪽 그림은 공사가 끝난 후의 기본적인 형태이다.

　이로부터 백여 년이 지난 즈음 몽골의 기병들이 남하하여 침략하는 일이 자주 발생했다. 어떤 때에는 심지어 북경성의 교외 지역에까지 내려와 약탈행위를 벌이기도 하자 북경성은 큰 위협을 느꼈다. 이에 명 세종世宗 주후총朱厚熜은 대신들의 건의를 받아들여 북경성의 방어 능력을 높이기 위해 외곽성을 쌓기로 했다. 명 가정嘉靖 43년(1564)이 되자 남교南郊 지역을 둘러싸는 나성羅城이 완성되었다. 이것은 얼마 전까지 북경 외성外城이라고 불렸다. 사실 당초의 계획은 북경 내성의 네 면을 감싸는 바깥 성벽을 건설하고자 했지만, 재원이 부족했던 터라 남교 지역의 성벽만을 쌓기로 했다. 그 결과 천단과 산천단이 외성의 내부에 편입되었다. 외성의 축조는 평면도 상으로 볼 때 북경성 자체를 위쪽이 튀어나온 '출凸'자형 모양이 되게 했다. 외성의 남면에는 3개의 문을 설치했는데 정중앙에는 영정문永定門이 있고 동쪽으로 좌안문左安門, 서쪽으로 우안문右安門이 들어섰다. 외성의 동쪽과 서쪽 양 측면에도 문을 각각 하나씩 냈는데, 동쪽에 있는 것을 광거문廣渠門이라 하고, 서쪽에 있는 것을 광녕문廣寧門(지금은 광안문廣安門이라 한다)이라 했다. 동북 측면과 서북 측면에도 문을 각각 하나씩 만들었는데 이를 동편문東便門과 서편문西便門이라 했다. 이들 7개 성문의 명칭은 지금까지도 이어져 사용되고 있다.

　외성이 둘러싸고 있는 거주지역은 일찍이 도시 계획이 이루어진 적이 없던 구역이어서 대부분의 골목이 반듯하지 못하고 협소할 뿐만 아니라 휘어져 있어서 서로 뒤엉켜 있는 경우가 많았다. 이곳의 골목들 중에는 서남쪽에서 동북 방향으로 기울어져 있는 형태를 이루며 정양문正陽門 앞에까지 이르는 사도斜道를 형성하는 경우도 있었다. 이것은 내성의 도로들이 대부분 정연하게 배열된 것과 비교해 볼 때 두드러지게 차이나는 외성의 특징적 모습이라고 할 수 있다. 외성의 도로 중에는 단지 하나의 주간主幹 도로만이 동서 방향으로 놓여 있었는데 지금의 광안문 내대가內大街가 그것이다. 이 도로는 원래 예전에 금 중도中都의 성곽 내에서 동서를 가로지르는 큰 도로였기 때문에 명대에도 비교적 넓고 곧은 형태로 남아 있었다. 흥미로운 점은 이와 같이 불규칙적인 모습의 외성 도로들이 지금도 북경 시내의 도로 교통에 영향을 주고 있다는 사실이다.

외성의 건설은 결과적으로 정양문에서 남쪽으로 길게 뻗은 큰 도로가 동서 양쪽으로 천단과 산천단을 둔 채 영정문에까지 이어지게 했다. 이것은 북경의 내성에 있는 중심 어도가 남쪽으로 연장된 결과를 낳았고, 또한 북경성 전체로 볼 때는 중축선을 분명하게 구현하는 데 일조했다. 결과적으로 이 중축선은 성의 남쪽인 영정문에서 시작해 북쪽으로 자금성의 정중앙과 경산景山의 중봉中峰을 지나 고루와 종루에까지 이르며 총 8킬로미터에 달하는 라인을 형성했다.

이렇게 보면, 북경성에 대한 명 왕조의 개조 작업은 수도 건설의 전통적인 설계 관념을 전형적인 형태 그대로 보여주는 동시에 북경성의 규모와 형세를 구체적으로 완성했다고 할 수 있다. 이 시기는 북경성의 역사적 발전 과정에 있어서 분명 매우 중요한 단계라 하겠다.

2) 궁궐宮闕과 어원御苑 그리고 묘단廟壇

명 왕조 시기에 축조된 건물 중 위용이 가장 뛰어나고 특별한 의미를 갖는 건축군은 단연 북경성의 중심에 자리하며 휘황한 자태를 뽐내고 있는 황궁이라 하겠다. 큰 규모를 자랑할 뿐만 아니라 원형 그대로의 모습을 완벽에 가까울 정도로 유지하고 있다. 북경성 한복판에 우뚝 솟아 있는 궁궐은 세계의 어떤 건축물과 비교해도 손색이 없는 그야말로 보석같은 존재이다.

명대 황궁은 건축물의 배치를 설계하는 데에 많은 노력이 투입되었다. 황제 권력은 지극히 존숭하다는 전통적인 사상을 드러내고, 황궁의 웅장한 분위기를 돋우기 위한 형태로 황궁 건축물의 배치구조가 설계되었다. 북경성 내성內城의 남문인 정양문에서부터 자금성의 핵심 건축물에 해당하는 황극전에까지 이어지는 1,700미터의 중축선을 따라 기세등등하고 장중한 성문, 즉 대명문, 승천문, 단문, 오문, 황극문(청대에는 태화문太和門으로 변경되었다)이 순서대로 축조되었다. 그 결과 크기와 형태가 다양한 6개의 밀폐된 공간이 만들어졌다. 이것은 유한한 공간 내에서 무한하고 심원한 예술적 효과를 연출했다.

정양문에서 북쪽으로 향하면 곧 다소 작게 느껴지는 대명문을 지나게 되는데 이를 통과하면 바로 'T'자형의 궁정 광장과 만나게 된다. 이곳은 '하늘의 거리'라는 뜻의 '천가天街'라는 명칭으로 불렸다. 대명문 안쪽에는 벽에서 1장丈 정도 떨어진 위치를 기준으로 동서 양방향의 벽을 따라 회랑이 만들어져 있다. 황금색 기와가 올려져 있고 처마가 서로 이어진 형태의 회랑인 천보랑은 동서 양쪽에서 남북방향으로 각각 110간間의 길이로 되어 있다. 천보랑은 북쪽의 끝 지점인 천안문 앞에서 다시 동서로 꺾이는데 이것의 길이가 각각 34간間이어서 천보랑은 크기가 총 288간間에 달하는 평방平房이었다. 이곳은 왕조의 운영에 필요한 서류와 문건들을 보관하는 용도로 사용되었다.

궁정 광장은 궁성과 대성大城 사이의 과도적 지대라고 할 수 있다. 이 공간은 북경성의 건축 배치가 갖는 특징을 드러내는 존재인 동시에 건물 배열의 완급을 조절하는 역할도 담당했다. 실용적인 측면에서도 고유한 기능을 수행했다. 궁정 광장에는 남북으로 이어져 있는 양쪽 벽 이외에 전통 시기 황제의 권력 행사가 이루어지는데 필수적인 각종 관아들이 밀집되어 있었다. 광장의 동편에 종인부宗人府, 이부吏部, 호부戶部, 예부禮部, 병부兵部, 공부工部, 홍려시鴻臚寺, 흠천감欽天監 등이 있었고, 서편에는 오군도독부五軍都督府, 태상시太常寺, 금의위錦衣衛 등이 들어서 있었다. 이들 중앙 행정 기구들은 궁정 광장 및 궁성과 함께 일체화되어 황제가 가진 최고의 권력을 상징했다. 이뿐만 아니라 궁정 광장에서는 정기적으로 정치적 행사가 거행되었다. 이 행사들은 황제가 모든 위세와 권위를 주재한다는 이념을 분명하게 드러냈다. 그중 하나로 명청 시기에 시험을 통해 관인을 선발했던 과거제도를 들 수 있다. 당시 과거시험의 최고 등급에 해당하는 '전시殿試'가 자금성의 보화전保和殿에서 시행되었다. 전시가 끝나면 '진사進士'로 합격한 사람들의 이름을 보화전에서 호명하고 알린다. 보화전에서는 이들의 이름을 '황방黃榜[65]'에 적어서 오문을 통해 내려보낸다. 그러면 음악

---

65) [역자주] 진사 합격자를 알리는 방문榜文을 말하는데 황제의 존엄을 상징하는 색깔인 황색의 종이에 기록한 것이라 하여 황방이라 불렸다.

을 연주하는 어장御仗의 인솔에 따라 승천문을 거쳐서 궁정 광장을 가로지른 후 장안좌문을 통해 나간다. 그런 다음 임시로 만든 용붕龍棚 위에 황방을 걸어둔다. 이것이 끝나면 명단에서 이름이 가장 앞에 있는 장원壯元이 새롭게 진사가 된 자들을 통솔하고 가서 방榜에 적힌 내용을 살펴본다. 그러면 순천부윤順天府尹이 장원에게 금화金花를 꽂아주고 붉은 비단의 가운을 걸쳐준 다음 순천부의 관아에서 축하연회를 연다. 이러한 일련의 의식을 일컬어 '금전전려金殿傳臚'라 했다. 과거시험에 참가했던 선비가 금빛의 방문榜文에 이름을 올리게 되면 이른바 '잉어가 용문龍門을 뛰어오르는[鯉魚跳龍門]' 상황이 되어 곧바로 천하에 명성을 날리는 새로운 권력 귀족으로 등극했다. 이 때문에 당시의 사람들은 궁정 광장의 동편에 있는 장안좌문을 '용문龍門'이라 불렀다.

궁정 광장은 전통 시기 황제들이 자신의 권력에 순응하는 인재를 발탁하여 통치를 이어가기 위한 장소로 활용되기도 했지만, 다른 한편으로는 인민들의 저항을 억누르고 봉건적 질서를 공고히 하는 장소로 이용되기도 했다. 장안우문 안쪽에 있는 천보랑의 주변에서는 '추심秋審'과 '조심朝審'이라는 것이 1년에 한 차례씩 열렸다. 이것은 전국 각지에서 사형 판결을 받은 사건에 대해서 조정의 최고 사법기관이 재차 심의를 하고 최종 판결을 내리는 일을 말한다. 범인들은 장안우문을 통해 들어서면 마치 호랑이의 입을 향해 들어가는 것과 같은 공포를 느꼈고 대개의 경우 죄가 경감되는 일은 없었다. 이 때문에 궁정 광장의 서쪽에 있는 장안우문은 '호문虎門'이라 불리기도 했다.

광장을 기준으로 북편 중앙에는 승천문(즉, 천안문에 해당된다)이 우뚝 솟아

[그림 37] 북경 고궁 내금수하內金水河와 황극문皇極門

있는데, 장중하면서도 단정한 기세로 황성의 정문 역할을 했다. 문 앞에는 한백옥을 장식하여 만든 석교石橋와 화표華表가 있다. 황제의 즉위식이나 황후의 책립이 있을 때면 승천문 앞에서 천하에 조서를 반포하는 의식이 거행되었다. 이 의식은 매우 성대했다. 즉위나 책립을 선포하는 조서를 별도로 제작한 '운반雲盤[66]'에 넣어두면, 이부상서가 황궁의 태화전에서 이를 받들어 태화문을 나선다. 그 이후에는 '용정龍亭[67]'이라는 가마를 타고 승천문의 성루城樓에 오른다. 이때 성루 위에서 음악이 울려 퍼진다. 성루 아래에서는 문무 관료들과 지방의 대표자들이 금수교 남쪽의 광장에 모여 일제히 승천문을 향해 엎드려 절을 한다. 조서를 반포하는 관리는 승천문 성루의 정중앙에 있는 선조대宣詔臺에 올라 조서를 낭독한다. 낭독이 끝나면

---

66) [역자주] 구름의 모양이 조각되어 있는 목제 선반으로 궁중의 의례에 사용되었다.
67) [역자주] 용 모양으로 장식된 가마로 향정香亭이라고도 했으며 궁중의 의례에 사용되었다.

금봉황金鳳凰 모양으로 조각한 나무 막대를 이용해 조서를 말아서 성루 아래로 내려보낸다. 그러면 이부의 관리가 '타운朵雲'이라는 선반을 손으로 들어서 조서를 받든다. 받은 조서를 '용정' 가마에 싣고는 광장 동쪽에 있는 이부의 관아에 가서 전달하면 이부에서는 황색의 종이에 조서의 내용을 옮겨 적어 전국 각지로 발송한다.

승천문 안쪽의 단문端門에서 오문에 이르는 어도의 양쪽에는 육과六科의 당직 관서가 설치되었다. 이들은 황제가 상주문을 잘 처리할 수 있도록 돕는 역할을 하면서 동시에 이부, 호부, 예부, 병부, 형부, 공부 등 중앙 행정 기구들을 감찰했다.

오문은 자금성의 정문이라는 기능에 걸맞게 그 외형이 웅장하다. '요凹' 자형의 성루 위에는 무전정廡殿頂 형식[68]으로 만들어진 큰 건축물이 중앙을 차지하고 있고 그 양쪽으로는 숭각崇閣[69]과 낭무廊廡[70]가 좌우 대칭을 이루고 있다. 이들은 오봉루五鳳樓라고 불리기도 했다. 황제가 조회에 행차하거나 오문을 출입할 때면 성루 위에서 종을 치며 악기를 연주하여 황제에 대한 존숭의 뜻을 다했다. 매년 동지冬至에 역서曆書를 반포하거나 국가에 큰 행사가 있어 조령을 반포하거나, 또는 전쟁에서 승리를 거두어 포로

---

68) [역자주] 건축 양식의 일종으로 가장 높은 등급에 해당한다. 지붕의 모습이 특징적인데 맨 위에 가로 방향으로 골간을 이루고 양 끝단에서 다시 둘로 나뉘어 4개의 선이 만들어지는 형태이다. 헐산정歇山頂 형식과 짝을 이루는 전통 건축물의 대표 형식이다.
69) [역자주] 전각의 일종으로 특정 건물 그룹에서 상대적으로 규모가 작은 형태로 되어 있다.
70) [역자주] 큰 건물 옆으로 벽이 쳐진 통로 형태의 건물을 말한다. 벽으로 개별 공간이 조성되어 있어 물건을 보관하거나 사람이 거주할 수 있다.

의 항복의식을 거행하는 등의 중요한 국가 의례가 있으면 모두 오문의 앞에서 이루어졌다. 명 왕조는 원 왕조가 시행했던 야만적인 제도 중 하나인 정장廷仗제도를 채용했는데, 황제의 뜻에 어긋나게 행동한 대신들을 오문 앞에 세워 놓고 매질을 했다. 체벌을 받은 대신들 중에는 이곳에서 사망하는 경우도 종종 있었다.

오문과 황극문(태화전에 해당한다) 사이에는 갑자기 넓은 공간이 펼쳐지며, 건축물의 앞 공간에 해당하는 원락院落이 상당히 넓게 조성되었다. 원락의 중심에는 서쪽에서부터 동쪽으로 흘러나가는 내금수하가 있고 그 위에는 내금수하를 건너는 형태로 만들어진 한백옥의 석교가 아름다운 모습으로 설치되었다. 다리를 건너면 곧 궁전의 대문에 해당하는 황극문으로 이어진다. 황극문의 왼쪽에는 굉정문宏政門(동각문東角門이라고도 불리며 청대에는 소덕문昭德門으로 바뀌었다)이 있고, 오른쪽에는 선치문宣治門(서각문西角門이라고도 불리고 청대에는 정도문貞度門으로 바뀌었다)이 있다. 황극문 안쪽에는 정사각형 모양으로 넓게 트인 정원庭院이 있는데 그 양 측면으로 누각이 높게 솟아 있다. 그 정중앙에는 황극전(태화전을 말한다)이 웅대한 모습을 뽐내며 수미좌대須彌座臺 위에 세워졌다.

황극전은 금란보전金鑾寶殿이라고도 했다. 황제는 이곳에서 문무의 백관들을 불러 조회를 열었다. 매년 설이나 동지, 황제의 생일인 만수절萬壽節이 되었을 때나, 장군에게 인수印綬를 주어 전장에 보내거나, 과거 합격자의 명단을 발표하거나, 새로운 황제의 등극을 알리는 조서를 반포하는 등의 일이 있을 때 황제는 이곳에서 신하들의 축하 의례를 받고 관련 의식을 거행했다. 황극전은 자금성에 있는 궁전 건축물 중 면적이 가장 크고 풍모가 매우 뛰어났다. 면적이 63.96제곱미터에 달하고, 내부 길이가 37.17 미터, 높이가 26.92미터이며 총 72개의 원주 기둥이 떠받쳤다. 무전정廡殿 頂 형식으로 축조되었으며 두 겹의 처마에는 황색의 기와가 얹어졌다. 중 국 내의 다른 전통 건축물과 비교해 보면, 규모가 가장 큰 목조 구조의 건 축물로 꼽힌다. 전각 중앙의 붉은 색 섬돌[丹墀] 아래에는 큰 돌을 조각하여 경사지게 붙인 어도가 있고 그 양쪽의 좁은 통로에는 동으로 만든 품급산 品級山이 있다. 품급산의 자리는 문무의 관인들이 황제를 알현하는 위치에 해당된다.

황극전의 뒤편으로는 다섯 개의 큰 전각이 있는데 이들 모두 수미좌대 위에 세워졌다. 전삼전과 후삼전은 각각 개별적으로 건축 그룹을 이루고 있는데 이들은 모두 기단 위에 '공工'자형의 모습으로 배치되었다. 다른 점 을 들자면 전삼전은 기단이 상대적으로 넓고 높게 만들어졌다. 점삼전의 기단은 높이가 8.13미터이고 총 3단으로 나누어진다. 각 단의 기단은 모두 가지런히 설치된 백석의 난간으로 둘러쳐져 있고, 난간과 계단에는 수려한 부조물이 새겨져 있다. 난간 아래에는 빗물을 배출하는 수로가 교룡蛟龍의 머리 모양을 한 채 돌로 만들어져 외부로 향해 있다. 돌을 쌓아 만든 기단 전체는 정밀하게 조각된 도안들로 장식되어 있어 온화하면서도 화려한 분 위기를 자아낸다.

전삼전 중의 중극전中極殿(중화전에 해당한다)은 정사각형 형태의 전각으로 황제가 조회에 나아가기 전에 휴식을 취하는 장소이다. 건극전建極殿(보화 전에 해당한다)은 두 겹의 처마를 가진 헐산식歇山式[71]의 건축물로 되어 있으 며 왕공과 대신들을 위해 연회를 열 때 사용되었다(청대 옹정제의 재위 시기부터 이곳에서 과거시험의 전시殿試가 시행되었다).

전삼전과 후삼전의 공간은 건청문乾淸門을 기준으로 분리된다. 후삼전은 내정의 궁전에 해당되어 후삼궁後三宮이라고도 불린다. 건청궁乾淸宮은 황제의 침궁寢宮이고, 곤녕궁坤寧宮은 황후의 침궁이며 '정궁正宮'이라고 한다. 두 궁전 사이에는 교태전交泰殿이라는 사각형의 전각이 하나 더 있다. 건청궁의 좌우에는 황제의 어복御服과 곤면袞冕, 옥규玉圭나 관대冠帶 등을 보관하는 단녕전端寧殿(청대에는 단응전端凝殿으로 바뀌었다)이 있다. 이외에 황제가 사용하는 도서나 필기구를 구비해 놓는 무근전懋勤殿, 황제의 아들들이 독서를 하는 상서방上書房, 한림학사들이 황제를 시봉하기 위해 당직 근무를 서는 남서방南書房 등이 있다.

후삼전의 동서 양쪽으로는 일정문日精門, 월화문月華門, 용광문龍光門, 봉채문鳳彩門, 경화문景和門, 용덕문龍德門, 영상문永祥門, 증서문增瑞門, 기화문基化門, 단칙문端則門과 여러 비빈들이 거주하던 동육궁東六宮(경인궁景仁宮, 연기궁延祺宮, 승건궁承乾宮, 영화궁永和宮, 종수궁鍾粹宮,[72] 경양궁景陽宮) 및 서육궁西六宮(육덕궁毓德宮,[73] 계상궁啓祥宮, 익곤궁翊坤宮, 영녕궁永寧宮, 저수궁儲秀宮, 함복궁咸福宮)이 배치되어 있다. 동육궁과 서육궁의 양쪽 뒤편으로는 같은 건축 양식으로 건설된 5개 건물의 전각 그룹이 각각 들어서

---

71) [역자주] 전통 건축 양식 중 상대적으로 등급이 낮은 방식으로 지붕이 하나의 골간으로 되어 있고 양 끝단에서 다시 4면으로 골간이 이어진다. 건물의 좌우 측면이 별도로 존재하게 된다는 점에서 무전정廡殿頂과 구별된다.

72) 종수궁鍾粹宮은 명 숭정 시기 황제가 거처하게 되면서 흥룡궁興龍宮으로 명칭이 바뀌었다.

73) 육덕궁毓德宮은 장락궁長樂宮이라고도 했는데 명 만력 44년(1616)에 영수궁永壽宮으로 명칭이 바뀌었다.

있다. 이들은 건동오소乾東五所와 건서오소乾西五所라고 불렸으며 모두 황제의 자제들이 거주하던 곳이다.

이외에 후삼전의 서남쪽 구역이자 서삼궁西三宮[74]의 앞쪽에 해당하는 공간에는 자녕궁慈寧宮이라는 건물이 있다. 그 북쪽으로는 황태후와 황태비가 거주하는 공간인 함안궁咸安宮이 있다. 자녕궁의 남쪽으로 이어져 있는 자녕궁화원慈寧宮花園의 원내에는 함약관咸若館이 있다. 자녕궁의 서북쪽 위치에는 중정전中正殿과 영화전英華殿이 있는데 이들은 모두 불상을 모시는 불전경당佛殿經堂이어서 사원의 분위기가 농후하다. 자금성의 동북 모서리 공간에도 별도의 궁전 건축물들이 있는데 일호전一號殿, 인수궁仁壽宮, 새란궁噦鸞宮, 개봉궁喈鳳宮 등이 그것이다. 퇴역한 비빈들이 이 궁전에서 여생을 보냈다. 그 서쪽 편에는 봉선전奉先殿이 있는데 궁정 내의 태묘에 해당한다. 봉선전의 남쪽으로는 자경궁慈慶宮이라 불리는 독립된 궁전 건축군이 있다. 이것은 봉신궁奉宸宮과 영희궁迎禧宮을 앞뒤로 이어주며 또한 욱근궁勗勤宮과 소검궁昭儉宮이 동서 방향에서 서로 마주하게 했다. 전통 시기 황제들은 후后, 비妃, 빈嬪, 시侍를 갖추어 두었는데, "무릇 조정의 선발에 뽑힌 자들은 '후'나 '비' 또는 '빈'이 되기 전에 모두가 이곳에 거주하다가 순서에 맞춰 길례吉禮를 행했다."[75]

황극문皇極門의 동서 양쪽을 보면, 동쪽으로 동화문 내측에 문화전文華殿이 있고 서쪽으로 서화문 내측에는 무영전武英殿이 있다. 서로 대칭을 이

---

74) [역자주] 서육궁 중 서쪽 편에 남북 직선의 일렬로 위치한 함복궁, 계상궁, 영녕궁을 말한다.

75) 유약우劉若愚, 『작중지酌中志』 권17.

루는 이 두 전각은 황제가 대신들을 접견하며 국가의 중요한 일을 의논하거나 학식이 높은 학인들과 학문에 대해 논할 때 사용되었다.

이렇게 보면 전삼전과 후삼전 이외에 상대적으로 낮은 등급의 궁전 건축물들은 모두 동쪽과 서쪽의 낭무廊廡 바깥에 조성되었으며 기본적으로 좌우 대칭의 형태를 유지한다는 것을 알 수 있다. 또한 모든 궁전 건축물들은 건축의 규모에서부터 지붕의 형식에 이르기까지 엄격하게 구별되는 등급을 가지고 있다는 것도 알 수 있다. 예를 들어 전각을 건설할 때, 명대에는 9간間을 가장 높은 등급으로 삼았고(청대에는 11간까지 늘어났다) 그 아래로 7간, 5간, 3간의 낮은 등급을 설정했다. 지붕의 형태는 이중의 처마를 갖는 무전식廡殿式을 가장 높은 등급으로 했고, 그 밑으로 이중 처마를 가진 헐산식歇山式, 단일 처마로 된 무전식, 단일 처마의 헐산식 그리고 현산식懸山式의 순서에 따라 등급을 차별화했다. 자금성 내에 축조된 건축물들은 그 사용 목적과 건설된 위치의 차이에 따라서 각기 다른 지붕의 형식을 채용하고 규모를 나타내는 건물의 간間수도 다르게 적용했다. 이를 통해 중요한 건축물과 상대적으로 덜 중요한 건축물을 구분했다. 한편 궁정 건축물에 대한 통일적 관리를 기본 전제로 한 상태에서 변화를 일부 추구하기도 했다.

황궁 내에는 자연의 정취를 물씬 느끼게 하는 장소가 하나 있는데 곤녕궁 뒤에 자리한 어화원이 그것이다. 면적은 크지 않지만 영롱하고 기묘한 모습을 갖추고 있으며 무엇보다 풍경이 무척이나 아름답다. 어화원의 중앙에는 규모가 큰 흠안전欽安殿이 세워져 있다. 흠안전의 사방으로는 푸른 소나무와 비취색의 측백나무가 둘러쳐 있고 그 사이에는 고상한 자태를 뽐내는 누각과 정자가 자리하고 있다. 이들은 전반적으로 엄숙하고 경직된 느낌인 황궁에서 편안한 숨을 내쉴 수 있는 여유를 준다.

자금성은 황제와 비빈들의 안전을 위해 매우 삼엄하고 물샐틈없는 보안 체제를 갖추었다. 높은 성문 위에다 층층이 쌓아 올린 성루를 만들었고, 성벽의 네 모퉁이에 있는 각진 부분에는 9개의 대들보[梁], 18개의 기둥[柱] 및 72개의 등마루[脊]를 사용하여 기묘한 구조의 각루角樓를 축조했다. 궁성의 성벽을 따라서 36개의 주소駐所를 설치하여 병사들을 주둔시켰고, 해자를 넓고 깊게 파서 사방을 에워싸게 했다. 아울러 자금성 밖으로 황성의 성벽을 축조했다. 현재 북경 시내에 동황성근東皇城根과 서황성근西皇城根으로 이름 붙여진 두 개의 도로가 있는데 이곳이 바로 명대 황성의 성벽이 있던 자리이다.

자금성은 금빛 찬란하고 장중한 위엄을 갖고 있다. 그런데 다른 한편으로 보면 정막하고 위압감 짙은 분위기로 인해 사람들로 하여금 기에 눌리게 하는 등 딱딱하고 매정한 기운도 갖고 있다. 역대 왕조들이 황궁을 만들면서 적지 않은 재원을 투자하면서까지 황실의 어원을 조성하고 황제와 황실의 자제들로 하여금 즐길 수 있게 한 이유가 이와 관련되어 있다. 명 왕조 역시 이러한 사정을 고려하여 황성 내에 황제의 휴식을 위한 '남내南內'궁원, 서원西苑 및 만세산 등을 축조하였다. 이들 중 서원의 규모가 가장 컸다.

서원은 원 왕조 시기의 태액지가 있던 곳을 활용해 조성했다. 태액지의 연못 두둑을 따라 돌을 쌓고 꽃나무를 심은 후 다양한 모습의 궁전 누각과 정자들을 건설했다. 이에 서원은 명대에 가장 아름다운 풍경을 갖춘 황실 원림이 되었다. 물결이 찰랑거리는 삼해三海[76]는 자금성과 서궁西宮[77] 사이에서 위풍당당한 궁전의 성루들과 자연의 산수풍경을 일체화했다. 이것은 엄정한 규율로 짜여진 황성 내에서 빼어난 경치를 갖춘 이색적인 공간을 만들어내어 사람들로 하여금 숨을 고르며 탁트인 해방감을 느끼게 해주었다.

태액지의 맑고 깨끗함은 마치 거울과 같고,

일렁이는 물결은 하늘로부터 내려온 듯하다.

빛이 나고 눈꽃처럼 밝은 물결은 궁궐을 비추고,

찬연한 무지개 조명이 옥처럼 아름다운 건물에 드리운다.

물풀들은 바람에 흔들리면서 물결을 일궈내고,

물고기와 자라들이 해를 향해 같이 맴돈다.

봉래산에 가까운 어느 넓은 물길의 아래에서부터,

상서로운 기운이 생겨나 건물 위로 오른다.

太液晴涵一鏡開, 溶溶漾漾自天來.

光浮雪練明金闕, 影帶晴虹繞玉臺.

蘋藻搖風仍蕩漾, 龜魚向日共徘徊.

蓬萊咫尺滄溟下, 瑞氣絪縕接上臺.[78]

이것은 명대에 쓰여진 문학작품으로 서원의 풍경을 생생하게 묘사하고

---

76) [역자주] 삼해三海는 북해北海, 중해中海, 남해南海를 통칭한다.

77) [역자주] 서궁은 고유 명칭이라기 보다는 서원西苑에 건설된 전각들을 일컫는 용어로 사용되었다.

78) 양영楊榮, 「태액청파太液晴波」

있다.

이렇듯 자연적 조건을 충분히 활용한 바탕 위에 원림의 건축 예술과 아름다운 환경을 결합하여 만든 창조물은 세계의 도시건축 역사상 흔치 않은 사례이다. 어쩌면 가장 뛰어난 것으로 손꼽힐지도 모른다.

명대의 서원은 금 왕조와 원 왕조 시기에 만들어진 건축물들 중 일부를 수리하여 보존하는 동시에 새로운 건축물을 추가하는 방식으로 완성되었다. 태액지의 동편과 서편에 각각 응화전凝和殿과 영취전迎翠殿을 새로이 건설했고, 태액지의 서북쪽 지대에는 백색의 태소전太素殿을 만들었다. 또한 천순天順 연간에는 일련의 정자와 누각들을 추가적으로 건설했다. 정덕正德 연간 때에는 백은白銀 20만 냥과 군장軍匠 3천여 명을 투입하여 태소전을 대대적으로 수리했다. 가정嘉靖 연간에는 뇌정홍응전雷霆洪應殿, 금해신사金海神祠 등을 연이어 세웠다. 이중에서 특히 태소전 앞에 자리한 5개의 정자들이 눈에 띄는데 이들은 서로 위치가 어긋나는 형태로 수면을 가로지르게 배치되었다. 동시에 굴곡진 석교로 이어져 있어 물고기를 구경하면서 낚시를 하거나 멀리서 불꽃놀이를 바라보기에 더할 나위 없이 좋은 장소였다. 가정 23년(1543)에 세종世宗은 오룡정五龍亭으로 이름을 바꾸었는데, 가운데 있는 것을 용택정龍澤亭이라 하고 이를 중심으로 왼쪽에 있는 것을 징상정澄祥亭, 자향정滋香亭, 오른쪽의 것을 용서정涌瑞亭, 부취정浮翠亭이라 했다.

오룡정 이외에 명대 서원의 건축물 중 지금까지도 잘 보존되어 있는 것으로는 구룡벽九龍壁과 단성團城 그리고 금오옥동교金鰲玉蝀橋가 있다.

구룡벽은 지금 북해의 북쪽 징관당澂觀堂의 동북쪽에 있는데 원래는 대원경지보전大圓鏡智寶殿의 진체문眞諦門 앞에 있던 조벽照壁이다. 높이는 5미터가 조금 넘고, 두께는 1.2미터이며, 총 길이는 27미터에 달하는 크기에 채색된 유리 벽돌을 쌓은 형태로 만들어졌다. 벽면 양쪽에는 9마리의 용이 웅크리고 있는 모습이 표현되어 있는데 마치 부르면 금방이라도 뛰쳐나올 것처럼 매우 생동감 있게 만들어져 있다. 유리를 사용한 중국의 건축물 중 대표적인 예술 작품이라 하겠다.

단성은 태액지의 다리 주변에 건설되었다. 원대에는 '영주瀛州' 또는 '원지圓坻'라 불렸던 작은 섬이었고 그 위에는 의천전儀天殿이 세워져 있었다. 명 왕조는 이 작은 섬의 동쪽 부분을 흙으로 메워 평지를 만들고 의천전을 새로 수리하여 승광전承光殿이라 했다. 또한 벽돌로 담장을 쌓고 그 주변을 사방으로 두르자 곧 성가퀴가 낀 벽돌성[甎城]이 완성되었다. 사람들은 둥근 모양의 성이라는 의미로 이를 일컬어 '단성'이라 했다. 홍치弘治 3년 (1489), 명 조정은 단성의 서쪽 면에서 북해北海와 중해中海를 이어주는 역할을 하던 나무다리를 대리석으로 교체하고 석교의 양쪽 입구에 패방을 설치했다. 서쪽 편에 있는 것을 금오金鰲라 했고 동쪽의 것은 옥동玉蝀이라 했던 까닭에 '금오옥동교'라는 이름이 생겼다. 북경이 모택동의 세력하에 놓이게 된 이후 공산당은 교통의 편리함을 위해 금오와 옥동 두 개의 패방을 철거하고 다리를 넓혔다. 이것이 바로 지금의 북해대교北海大橋이다.

만세산은 지금의 경산景山을 말하는데 명 초기에 북경성을 확장할 때 자금성의 해자를 파서 나온 흙더미와 태액지의 남쪽에서 채취한 진흙을 쌓아서 만든 것이다. 사면에 화초와 나무들을 심고 수황전壽皇殿 등의 전각을 건설했다. 산 아래에 석탄이 숨겨져 있다는 전설이 있어 '매산煤山'이라 불리기도 했는데 사실로 믿기는 어렵다. 경산에는 5개의 봉우리가 있고 청 건륭乾隆 16년(1751)에는 봉우리마다 정자를 한 개씩 설치했다. 그중 만춘정萬春亭이 중앙의 가장 높은 봉우리에 있다. 만춘정은 3층의 처마가 있는 4각형 첨탑 형태로 세워졌으며 지붕에는 황색의 유리기와가 올려졌다. 동쪽 봉우리에 있는 관묘정觀妙亭과 서쪽 봉우리의 집방정輯芳亭은 모두 2층의 처마가 있는 8각형 첨탑 형태로 되어 있으며 녹색의 기와가 사용되었다. 5개의 봉우리 중 가장 바깥쪽에 있는 소형 봉우리 2개에는 주상정周賞亭(동쪽 봉우리)과 부람정富覽亭(서쪽 봉우리)이 있다. 이 둘은 2층의 처마가 있는 원형의 작은 정자 모양으로 만들어졌으며 남색의 기와가 사용되었다. 명대에는 경산에 비탈길들이 나 있었고 다른 정자나 건물은 없었다. 경산은 수목이 우거져서 사슴이나 학 등의 야생동물이 서식했고, 매년 중양절이 되면 황제가 이곳에 올라 먼 곳을 조망하곤 했다.

경산은 명 왕조가 원나라를 물리친 전쟁 승리의 상징인 셈인데 지리적 시각에서 보면 북경성 전체의 지리적 중심이기도 하다. 경산의 중앙 봉우리를 지나 북경성의 중축선을 따라 북쪽으로 올라가면 곧 원대의 중심각中心閣이 있던 위치에 다다르게 된다. 명 왕조는 이곳에 고루와 종루를 남북의 위치에서 서로 마주 보는 구조로 축조했다. 이 지점은 명대 북경성의 중축선에 있어 새로운 기점이 되었다.

전통 시기 중국에서 통용되었던 도시 건설의 방식에 따르면, 황궁의 좌측[79]에는 선조들에게 제사를 올리는 태묘가 있어야 하고, 우측에는 토지와

---

79) [역자주] 황궁에서 남쪽을 바라보는 군주를 기준으로 한 것이어서 동쪽을 말한다.

오곡의 신들에게 제사를 올리는 사직단이 있어야 한다. 명 조정은 영락 18년(1420)에 승천문 동쪽에 태묘를 건설했고 만력 연간(1573-1620)에 이를 다시 개보수했다. 태묘의 정문은 남쪽을 향했고, 그 안에는 장방형 구조로 된 3개의 붉은 담장이 설치되었다. 태묘의 부지에는 측백나무들이 심어졌다. 세 번째 담장, 즉 가장 바깥 담장의 대문은 극문戟門이라 하는데 그 문 앞에는 돌로 된 난간을 갖춘 5개의 백옥석교白玉石橋가 있다. 이를 지나면 곧 적당한 크기의 광장으로 연결되는데 태묘의 부속건물에 해당하는 신고神庫와 신주神廚가 그 동편과 서편에 자리했다.

태묘는 전전前殿, 중전中殿, 후전後殿이라는 3개의 건축물로 구성되었다. 대전大殿이라고도 불리는 전전의 동서 양쪽에는 무전廡殿이 조성되었다. 전전은 장엄한 외부 모습을 갖고 있으며 지면의 폭이 11간間이고 깊이가 4간으로 되어 있다. 2층의 처마 형태로 된 무전 형식의 전전은 건물의 기반이 한백옥으로 된 3층의 수미좌須彌座로 만들어졌으며, 꽃을 새겨 넣은 돌난간이 설치되었다. 남쪽 방향으로는 3개의 통로가 만들어졌는데 중앙의 통로에 있는 석면에는 위에서부터 아래로 용, 사자, 해수海獸의 도안들이 새겨져 있어 아름다움의 극치를 이룬다.

태묘와 함께 쌍을 이루고 있는 사직단은 승천문의 서쪽 편에 위치했다. 기단은 한백옥을 쌓아서 만든 4각형의 3층 형태였다. 그 안에는 중황中黃, 동청東靑, 남홍南紅, 북흑北黑, 서백西白이라는 서로 다른 색깔을 가진 5종류의 흙이 묻혔다. 중앙에는 돌기둥과 나무기둥이 세워졌는데 각각은 토지신과 오곡신을 상징하는 '사주社主'와 '직주稷主'였다. 사직단의 바깥으로는 세 겹의 담장이 사각형의 형태로 조성되었다. 가장 안쪽의 것은 견장壝

墻이라고 하는데, 네 면 모두에 한백옥으로 된 영성문欞星門이 설치되었다. 사직단 밖에는 배전拜殿이라 불리는 목조 건축물이 있었는데 단일 처마의 무정廡頂 형식으로 만들어졌다. 이들 이외에는 사직단의 서남쪽 담장 바깥으로 신주神廚와 희생정犧牲亭 등의 부속 건축물들이 자리했다.

자금성에 있는 태묘와 사직단 이외에 명대 북경성에는 천단天壇, 산천단山川壇, 일단日壇, 월단月壇, 지단地壇 등이 세워졌다. 이중에 천단이 규모가 가장 컸는데 나머지 다른 건축물들을 압도할 정도의 위용을 뽐냈다.

천단은 바깥 담장의 길이가 동서로 1,700미터, 남북으로 1,600미터에 달한다. 북쪽은 원형과 호선형의 모습으로 되어 있고 남쪽은 곧게 뻗은 직선

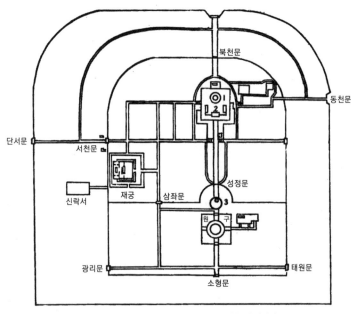

1.기년전祈年殿 2.기년문祈年門 3.황궁우皇穹宇

[그림 38] 천단의 평면도

의 형태로 되어 있다. 이것은 '하늘은 둥글고 땅은 사각으로 되어 있다'는 '천원지방天圓地方'의 관념을 상징한다. 정문은 남쪽을 향했다. 천단의 구역 안에는 사용 목적이 서로 다른 2개의 건축군이 있다.

천단의 남쪽 구역에는 원구단圜丘壇을 중심으로 황궁우皇穹宇, 신주神廚 등 부속 건축물들이 어우러진 건물군이 있다. 매년 동지가 되면 황제는 이곳에서 하늘에 제사를 지냈다. 천단에 있어서 가장 핵심적 의미를 갖는 구역이다.

북쪽 구역에는 기년전祈年殿과 그 부속 건물인 황건전皇乾殿, 신주神廚, 희생정犧牲亭 및 기곡단祈穀壇을 포함한 일련의 건축물들이 들어서 있다. 매년 정월이 되면 황제는 이곳에서 신령神靈에게 한해 농사의 풍년을 기원하는 제사를 올렸다.

이 두 그룹의 건물들 사이에 넓은 폭을 가진 통로가 남북방향으로 길게 놓였다. 이 통로는 폭이 30미터이고 길이가 360미터에 달한다. 통로 전체에서 높은 지점은 지상에서 4미터 높은 위치에 있다. 이 통로는 두 건축물 그룹을 관통하는 중축선의 모습을 하고 있어서 양쪽 공간을 이어주는 역할을 하며 전체가 혼연일체화한 효과를 낸다.

남쪽에 있는 원구단은 높고 큰 3층의 원형 석대로 만들어졌는데, 원형이라는 특징은 '하늘[上天]'을 상징한다. 하늘에 올리는 제사는 노제露祭로 지내기 때문에 석대 위에는 어떠한 건축물도 세워지지 않았다. 석대 위의 원구는 청석靑石을 쌓아서 만들었다. 전통 시기의 사람들은 하늘[天]이 음과 양 중에서 양에 속하기 때문에 홀수로 표시해야 한다고 생각했다. 따라서 관련된 특정 사물을 만들 때 1, 3, 5, 7, 9와 같이 홀수를 사용해서 그 크기를 결정했다. 당시의 도량형을 기준으로 보면, 석대의 가장 윗면은 직경이 9장丈[80]이고 중간층은 15장이며 가장 아래의 것은 21장의 크기로 되어 있다. 석대에 쓰인 돌의 수량은 9 또는 그의 배수를 기준으로 규정되었다. 단일 숫자 중에 '9'가 가장 큰 숫자이기 때문에 9의 배수로 구성된 숫자가 사용된 것이다. 석단 위에 돌을 깔면서 정중앙에 둥근 돌을 하나 놓고 그 둘레를 9개의 청석으로 감싸 안는 형태로 만들었다. 그 바깥은 다시 18개의 청석을 사용해 원형을 이루도록 했다. 한번 늘어날 때마다 9의 배수씩 청석의 숫자를 늘려 총 9개의 둘레를 만들었다. 석대의 중간층과 아래층도 모두 9개의 둘레로 구성되어 있어 모두 합하면 27개가 된다. 아래층의 가장 큰 둘레의 경우는 243개의 청석이 사용되었는데 이를 3층 전체로 계산해 보면 모두 3,403개의 청석이 사용되었다. 석대의 모든 층에는 4개의 문이 만들어졌고 그 문 앞으로 9단의 계단이 설치되었다. 또한 각 계단의 난간 역시 9의 배수를 이루어서 가장 위층의 경우는 한 면에 9개씩 총 36개가 되었고, 중간층은 한 면에 18개씩 총 72개, 아래층은 한 면에 27개씩 총 108개로 되어서 모두 합하면 216개가 된다. 원구단은 구성의 비율이 일정한 형태로 되어 있어서, 뛰어난 조형미와 정치한 구조를 보여준다. 또한 음양의 관점에서 양에 속하는 홀수를 사용해 하늘에 대한 제사를 표현하는 전통적인 관념 욕구도 충족시켰다.

　명 조정은 건물의 배치에 있어서 원구단이 천체天體를 상징한다는 점을 부각시키기 위해 다양한 형태의 대비 수법을 사용했다. 원구단의 네 방향

---

80) [역자주] 명대의 1장丈의 길이는 2.83미터에 해당한다.

에 1미터 정도의 비교적 낮은 담장을 쌓고 두 개의 길을 내어 외부는 각지고 내부는 둥근 모습을 형상화했다. 원구단의 네 방향에 한백옥의 영성문을 설치하여 핵심이 되는 원구단을 더욱 신성스럽고 장엄하면서도 지고무상한 존재로 표현했다. 석대를 층층이 쌓아서 하늘을 향하게 하여 하나로 응집된 것 같은 안정적인 모습을 보여줌으로써 마치 하늘과 연결되는 듯한 분위기를 자아냈다. 또한 색감에 있어서 옥처럼 희고 밝은 석대와 영성문을 푸른색의 돌과 유리로 된 낮은 담장과 서로 대비시켜 보는 이로 하여금 분명하고 밝은 느낌을 받게 했다.

원구단은 축조 과정에서 매우 높은 수준의 작업 성과를 거두었다. 완성된 이후 오랜 시간 동안 비바람과 추위를 맞으며 침식되었지만, 그 표면은 마치 거울을 보듯 여전히 평정하게 유지되고 있으며 돌판에는 작은 균열이나 미세한 어긋남조차 발견되지 않는다. 원구단 위에서는 기묘한 음성학적 현상도 일어난다. 원구단의 중심에 서서 가볍게 소리를 내면 그 메아리를 계속해서 들을 수 있지만, 만약 중심을 벗어나게 되면 메아리는 점차 사라지고 만다. 이것은 원구단의 중심에서 퍼지는 소리가 주변에 있는 돌난간에 부딪혀 동시에 중심으로 되돌아오는 과정에서 원래의 소리를 증폭시키기 때문에 일어나는 현상이다. 만약 중심이 아닌 곳에 있으면 반사되어 오는 소리의 파장이 동시에 되돌아오지 않아 소리를 들을 수 없게 되는 것이다. 메아리가 울리는 현상 자체만으로도 원구단이 설계상의 비율과 균형을 얼마나 잘 맞춰 건설된 것인지를 알 수 있다. 그야말로 원구단은 명청 시기 중국의 석조 건축 기술이 최고 수준에 도달했음을 보여주는 증거라 하겠다.

원구단의 북면에는 가정 9년(1530)에 만들어진 황궁우가 있다. 제천의식을 거행할 때 사용하는 패위牌位가 이곳에 보관되었다. 건물은 단층의 처마를 가진 원형의 모습을 하고 있으며 지붕에는 파란색 유리기와가 올려져 있다. 건물 꼭대기에는 도금을 한 보정寶頂[81]이 세워져 있다. 황궁우와 그 주변을 둘러싼 담장 모두는 원형으로 되어 있어 하늘이 둥글다는 천원天圓의 관념을 상징한다. 황궁우를 중심에 두고 세워진 원형 담장의 첫 번째는 높이가 1장 8척이고, 반지름이 9장 7척 5촌이다. 벽면은 매우 가지런하면서 윤기가 난다. 담벼락은 음파의 반사 원리가 적용되었다. 낮고 조용한 소리를 담벼락의 곳곳에 신속하게 전달할 수 있어 회음벽回音壁이라 불린다. 황궁우의 정면에서 담장의 대문 사이에는 석판을 깔아 만든 길이 설치되어 있는데 3번째 석판이 놓인 지점이 곧 원형 담장의 중심이 되어 이를 일컬어 '삼음석三音石'이라고 한다. 이곳에 서서 박수를 치거나 야호를 외치면 3차례에 걸친 메아리를 들을 수 있다. 회음벽과 삼음석의 음향 효과나 원구단의 중심에서 소리가 메아리치는 현상 등은 모두 전통 시기 중국의 건축가들이 건물의 축조에 음성학을 접목시킨 대표적인 사례들이다. 이것들은 '천인감응天人感應'과 같은 신비로운 분위기를 만들고자 하는 목적에서 비롯되었다.

천단에는 우아한 조형미와 장엄한 색조미를 갖춘 또 하나의 중요한 건축물이 있다. 바로 기년전이다. 원형의 목조식 건축물로 축조되었고, 삼층의

---

81) [역자주] 지붕의 중심을 뾰족하게 올라온 첨탑 형태로 하고 그 위에 올려놓은 원형의 조형물을 말한다. 이것은 건물이 벼락에 맞아 파손되는 것을 방지하는 역할도 한다.

[그림 39] 천단天壇 기년전祈年殿

처마 위에는 도금한 보정이 올려져 있다. 기년전의 기단은 한백옥을 쌓아 만들어졌다. 원형의 3층으로 된 기단은 가장 윗부분의 직경이 90미터이고 높이가 6미터에 달한다. 기단의 옆면으로는 용, 봉황, 구름 등의 무늬가 조각된 난판欄板과 꽃무늬가 새겨진 난간이 설치되었다. 건축 양식의 측면에서 보면 기년전은 중국의 다른 전통적인 건축물과 구별되는 몇몇의 특징이 있다. 설계 자체가 철저히 건축물의 사용 목적에 맞춰졌으며 동시에 다양한 상징적 의미를 내포했다. 예를 들어, 가장 위쪽 처마를 건물 안에서 받치고 있는 4개의 기둥, 즉 용정주龍井柱는 1년의 사계절을 상징한다. 중간층의 처마를 지탱하는 12개의 기둥은 금주金柱라고 불리는데 1년의 12개월을 의미한다. 아래층의 처마를 지탱하는 12개의 기둥은 하루의 12개 '시신時辰'[82]을 나타낸다. 이처럼 독특한 의미를 갖는 사례들이 적지 않게 확

---

82) [역자주] 하루의 시간을 나타내는 전통적인 단위로 하루를 12개의 단위로 구분한다. 각각의 단위는 12간지를 사용하여 고유한 이름을 갖고 있어 '자시子時',

인된다.

이외에 천단의 서문 안쪽에는 황제가 제례를 올리기 전에 몸가짐을 가다듬으며 재계를 하는 재궁齋宮이 있다.

천단 안에 설치된 길의 양쪽과, 제사 건축물이 들어선 구역 이외의 공간에는 측백나무숲이 울창하게 조성되어 있다. 이것은 천단이 갖는 조용하면서도 경건한 신비스러움을 연출하는데 일조한다.

북경성의 남북을 관통하는 중축선의 서쪽 부분이자 천단과 서로 대칭을 이루는 위치에는 영락 18년(1420)에 건설된 산천단山川壇(청대에는 선농단先農壇으로 바뀌었다)이 있다. 매년 음력 2월이면 황제는 문무의 대신들을 이끌고 선농단에 올라 관례에 따라 '경적례耕耤禮'의식을 거행했다. 이를 통해 농사의 중요성을 일깨우는 동시에 한 해 동안 농사짓기에 적절한 날씨가 이어져 풍년이 되기를 기원하였다. '경적례'의식이 거행되면, 황제는 왼손에 쟁기(일종의 철제 가래같은 모양의 농기구를 말한다)를, 오른손에는 채찍을 든다. 두 명의 나이 든 농부가 붉은 천으로 감싸고 갖가지 색깔의 띠를 두른 소를 이끌고 앞에 서면 곧이어 또 다른 두 명의 농부가 쟁기를 짊어지고 이 행차를 이끈다. 그러면 교방사敎坊司의 우령優伶[83]들이 종과 북을 울리면서 '화사禾辭[84]'를 소리 높여 부른다. 황제는 북소리가 울려 퍼지는 속에서 소의 뒤를 따라가며 이랑 하나를 골라 쟁기질한다. 이것이 끝나면 쟁기

'축시丑時', '인시寅時' 등으로 불린다. 하나의 단위는 2시간에 해당한다.

83) [역자주] 전통 시기에 악공이나 극배우를 통칭하는 명칭이다.

84) [역자주] 원래의 이름은 '화사상가락禾辭桑歌樂'이라 하며 황제가 직접 농사를 짓고 뽕나무를 재배하는 시범을 보일 때 사용하던 음악이다. 뽕나무를 재배하는 것보다 농사를 짓고 밭을 갈 때 더 많은 악기를 사용하여 음악을 연주한다.

와 채찍을 옆의 관인에게 넘겨주어 이정犁亭과 편정鞭亭에 보관하도록 한다. 이를 이어서 대신들이 순서에 맞춰 황제를 따라 같은 행위를 반복한다. 물론 이 모든 것들이 실제 이랑을 가는 것은 아니고 단지 동작만 취해보는 일종의 상징적인 퍼포먼스였다.

천단과 산천단 이외에 명 조정은 가정 9년(1530)에 북경성의 내성에 있는 안정문安定門 외곽에 지단地壇을 건설했다. 먼 거리를 사이에 두고 남쪽의 천단과 서로 호응하는 모습으로 배치했다. 동쪽의 조양문朝陽門 외곽과 서쪽의 부성문阜城門 외곽에는 각각 일단日壇과 월단月壇을 만들었다.

3) 한 눈에 보는 북경의 옛 풍경

15세기가 되자, 북경은 중국의 정치 중심으로 자리매김하며 급격하게 발전했고, 당대 최고 수준의 번영을 구가하는 도시로 성장했다.

북경 내에서 증가하는 경제적 수요를 충족시키기 위해 강남에서 생산된 곡물 중 상당량이 북경으로 운송되어야 했다. 명 왕조 시기에 이미 이것은 국가 운영의 중대 사안 중 하나가 되었다. 이러한 상황 하에서 명 왕조는 건국 초기에 북경성의 확장 작업을 신속하게 진행했고 영락 9년(1411)에는 산동山東, 서주徐州, 응천應天(남경南京), 진강鎭江에 예속된 부府, 주州, 현縣에서 30만 명의 노동자를 징발하여 원대에 사용되었던 운하에 대한 준설 작업을 실시했다. 4년에 걸친 시공을 마친 후, 영락 13년(1415) 5월에 항주杭州에서 통주通州에 이르는 총 길이 3천여 리의 운하길을 정비하는 데 성공했다.

그런데 백부천에서 물을 끌어다 대도성의 적수담으로 연결했던 원대의 수로가 시간이 지나는 동안 보수가 제대로 이루어지지 않아 명 초기에 이미 끊어진 상태로 방치되어 있었다. 이로 인해 적수담은 면적이 계속적으로 축소되고 있었다. 명 왕조는 북경성의 건설 초기에 황성의 북쪽 성벽과 동쪽 성벽을 바깥으로 확장하고 원래 성벽 밖에 있던 통혜하通慧河의 옛 물길을 황성 안쪽에 포함시켰다. 얼마 후 북경성의 남쪽 성벽을 확장하면서는 원나라 시기 대도성의 문명문文明門 바깥에 있던 통혜하의 일부를 북경성의 안쪽으로 들어가게 하였다. 아울러 수로를 하나 새로 만들어 황성의 동쪽 성벽을 따라 남쪽으로 내려가다 정양문의 동쪽 수관을 통해 남쪽의 호성하護城河로 흐르게 했다. 이때부터 강남에서 올라오는 배들이 통혜하를 거슬러 운행하여 곧바로 북경성 안쪽에 진입하는 것이 불가능해졌다. 명 조정은 비록 통주에서 북경성까지 이어지는 통혜하의 옛 수로를 여러 차례 준설하여 배의 통행을 시도했지만 수량水量의 부족으로 충분한 효과를 거두지 못했다. 때문에 명 왕조는 남쪽에서 운송되어 오는 곡물을 우선 통주까지 물길을 통해 운반하여 하적한 후, 통주에서 북경까지는 육로를 이용해 옮기는 방식을 채택했다. 이는 통혜하가 개착되기 이전과 같은 상황으로 되돌아가는 결과를 낳았다.

이렇다 하더라도 통주에서 남쪽으로 이어지는 대운하가 다시 개통된 것은 분명 북경성이 번영을 이루는 데 유리한 조건으로 작용했다. 당시 곡물을 운반하는 운량군정運糧軍丁이 12만 명이었고, 수만 척에 달하는 조운 선박이 운하를 통해 왕래했다. 민간에서 사용하는 다수의 상업용 선박들이 남방에서 생산된 쌀, 비단, 차, 설탕, 대나무, 목재, 칠기, 도기 등의 물자를 끊임없이 북경으로 실어 날랐다. 대운하의 마지막 연결 지점에는 하서무河西務, 장가만張家灣, 통주와 같은 번화한 나루터 도시들이 새롭게 등장하거나 확장했다. 이들 지역으로 관선官船이나 여객용 선박들이 몰려들었고 각지에서 운반된 상품들과 조공품들이 집적되었을 뿐만 아니라 북경으로 가고자 하는 관원官員이나 객상客商들도 다투어 모여들었다. 이들이 북경으로 가기 위해서는 장가만이나 통주에서 마차로 갈아타야 했다. 이러한 배경에서 여관과 객잔이 수십 리에 달하는 거리에 연이어 조성되었고, 음악과 떠드는 소리가 끊이지 않는 활기찬 거리가 형성되었다. 명 왕조는 통주, 장가만, 하서무 등에 물자를 저장하기 위한 창고를 지속적으로 설치하는 동시에 성보城堡를 만들고 관문을 설치해 상업세를 징수했다. 이를 통해 중요한 세금 수입원을 확보할 수 있었다.

명대 사회 전반에 걸쳐 산업 생산력이 높아지자 북경 지역의 경제도 이러한 추세에 맞춰 괄목할 만한 성장을 거두었다. 특히 수공업 분야의 발전이 두드러졌다. 명 건국 초기에 다수의 수공업자들이 전국 각지에서 징발되어 북경의 궁궐 건설에 투입되었다. 그런데 이들 중 적지 않은 수의 사람들이 공사가 끝난 이후에도 북경에 남아 거주했다. 그 결과 전국의 우수한 수공업 기술자들이 북경에 모이게 되었다. 게다가 명 왕조가 내부內府와 공부工部에 여러 종류의 수공업 작업방을 설치하여 황실에서 필요로 하는 높은 수준의 예술품과 소비품을 전담 생산하게 하자 명대 수공업품과 다양한 민족적 특색이 담긴 공예품을 제작하는 기술이 한층 더 발달했다. 예를 들어, 당시 북경 내부內府의 직염국織染局과 남전창藍靛廠에 소속

된 장인들이 32개의 서로 다른 분야에서 수공업품을 생산했으며, 병장국兵仗局에는 34개 분야의 장인들이 소속되어 물품을 제작했다. 특히 공예품을 만드는 수공업 예술인들은 풍부한 경험을 쌓아가며 칠기, 선덕향로宣德香爐,[85] 경태람景泰藍,[86] 궁선宮扇,[87] 자항瓷缸[자기로 만들어진 항아리], 궁곶宮串[88] 등을 만들었고 이러한 공예품들은 모두 전국적으로 유명한 예술품이 되었다.

북경과 지방이 경제적으로 밀접하게 연계된 상황에서 전국 각지의 상품들이 북경에 집중되자 북경은 자연스레 당시 최대의 소비 시장으로 부상했고 상업도 크게 발달했다.

앞서 언급했듯이 명 조정은 건국 초기에 황성의 '4개의 문[皇城四門][89]'과 종루, 고루, 동사패루, 서사패루 및 조양문, 안정문, 서직문, 부성문, 선무문의 부근 지역에 수천 간間에 달하는 민방民房과 점방店房을 신축하여 일반인의 거주와 상인들의 상업활동을 촉진하고 이를 '낭방廊房'이라 했다.

---

85) [역자주] 명대 선덕宣德 연간에 황실의 제례를 위해 제작된 향로인데, 그 조형미가 뛰어나 후에 황족의 능묘나 사묘寺廟에 사용되고 권세가의 제사나 예불에도 널리 쓰였다. 일반 향로가 동銅으로 만들어진 것과 달리 황동黃銅을 사용하였다는 특징이 있다.

86) [역자주] 명대 경태景泰 연간부터 유행하기 시작한 공예품으로 당시 사용된 유약이 빛을 내는 파란색으로 되어있어 사람들이 이를 경태람이라 불렀다. 명청 시기 주로 황궁에서 장식품으로 사용되었다.

87) [역자주] 단선團扇이라고도 하는데 주로 궁궐에서 사용되어 궁선이라는 명칭이 생겼다. 손잡이가 달린 원형의 부채를 말하는데 화목과 우호의 뜻을 나타내며 행운을 기원하는 의미를 갖고 있다.

88) [역자주] 진주 등과 같은 보석을 꿰어 만든 팔찌 또는 목걸이와 같은 공예품을 말한다.

89) [역자주] 황성에 설치된 4개의 문을 일컫는 것으로 승천문承天門(지금의 천안문을 말한다), 지안문地安門, 동안문東安門, 서안문西安門을 지칭한다.

이 조치는 상업이 번성하는데 유리한 조건으로 작용했다. 낭방들은 세워진 위치와 시장의 운영 상황 그리고 상품의 종류 및 자본의 크기에 따라 3등급으로 분류되어 각각의 등급에 해당하는 세금을 차등 납부했다. 영락 6년(1408), 명 조정은 회동관會同館을 설립하여 소수민족계 상인과 북경에 거주하는 외국 상인 및 사신들로 하여금 회동관에서 북경 상인들과 무역을 할 수 있도록 허가했다. 이를 계기로 외국산 상품들이 북경의 시장에 대거 유입되었다.

원대에는 적수담이 당시 운하의 종점이었기 때문에 상업 구역이 주로 종루와 고루 부근과 적수담 동북쪽의 사가斜街(일중방日中坊)에 집중되었다. 그런데 명대가 되면, 남방의 상품들이 대체로 장가만과 통주의 운하를 거친 후 육로를 통해 북경으로 운반되었기 때문에 당시 조양문을 통해서 북경성으로 들어가는 상품도 일부 있었지만 대부분의 경우는 내성의 남문 밖에 집하되었다. 이로 인해 정양문과 숭문문의 남쪽 지역이 새로운 상업 구역으로 부상했고 상인들이 모여들면서 점차 인구가 늘어났다. 이중 정양문을 중심으로 형성된 '조전시朝前市'가 가장 번화하고 붐비는 시장 거리였다.

정양문 북쪽에서 대명문 앞 사이에 위치한 기반가棋盤街는 북경성의 동편과 서편을 왕래할 때 지나게 되는 요충지였다. 이부, 호부, 예부, 병부, 공부, 오군도독부 등의 중앙 통치 기구가 대명문 앞의 양 측면에 위치했고 동쪽에는 회동관의 남관南館이 있었다. 이러한 조건에서 각종 물품들이 기반가에 운집하자 이곳이 곧 북경에서 가장 번화한 구역 중 하나가 되었다. 이에 대해 명대의 어떤 이는, "정부의 기관들이 기반의 좌우에서 서로를 마주 보며 대열해 있고, 이곳에 천하의 사람들이 운집했다. 행인들이 서로 어깨를 부딪치며 지나고, 수레의 바퀴 소리가 하루 종일 떠들썩했다. 이곳에 와서 비로소 수도의 성문이 번성한 광경을 목격하게 되었다."라는 기록을 남기기도 했다. 정양문 남쪽의 큰길 서쪽 지역에도 점포나 여관 등이 속속 생겨나며 발전을 이루었는데, 이중 낭방도조호동廊房頭條胡同의 상인들이 북경성 전체에서 부유하기로 으뜸이었다. 이 골목의 명칭은 현재까지도 사용되고 있다.

이외에 동사패루, 서사패루, 종루, 고루 등을 지나는 십자로의 진입구 일대에도 시장이 형성되어 번창했다. 또한 북경성 내에는 쌀 시장, 돼지 시장, 말(노새) 시장, 나귀 시장, 양 시장, 과일 시장 등 특정 품목의 상품만을 전문적으로 취급하는 상업 구역도 생겨났다. 융복사隆福寺, 호국사護國寺, 동악묘東嶽廟, 성황묘城隍廟, 백운관白雲觀과 같은 사원과 묘사廟司에서는 묘회廟會가 정기적으로 열리면서 상품 교역의 중심지 역할을 했다.

동화문東華門 밖의 등燈 시장(지금의 등시구대가燈市口大街에 있었다)은 명대 사람들이 매년 정월 8일에서 18일 사이에 '정월 대보름[上元]'의 등燈 달기 행사를 여는 장소였다. 이곳에 점포들이 운집해 있었는데 그 길이가 남북으로 2리나 되었다. 매년 정월 대보름에 등 달기 행사를 하는 날이면 사람들이 이곳에 모여들어 낮에는 물건을 매매하고 밤이 되면 등을 달아 거리를 밝혔다. 시장이 열리면 전국 각지의 상인들이 한데 모여 지역 특산품을 판매했다. 소수민족 지역의 진기한 물품에서부터 조상 대대로 내려온 골동품뿐만 아니라 일반민들이 사용하는 보통의 생필품에 이르기까지 그야말로 없는 것이 없었다. 사회적 지위가 높은 귀족이나 관료들은 해당 거리의 건물을 잠시 임대하여 장막을 드리우고는 거리에 매달린 등을 감상하는 장소로 이용하기도 했다. 이로 인해 "사람들이 서로 살필 겨를이 없고 수레가 움직이지도 못하는 상황이 성 전체에 퍼졌고 갈수록 더 심해졌다."고 할 정도로 번성하고 붐볐다.[90]

동화문 부근의 황성 내 구역에는 훈척勳戚이나 환관 또는 황실 인사들을 위한 '내시內市'가 설치되었는데 매월 4일, 14일, 24일에 시장이 열렸다. "동화문 밖 시장은 화려한 보물이나 진귀한 산호들이 너무 많아 다 둘러볼 수가 없다."는 말이 생겨날 만큼 내시內市는 당시에 상당한 번영을 구가했다.

북경성의 서쪽 구역에 있는 형부가刑部街에는 성황묘가 있었는데 이곳에서도 묘회가 정기적으로 열렸다. 형부가에서 성황묘까지의 3리 남짓한 거리에서 매월 1일, 15일, 25일에 시장이 열렸다. 전통적인 골동품은 말할 것도 없고 외국에서 조공품으로 들어온 희귀 물품을 비롯해 일반민들이 평상시에 사용하는 소소한 물품에 이르기까지 다양한 물건들이 이곳에서 거래되었다.

---

90) 유동劉侗, 우혁정于奕正, 『제경경물략帝京景物略』 권2, 「등시燈市」.

7. 마지막 전통 왕조의 수도

명 왕조의 마지막 황제인 숭정제崇禎帝가 재위하고 있는 동안 정치는 어지러웠고 경제는 위축되어 쇠락했으며 인민들의 생활은 곤경에 처했다. 전국 각지에서 크고 작은 농민기의가 끊임없이 발생했고 급기야는 이자성李自成과 장헌충張獻忠이 주도한 농민기의가 발발하여 전국에 휘몰아쳤다. 명 왕조의 통치는 비바람을 맞는 듯 크게 흔들렸다.

숭정 17년(1644) 정월, 이자성은 섬서陝西에서 자신의 독자 정권을 수립했다. 국호를 대순大順이라 하고 서안西安을 서경西京으로 삼은 후 연호를 영창永昌이라 했다. 같은 해 2월이 되자 농민군을 이끌고 섬서를 떠나 북경으로 향했다.

우선 농민군은 당시 방비 태세를 갖추지 못한 거용관居庸關을 돌파하고 진입하여 창평昌平에 있는 명나라 황제들의 능원을 점령했다. 3월 16일에는 40만의 농민군으로 북경성을 포위했고 다음 날 아침이 되자 북경성에 대한 공격을 일제히 시작했다. 명나라 군대는 순식간에 붕괴되었고 그들이 가지고 있던 다량의 물자와 전쟁 무기들은 농민군의 손에 넘어갔다. 3월 18일, 농민군은 광녕문廣寧門, 부성문阜城門, 서직문西直門, 덕승문德勝門을 향해 맹공을 퍼부었다. 바로 그날 저녁 광녕문이 가장 먼저 함락되었다. 농민군은 북경성의 외성外城을 점령하자마자 연이어 내성內城으로 진격했고 이전보다 더욱 맹렬한 공격을 가했다.

전황이 불리해지자 숭정제는 주황후周皇后로 하여금 자결하도록 하고 자신은 직접 칼을 들어 비빈과 공주들을 살해한 후 만세산(지금의 경산을 말한다)으로 향했다. 만세산의 동쪽 기슭에 있는 훼나무에 스스로 목을 매 자살하고 말았다. 이로써 270여 년간 유지했던 명 왕조가 종말을 고했다.

숭정제가 자살한 다음 날 이자성이 휘하의 군대를 이끌고 북경성에 입성했다. 자금성의 외조外朝인 무영전武英殿에서 새로운 시대의 도래를 선포하고 정사를 처리하기 시작했다.

이자성의 농민군이 북경을 점령하자 전국의 정치적, 군사적 상황은 복잡한 양상을 보였다. 일부 지역에서는 명 왕조의 잔여 군대들이 농민군에 맞서 전투를 벌였고, 동북 지방에 있던 청나라의 군대는 산해관山海關을 건너 남하할 준비를 본격적으로 시작했다. 바로 이때 명 왕조의 최고 군사령관인 오삼계吳三桂가 산해관을 근거지로 삼아 주둔하고 있었는데, 북경을 점령하고 있던 농민군은 오삼계의 군대에 의해 공격받을 수 있는 위험에 노출되어 있다고 우려했다. 이러한 상황에서 농민군은 명나라 잔여 세력들의 저항을 효과적으로 무마하는 동시에 청나라 군대의 남하를 저지하고 또한 오삼계를 회유할 수 있어야 했다. 그러나 농민군은 이러한 상황들을 순조롭게 해결할 수 있는 적절한 조치를 취하지 못했다.

일찍이 명 말기에 각지의 농민기의군이 전쟁에 승리하며 활동을 이어가는 동안, 동북 지역에서는 백두산과 흑룡강 사이에서 굴기한 만주족이 산해관 이북 지역을 중심으로 자신들의 국가인 청 왕조를 건설했다. 이후 청의 세력은 하루가 다르게 강대해졌다. 만주족 지도자는 명 왕조의 내부적

위기가 점차 격화되는 모습을 확인하고는 일찍부터 명 왕조를 멸망시키려는 야심을 키웠다. 이를 위해 만주족은 항복을 유도하고 귀순을 권하는 정책을 시행하여 명 왕조의 문관과 무장들을 적극적으로 포섭했다. 다른 한편으로는 만리장성 이남 지역으로 군대를 빈번히 파견하여 하북河北과 산동山東 지역 등을 공략했다. 이윽고 이자성이 북경으로 진격하여 명 왕조를 무너뜨리게 되자 만주족은 드디어 자신들에게 유리한 기회가 왔다고 여기고 산해관을 통한 남하를 시도했다.

산해관을 지키고 있던 명의 총병總兵 오삼계는 이자성이 북경성을 점령하자 청나라 군대에 투항해 버렸다. 이후 오삼계는 청의 군대를 인도하며 산해관에서 남쪽으로 내려왔다. 대순 영창 원년(1644) 4월 23일, 이자성은 산해관 부근에서 오삼계와 격전을 벌였지만 청의 군대가 오삼계와 연합 작전을 펴자 결국 패전하고 말았다.

이자성의 군대는 산해관에서의 작전이 실패로 끝나자 더이상 북경성을 수중에 둘 수 없다고 판단했다. 4월 30일, 즉 북경성을 점령한 지 41일이 되는 날에 점거를 포기하고 섬서로 퇴각했다. 이튿날인 5월 1일에 청의 군대가 북경에 입성했다. 같은 해 9월에는 청의 순치제順治帝가 심양瀋陽에서 북경으로 이주했고, 북경을 청 왕조의 새로운 수도로 확정했다.

이때부터 북경은 중국의 마지막 전통 왕조의 수도로 기능했고, 276년 (1644-1911) 동안 그 지위를 유지했다.

1) 북경 서북 교외의 원림園林 개발

청 왕조의 통치자는 명대 북경성에 별다른 변화를 가하지 않고 거의 오롯이 이를 계승하여 수도로 사용했다. 그저 자금성 내에 있던 건축물들에 대해 일부 수리하거나 부분적인 범위 내에서 변경 또는 추가적인 건설을 가했을 뿐이었다.

그렇다면 청 왕조는 2백여 년의 통치기간 동안 북경이라는 이 거대한 도시의 발전에 어떠한 공헌도 없었던 것일까? 실상은 그렇지 않다. 청 왕조는 통치자의 지치지 않는 욕심을 채우기 위한 목적에서 시종일관 거대한 재력을 투자하고 이루 다 셀 수 없을 정도의 많은 노동력을 투입하여 북경 서북 교외 지역에 원림풍경구園林風景區를 개발했다. 또한 이전에 없던 대규모의 형태로 화려하기 그지없는 이궁離宮의 건축물들을 건설했다. 통상 이들을 일컬어 서북 교외에 있는 3개의 산과 5개의 정원이라는 뜻으로 '삼산오원三山五園'이라 했다. 구체적으로 살펴보면 옥천산玉泉山의 정명원靜明園, 향산香山의 정의원靜宜園, 만수산萬壽山의 청의원淸漪園(지금의 이화원頤和園이다), 창춘원暢春園, 원명원圓明園이 이에 해당한다. 청 왕조의 황제들은 이곳에서 자연 풍경을 감상하는 동시에 정사도 처리했기 때문에 이 이궁들은 곧 북경의 자금성과 어깨를 나란히 할 정도로 중요한 정치적 중심으로 부상했다. 청대 발생했던 많은 역사적 사건들이 이 일대의 이궁들과 밀접하게 관련되어 있다는 사실이 이를 잘 보여준다. 일부 사람들은 이를 두고 청대 북경이 북쪽과 남쪽에 각각 성을 하나씩 배치한 '쌍성雙城'제도를 운영했다고도 설명하는데 딱히 틀린 말은 아닐 것 같다.

북경의 서북 교외 지역에 원림을 조성하는 것은 청대에 처음으로 시작된 일은 아니다. 일찍이 금 왕조 시기에 황제 장종章宗이 옥천산에 '부용전芙蓉殿'이라는 행궁을 축조한 적이 있다. 시기적으로 대략 12세기 후반의 일이다. 원 왕조는 대도성을 건설한 이후, 13-14세기 사이에 옥천산의 남쪽 산 아래에 원림을 개발했다. 이 저지대에서 이루어진 원림 개발은 지금의 북경시 해전진海澱鎭 부근에서부터 시작되었다.

해전진 일대에 원림이 조성된 배경에는 나름의 지리적 조건이 작용했다. 해당 지역의 지질과 지형에 대한 연구에 따르면, 대략 지금으로부터 7천 년 전에는 영정하가 서산西山을 지나 흘러나온 후에 지금처럼 동남쪽으로 흘러간 것이 아니라 석경산石景山 부근에서 동북쪽으로 방향을 틀어 지금의 서원西苑과 청하진淸河鎭 일대를 거쳐 온유하溫楡河로 유입되었다. 지금의 해전진 서쪽에서 만수산, 옥천산까지의 지역은 모두 영정하의 물길이 지나는 범위에 포함되었다. 약 4-5천 년 전에는 지질 구조의 영향을 받아 영정하의 물길이 동남쪽으로 방향을 틀자 이전까지는 강물의 바닥이었던 지역이 점차 평평한 저지대로 변화해갔다. 현재 해전진의 북쪽과 서북쪽 일대는 지형이 평탄하고 기울기가 완만한(해발고도가 46미터 이하이다) 형태로 되어 있는데 이것이 바로 당시 옛 물길의 영향을 받아 생긴 지형적 특징이라 하겠다. 예전에는 이 지역에 호수와 저수지가 산재해 있었고 이들 사이에 계천이 복잡하게 이어져 있었다. 이곳에서 몇 리 떨어진 지역에는 만수산과 옥천산이 평지에 융기한 모습으로 있고 그 너머로는 서산이 있어 마치 병풍을 두른 듯한 모습이 형성되어 있었다. 산 아래 저지대에는 밭두둑이 다양한 모습으로 엇갈려 있고, 그 사이에서 물결이 바람에 일며 영롱하게 반짝거리니 이곳이야 말로 정원을 조성하여 멋진 풍경을 만들기에 이상적인 지역이었다.

북경 서북 교외의 해전海澱 지역 일대에 있던 호수와 저수지들은 원대에 이미 북경의 문인들 사이에서 한번 풍류를 즐기면 돌아갈 일을 잊어버릴 정도로 아름다운 풍경 지역으로 알려져 있었다. 호수와 저수지들은 당시 문인들에 의해서 '단릉반丹稜泮'이라는 우아하고 고상한 이름으로 불렸다. 당시 현지의 농민들 사이에 통용되던 이름은 '해전海澱'이었다. 지금의 해전진海澱鎭이라는 이름은 '해전호海澱湖'라는 명칭에서 유래한 것이다. 해전호가 형성된 배경은 영정하의 옛 물길 중 움푹 파인 지형과 관련이 있고, 또 한편으로는 지금의 해전진 서남쪽에 있는 만천장萬泉莊 일대의 천연 샘물과도 긴밀하게 연관되어 있다. 만천장 일대는 바로 영정하의 옛 충적선상지充積扇狀地였던 관계로 지하수가 풍부하게 솟았다. 옛 사람들의 기록에 따르면, 이 일대에는 "평지에서 샘이 솟아나 사방으로 뻗어나갔고, 초목의 사이를 흘러가다가 서로 모이면 작은 개울을 이루었는데 이러한 것이 무릇 수십 곳에 달했다."[91]고 한다. 이곳에서 분출된 샘물은 북쪽 방향으로 흘러가 지금의 해전진 북쪽의 오목하게 파인 지형에 모여 천연 호수를 형성했다. 이것이 바로 해전호였다. 농민들이 호수와 그 주변에 연꽃을 심고 농사를 지으며 생활했는데 시간이 흘러 명 중기가 되면 해전호가 점차 남과 북, 2개의 호수로 분리되었다. 이들은 각각 '남해전南海澱'과 '북해전北海澱'으로 불렸다. 해전호가 생기고 그 주변에 농민들의 거주지가 형성되면서 인구가 하루가 다르게 늘어났다. 이로 인해 이곳에 비교적 큰 규모

---

91) 장일규蔣一葵, 『장안객화長安客話』 권4, 「해전海澱」.

의 촌락들이 형성되었다. 현재 호수로서의 '해전'은 그 자취를 감추었고 건물과 논이 이를 대신하고 있다. 그러나 취락지로서의 '해전'은 계속 이어져 현재 북경의 서북 교외 지역의 일부가 되었다. 이러한 상황은 자연환경을 변화시키는 인간의 노력이 얼마나 거대한지를 새삼 느끼게도 해준다.

실질적으로 해전 일대에 원림이 조성되기 시작한 것은 명 왕조 시기이다. 이것을 가장 먼저 했던 사람은 이위李偉였다. 이위는 명나라 만력 황제의 외조부로 무청후武淸侯라는 작위를 가지고 있었다. 그는 해전진 북쪽에 있는 저지대에 북해전호北海澱湖의 절반쯤을 활용해 둘레가 10리에 달하는 대형 화원을 만들고 '청화원淸華園'이라 이름 지었다. 이 청화원은 지금의 청화대학淸華大學이 위치한 곳에 있는 '청화원淸華園'과 이름은 같지만 실제는 서로 다른 것이다. 청화원 내부의 건축물은 크기가 웅장하고 풍경도 빼어났다. 특히 꽃이 아름답게 피는 것으로 유명해 당시 사람들은 이 청화원을 일컬어 '수도 최고의 명품 정원'이라고 했다. 『연도유람지燕都遊覽志』는 "무청후의 별장은 그 이름이 청화원이고 넓이가 10리쯤 된다. 내부에는 다양한 종류의 모란이 심어져 있는데 녹색의 나비처럼 보이는 모습이 정말이지 대단한 장관이다. 이곳에 꽃이 피면 '꽃의 바다[花海]'라 부를 만하다. 서북쪽의 연못에는 5간 규모의 큰 건물이 세워져 있는데 건물 위에는 누대가 있어 멀리 옥천玉泉의 여러 산들을 관망할 수 있다."라고 기록했다. 또한 『택농음고澤農吟稿』는 다음과 같은 기록을 남겼는데, "무청후의 해전 별장은 서산의 샘물을 끌어모아 거대한 연못을 만들고, 그 둘레에 담을 쌓아 10리에 달하는 크기로 만들었는데 전체에서 연못이 절반이나 차지한다. 또한 돌을 산처럼 쌓아두었고 그로 인해 만들어진 동굴에서 깊은 고

요함이 느껴진다. 수로에는 배를 띄울 수 있어 배를 타고 쌍교雙橋를 지나기도 한다. 연못의 둑에는 꽃나무와 과실나무가 나란히 있고 수천 개의 모란과 수만 개의 작약이 심어져 있다. 그야말로 수도 최고의 명품 정원이 아닐 수 없다."라고 했다.

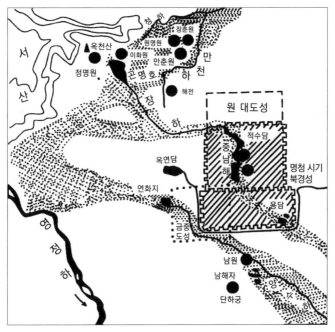

[그림 40] 옛 물길들과 북경 원림

당시 청화원에서 멀지 않은 곳에 청화원 못지않은 화원이 하나 더 만들어졌다. 명대에 전국적으로 명성이 자자했던 서화가 미만종米萬鐘이 개척했다고 알려진 '작원勺園'이 바로 그것이다. 작원은 청화원에서 흘러나온 물길의 하류에 자리했다. 그 이름은 '해전의 물을 한 국자 뜬 정도[海澱一勺]'의 모습이라는 의미에서 붙여졌다. 정원의 풍경은 연못과 개울로 유명했다. 손승택孫承澤은 "정원은 단지 100무畝의 크기에 불과하지만, 고개를 들어 바라보면 멀리까지 물이 펼쳐져 있고 긴 제방에는 큰 다리가 세워져 있다. 막다른 길에 다다르면 배로 갈아타고, 배를 타고 내려가면 다시 넓게 이어진다. 높게 자란 버드나무가 정원에 드리워져 있는 모습이 끝없이 펼쳐진다."[92]라고 묘사했다. 동시대를 살았던 원중도袁中道도 "문에 들어서면 물로 가득한 모습이 보이고, 건물에 들어서면 모두 배에 탄 것 같은 느낌이 든다."[93]라고 했다. 이렇듯 작원은 면적이 비록 100무에 불과했지만 정원 내에는 푸른 물결이 출렁거리며 넘실대고, 맑은 물길이 돌아가며 흘러 곳곳에 이르지 않는 곳이 없었다. 왕사임王思任은 '작원勺園'이라는 제목의 시를 다음과 같이 지었다.

황제가 계신 곳을 떠나 바람과 연기 속으로 들어가보니
곳곳에 있는 정자와 누대가 하늘에서 비춰 내려와 있다.
꿈을 꾸며 강남에 이르러 깊은 숲 가운데에 있으니,
오 지역 아이의 노랫소리에 가을의 배가 떠난다.
纔辭帝里入風煙, 處處亭臺鏡裏天.
夢到江南深樹底, 吳兒歌板放秋船.

청화원과 작원은 만든 사람의 성을 붙여 이원李園과 미원米園이라고도

---

92) 손승택孫承澤, 『춘명몽여록春明夢餘錄』 권65.
93) 「칠석집미우석작원七夕集米友石勺園」은 원중도袁中道의 『가설재집珂雪齋集』 전집前集, 권卷8(명만력46년각본明萬曆46年刻本)에 수록되어 있다.

했다. 당시 사람들은 "이원은 아름다우며 웅장하고, 미원은 구불구불 곡절을 이룬다. 미원은 평범하지 않고 이원은 지나치지 않는다."라고 했다. 훗날 어떤 이는 초기의 청화원과 작원을 회상하며, "단릉반의 옆으로 만천장을 지나면 귀인貴人의 저택들을 보게 되는데 이들의 우열에 분명한 차이가 있다. 그중 이원과 미원이 가장 멋지게 울창한 산림을 이루었고 나머지 저택들은 그저 작은 아담한 숲 언덕 정도의 모습이었다."[94]라고 했다. 이렇게 보면, 사실상 명 왕조 후기에 해전 지역에 이원과 미원만 있었던 것은 아니지만 이 두 곳이 당대 최고의 명예를 누렸던 것은 분명해 보인다. 명대 청화원이 있던 위치는 지금의 북경대학 메인 캠퍼스의 서쪽 담장 바깥이다. 해전진을 기준으로 보면 서북쪽 구역에 해당된다. 한편 작원은 북경대학 메인 캠퍼스의 서쪽 담장 안쪽에 위치했다. 현재 북경 시내에서 이화원으로 가는 버스가 해전진을 지나면서 바로 이 두 정원의 옛 자리를 중간에서 가로지르는 형태로 운행하고 있다.

청나라의 황제들도 산수풍경이 아름다운 이 지역을 좋아했고, 이곳에 이궁과 별관別館들을 대규모로 건설했다. 이로 인해 청대에 북경의 서북 교외 지역에 원림을 건설하는 풍조가 크게 유행했다. 강희제康熙帝, 옹정제雍正帝, 건륭제乾隆帝가 재위했던 130여 년 동안 황실의 정원이 끊임없이 조성되었다. 그 결과 해전진 북쪽에 있던 호수 주변과 저지대 거의 전역이 개발되었다.

개발의 시작을 알린 것은 강희제였다. 강희제는 옛 청화원의 자리에 창

---

94) 『이진재집詒晉齋集』 권6.

춘원暢春園을 만들었다. 그리고는 창춘원 북쪽에 원명원을 새롭게 건설했다. 원명원과 인접한 자리에 장춘원長春園, 기춘원綺春園(후에 만춘원萬春園으로 바뀌었다)을 연이어 세웠다. 이에 그치지 않고 다시 옹산(지금의 만수산이다), 옥천산, 향산香山에 각각 청의원淸漪園, 정명원靜明園, 정의원靜宜園을 조성했다. 이 정원들 사이에는 종실 자제와 대신들을 위한 정원들이 조화를 이루며 다수 들어섰다. 대신들에게 하사한 정원 중에 화신和珅의 숙춘원淑春園이 가장 유명했다. 이것의 위치는 지금의 북경대학 메인 캠퍼스 내에 있는 미명호未名湖 주변이다. 숙춘원을 둘러싸는 형태로 배치된 경춘원鏡春園, 명학원鳴鶴園, 낭윤원郎潤園, 울수원蔚秀園, 승택원承澤園 등이 모두 지금의 북경대학 전체 캠퍼스 안에 위치했다. 청화대학 캠퍼스 안쪽으로는 근춘원近春園, 희춘원熙春園이 있었다. 그 주변에는 만주 팔기八旗의 영방營房과 포의삼기包衣(심부름하는 자라는 뜻)三旗가 세워져 있었다. 청 왕조의 극성 시기에는 산수의 풍경이 빼어났던 해전의 북쪽 지역 20리 거리 안이 온통 황실의 정원들로 가득했으며 최고의 성황을 이루었다.

해전 일대에 다수의 정원이 들어서자 많은 물이 필요했다. 상황이 이렇다 보니 정원들과 그 주변 지역의 논농사에 필요한 물이 부족해졌다. 청 왕조는 이 문제를 해결하기 위해 건륭 연간에 호수, 샘, 하천에 대한 대대적인 준설작업을 실시해 수원을 확보하고자 했다. 건륭 32년(1767)에는 만천장 남쪽에서 지하수가 다량으로 분출되는 지역을 찾아 천종묘泉宗廟를 세우고 천신泉神에게 제사를 지냈다. 또한 천종묘 주변의 수원지를 준설하여 샘물이 잘 흘러내려 가도록 했다. 아울러 건륭 연간에 해전 일대의 수원지를 전수 조사하여 그 통계를 내고 각각의 수원지에 표식을 달았는데 모두

28곳이나 되었다. 천종묘 일대의 풍부한 지하수가 인공 수로를 통해서 창춘원이나 기춘원 등 여러 정원으로 흘러 들어갔다. 정원들 사이에 남아 있던 공터는 논으로 개간되었는데 이로 인해 해전 주변에는 논들이 바둑돌처럼 촘촘히 줄지어 있는 풍경이 연출되었다. 이것은 마치 제방이 꿈틀거리는 것마냥 늘어져 있어 흡사 강남 지역의 풍경을 방불케 했다.

만천장에 있는 천종묘 일대의 지하수 이외에 해전에서 서북쪽으로 얼마간 떨어져 있는 옥천산의 샘물도 서북 교외의 정원 지역에서 사용되는 수원으로 활용되었다. 옥천산의 샘물은 단열천斷裂泉이어서 수압이 비교적 셌다. 이것은 암석 사이의 틈을 통해서 뿜어져 나오기 때문에 울리는 소리가 꿰어놓은 옥구슬이 흔들리는 것 같았고 빛깔은 마치 백색의 비단 같았다고 한다. 금 왕조 시기에는 '연경 지역의 빼어난 8가지 경치[燕京八景]' 중 하나로 꼽혔다. 옥천산의 샘물은 동쪽으로 2리쯤 흐른 후 옹산박으로 유입되었다. 지금의 이화원 경내에 있는 만수산이 바로 원과 명나라 시기의 기록에 보이는 옹산이다. 만수산 바로 앞에는 옹산박이 있었고 이것이 지금의 이화원에 있는 곤명호의 전신이다. 이 호수는 북경의 서북 교외 지역에 있었던 탓에 '서호西湖' 또는 '서호경西湖景'이라고 불렸다. 옹산박은 둘레의 길이가 7리 정도여서 '칠리박七里泊'이라는 별명도 갖고 있었다. 초기에 옹산박의 물은 자연적 지세를 따라 동북 방향으로 흘러나가 청하淸河로 유입되었다. 금 왕조는 중도中都를 건설한 후에 옹산박에서 남쪽으로 이어져 고량하의 상류로 통하는 인공 수로를 뚫어서 옹산박의 물이 동남쪽으로 흘러 적수담에까지 이르게 했다. 이로써 중도에 있는 궁원을 조성하거나 조운시스템을 운영하는 데 필요한 수자원을 확보하기도 했다. 원 왕조가 들어서고 대도성을 정비하게 되자, 곽수경郭守敬은 창평昌平에 있는 백부천의 샘물을 끌어와 사용하고자 했다. 백부천의 샘물을 옹산박에서 나오는 물과 합류시킨 후 대도성의 적수담으로 유입시켜서 조운이 원활하게 운영될 수 있도록 했다. 명나라가 멸망할 즈음에는 백부천의 물이 더이상 흐르지 않게 되었고 북경성은 도시에서 필요로 하는 수원을 옹산박으로 흐르는 옥천산의 샘물에만 의존해야 했다.

'건륭 연간, 청 왕조는 다수의 인력을 동원하여 옹산박에 대한 대규모 준설 공사를 추진했다. 그 목적은 두 가지였는데 하나는 북경성 내의 용수 문제를 해결하기 위한 것이었고, 다른 하나는 해전 부군의 각 정원에서 필요로 하는 물의 수원을 개발하는 것이었다. 이때 시행된 공사는 주로 옹산박의 동쪽 호반을 동쪽으로 크게 확장해서 집수 면적을 늘리는 것이었다. 호수의 바닥 지형이 동쪽으로 기울어진 형태로 되어 있어서 호수의 심도가 동쪽으로 갈수록 깊었다. 새로 건설한 호수의 동쪽 호안湖岸은 하나의 거대한 댐과 같은 모습이 되었고, 전 구간은 삼합토를 다져서 만들어졌다. 또한 추가적으로 석호안石護岸이 설치되었고 매우 견실한 형태의 제방이 조성되었다. 호수의 면적이 동쪽으로 넓어지자 원래 옹산박의 동쪽 두둑에 세워져 있던 용왕묘龍王廟가 호수 가운데에 있는 작은 섬처럼 변해버렸다. 이 작은 섬은 마치 호수 표면에 떠 있는 진주 같은 모습을 하고 있으며, 흡사 사슬의 모습을 본뜬 듯한 '십칠공교十七孔橋'와 연결되어 동쪽의 호반과 이어졌다. 준설 공사가 끝난 후, 옹산박은 곤명호로 개명되었다. 옹산박은 호수 주변의 수 킬로미터 내에 있는 산, 호수들과 잘 어우러졌다. 이로써 옹산박 지역은 북경 근교에서 빼어난 경치를 자랑하는 이름난 명승지가 되

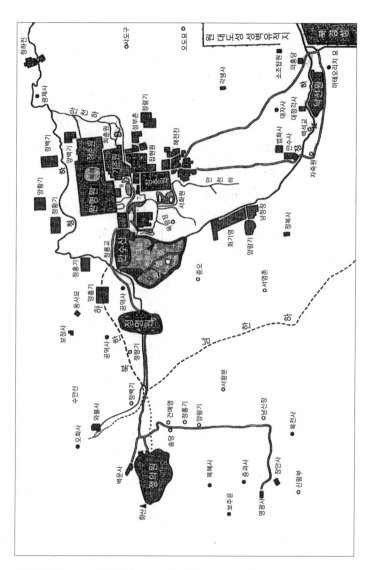

1. 경춘원鏡春園　2. 낭윤원郎潤園　3. 명학원鳴鶴園　4. 울수원蔚秀園　5. 숙춘원淑春園
6. 자득원自得園　7. 승택원承澤園　8. 징회원澄懷園　9. 서원교장西苑敎場

[그림 41] 서쪽 교외의 정원(청 함풍咸豐 10년, 1860년)

었다.

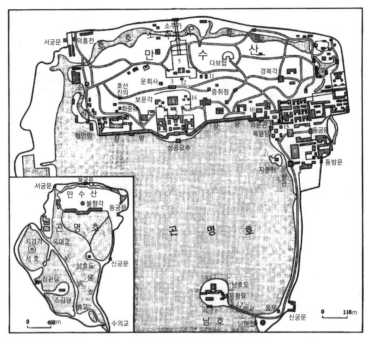

1. 불향각佛香閣 2. 배운전排雲殿 3. 지혜해智慧海 4. 향암종인지각香岩宗印之閣
5. 수미령경지須彌靈境址 6. 청봉관聽鵬館 7. 인수전仁壽殿 8. 야율초재사耶律楚材祠
9. 해취원諧趣園 10. 낙수당樂壽堂 11. 선관사善觀寺 12. 사대부주四大部洲
13. 덕화원德和園 14. 전륜장轉輪藏

[그림 42] 이화원

이후 청 왕조는 곤명호의 수원을 더 많이 확보하기 위해 석조 수로를 만
들어 서산 벽운사碧雲寺와 와불사臥佛寺 부근의 샘물을 옥천산을 거쳐 곤
명호로 유입시켰다. 아울러 곤명호의 동쪽 호반과 남, 북쪽 호반에 각각 갑
문閘門을 한 개씩 설치했다. 남쪽 갑문은 북경성으로 흐르는 물의 양을 조
절하는 역할을 했고, 동쪽 갑문은 해전 부근의 정원들과 논에 필요한 물을
공급하는 데 사용되었다. 만일 집중 폭우가 생겨 호수의 물이 급격하게 불

어나면 북쪽 갑문을 열어 청하淸河로 물을 방출했다. 곤명호는 북경 교외 지역에 출현한 최초의 인공 저수지라고 할 수 있다.

일련의 정비 사업을 통해 서북 교외의 정원 지대에 대한 물 공급의 문제가 비교적 원만하게 해결되었다.

2) 이화원이 전하는 어제와 오늘

이화원의 발전 과정은 옹산 및 옹산박과 매우 밀접하게 연관되어 있다. 오늘날 이화원 내의 만수산에 해당하는 옹산은, 전하는 말에 따르면 어떤 사람이 우연하게 만수산 자락에서 돌로 된 옹기를 하나 캐내는 일이 있어서 옹산이라는 이름이 붙여졌다고 한다. 명 가정嘉靖 연간 이후 그 돌로 된 옹기의 행방은 더이상 알 수 없게 되었다. 그러나 옹산이라는 이름은 지금까지도 전해지고 있다. 초기에 이 지역은 북경 서북 교외에 있는 황량한 장소에 불과했지만, 사람들에 의한 각고의 노력으로 호수의 저지대가 개발되고 수전水田이 조성되었다. 호수에 마름, 가시연, 연꽃, 줄풀 등이 자라게 되면서 흡사 강남의 풍경으로 착각할 만큼 아름다운 경치가 만들어졌다. 특히 옹산박의 푸른 물결은 옹산 뿐만 아니라 주변에 있는 옥천산과 서산의 여러 봉우리들도 비추며 더할 나위 없이 고요하고 공활한 분위기를 자아냈다. 거기에 연꽃 등 많은 수중 식물들과 사주沙洲에 서식하는 새들이 햇볕과 구름 그림자 밑에서 어우러지는 모습이 더해지면 이화원은 그야말로 북경성 교외에 있는 최고의 풍경지로 손색이 없는 자태를 보여줬다. 명대 문학가 원종도袁宗道는 「서산십기西山十記」라는 글에서, "매해 뜨거운 여름이 되면 연꽃이 10리에 이어지니 마치 비단인 듯하다. 게다가 향기 나는 바람이 짙은 향내를 더하면 남녀들이 한데 모여 호숫가에서 술을 마신다. 이곳이 바로 최고의 명승지이리라!"라고 했다. 이렇듯 명 왕조 시기의 옹산박은 수도 부근에서 유람하기 가장 좋은 장소로 알려졌다.

옹산박 일대의 산수풍경은 일찌감치 당시 사람들에게 동경의 대상이 되었다. 명 홍치弘治 7년(1494), 옹산의 남쪽으로 배산임수의 조건을 갖춘 곳에 원정사園靜寺가 건설되면서 이른바 '호산원好山園'이 개발되었다. 원정사의 옛터는 지금의 만수산 경내에 있는 배운전排雲殿의 자리에 해당한다. 당시 사원 앞에는 남쪽 방향으로 큰 둑이 하나 있었는데 지금의 곤명호 안에 있는 용왕묘龍王廟의 서쪽을 지나 곧바로 남전창藍靛廠으로 이어졌다. 사람들은 이를 서제西堤라고 불렀다. 서제 옆으로 수로가 하나 있었는데 이것은 옹산박에 모인 물줄기가 북경성으로 흐르도록 연결하는 역할을 했다. 이를 배경으로 지금의 장하長河가 형성되었다.

청대 이전에는 북경의 여행자들이 서직문을 통해서 성을 빠져나가면 대부분 이 작은 수로를 따라서 지금의 고량교高梁橋, 백석교白石橋, 만수교萬壽橋, 남전창藍靛廠을 거친 후 다시 서제를 타고 옹산 아래의 원정사에 다다랐다. 당시 서제의 북쪽 끝을 기준으로 보면 서쪽에는 옹산박이 있었고 동쪽 편으로는 논밭이 바둑판처럼 펼쳐져 있었다. 이런 풍경은 지금 이화원 경내의 옥란당玉瀾堂 앞에서 물결이 일렁이는 모습과는 확연하게 달랐다.

건륭 연간(1736-1795), 황제는 서북 교외 지역의 원림을 더욱 넓혀 개발하고 조운에 필요한 용수 문제를 해결하고자 했다. 이에 서북 교외의 산지에 대해 수원을 정돈하기 위한 작업에 착수했다. 우선 옹산의 지형을 이용하여 원림을 조성했다. 다음으로는 원림의 풍경구역을 확대하려는 목적에서 옹산의 남쪽 기슭에 있는 옹산박을 대대적으로 준설하고 동쪽에 두둑을 쌓았다. 이 결과로 넓고 웅대한 호수면이 생겨났다. 건륭 황제는 곳곳에 원림이 조성된 옹산을 만수산으로 바꾸고, 넓어진 옹산박을 곤명호라고 했다. 이렇게 하여 서북 교외 지역의 사방 수 킬로미터 내에 호수와 산의 절경을 겸비한 풍경지가 탄생하였다. 건륭 황제는 옹산박의 확장 공사를 추진하는 동시에 곤명호의 호반을 따라 대규모의 토목 사업도 함께 시행했다. 그중 명대 원정사의 옛터에 대보은연수사大報恩延壽寺를 축조하고 산 정상에는 돌로 된 벽돌만을 사용해 불당을 지어 지혜해智慧海라고 명명했다. 만수산 앞쪽으로 여러 개의 정대亭臺와 누각을 만들었고 뒤쪽으로는 라마교 사원과 보탑들을 세웠다. 이외에도 산 아래에 있는 호수의 두둑을 따라서 마치 강남의 거리를 옮겨놓은 듯한 소주가蘇州街를 조성했다. 소주가는 하천의 수로와 접한 형태로 만들어진 거리였는데 이곳에는 많은 찻집과 다양한 종류의 점포들이 들어섰다. 이 대규모의 공사를 거치고 나니 만수산과 곤명호는 대체로 오늘날과 유사한 모습을 갖추게 되었다. 이 결과 산수의 아름다운 풍경을 품은 대형 정원이 탄생했다. 당시에는 이곳의 여러 건물들을 통칭하여 청의원淸漪園이라고 했다. 건륭 황제와 황후는 이곳에 자주 들러 피서를 하며 정무를 처리했다.

청 함풍咸豊 10년(1860), 영국과 프랑스 연합군이 북경을 침략했을 때 청의원은 돌이키기 힘든 피해를 입었다. 연합군은 원명원을 불태우는 동시에 기마부대를 파견하여 만수산 위의 '대보은연수사', '전자전田字殿', '오백나

한당五百羅漢堂' 등도 모조리 파괴했다. 이것으로 그치지 않고 만수산 뒤의 소주가에 있던 강남풍의 건축물들도 모두 태워 없앴다. 만수산에 있던 지혜해 역시 연합군의 만행에 무사하지 못했다. 이때 청의원 내에 소장되어 있던 보물 4만여 점이 연합군에 의해 남김없이 도둑질당했다. 청대의 문인 왕개운王闓運는 다음과 같은 시를 지어 소회를 드러냈다.

옥천산은 슬픔에 목이 메이고, 곤명호는 막혀버리네,

오직 물소의 동상만이 그 괴로움을 지키고 있다.

청망과青芒果가 산비틀에서 외로운 밤을 맞아 눈물짓고,

청의원의 수려한 다리 아래에서는 물고기가 흐느껴 운다.

玉泉悲咽昆明塞, 唯有銅犀守荊棘.

青芝岫里狐夜啼, 綉漪橋下魚空泣.[95]

청 광서光緒 12년(1886), 제국주의 열강 세력이 중국에 대한 침략을 확대해가는 당시에, 자희태후慈禧太后는 장차 정치 일선에서 물러난 후 요양하며 여생을 보낼 장소를 확보하기 위해 해군의 운영비 중 거액을 빼내어 청의원을 복구하고 이름을 이화원으로 바꾸었다. 그러나 광서 26년(1900), 이화원은 8개국 연합군의 침략을 받았고, 경내의 건물 다수가 불타고 많은 수의 귀중품이 도난당했다. 서안으로 피난 갔던 자희태후는 이듬해가 되자 연합군의 침략으로 일어난 변고가 진정되었다고 판단하고는 북경으로 돌

---

95) 왕개운王闓運, 『상의루시집湘綺樓詩集』 권8, 「원명원시圓明園詩」

아왔다. 이때 다시 막대한 돈을 들여 반쯤 폐허가 된 이화원을 복구하도록 지시했다.

이화원은 호수와 산을 품고 있다는 지리적 특징과 아울러 정원 건축의 특징 또한 갖추고 있는 대표적 황실 정원이다. 큰 규모를 자랑할 뿐만 아니라 건물의 배치 또한 정교했다. 자연지리적 특징을 세밀하게 고려하여 건물의 사용 목적에 맞춰 건축물들을 배치한 것이다. 이에 따라 경내에 서로 다른 품격을 갖는 건축군이 만들어졌고, 각각이 독립적이면서도 서로 유기적으로 연결되었다. 인공 건축물과 자연적 풍경이 교묘하게 결합되어, "비록 사람이 만든 것이지만, 그 모습은 마치 하늘이 연출한 것 같다."라는 평가를 받을 만큼 뛰어난 예술적 효과를 실현했다.

광서 연간에 자희태후와 광서제는 1년 중 대부분의 시간을 이화원에서 보냈다. 조정의 업무를 처리하고 대신들을 접견하기에 편리하도록 특별히 동궁문東宮門을 설치하고, 만수산 동쪽 편에 인수전仁壽殿을 중심으로 한 정치적 공간을 만들었다. 이 구역을 대표하는 건축물은 황제와 태후가 정사를 처리하는 인수전이다. 인수전 앞쪽으로는 남북 방향의 배전配殿이 건설되었다. 또한 인수문 밖에는 남북 방향으로 구경방九卿房이 배치되었고 동궁문 밖에도 조방朝房이 들어섰다. 이들 건축물은 그 사용 목적에 있어 일반 정원의 건물들과는 구별되는 특별함이 있었기 때문에 건축물들의 배치가 의도에 맞춰서 엄정하게 이루어졌다. 이것은 이화원 경내에 있는 다른 건축군과 비교해 두드러지는 특징이라고 하겠다.

이화원 경내의 낙수당樂壽堂은 평소 자희태후가 거주하는 건물이다. 덕화원德和園의 발코니식 무대는 황제와 태후가 경극 등의 예술 공연을 관람하는 장소였다. 때문에 낙수당, 덕화원, 옥란당玉瀾堂, 의운원宜芸院 등 황제와 태후의 거주와 유희를 위한 공간의 건축물들은 그 배치 구도가 생동적이고 쾌활한 형태로 짜여졌다. 아울러 건물의 내부 장식은 극히 호화롭게 꾸며졌다. 낙수당은 넓은 수면을 자랑하는 곤명호와 단지 벽 하나를 사이에 두고 떨어져 있다. 주변 회랑의 외벽에는 독특한 디자인의 각종 등창燈窓들이 설치되어 있어 밤이면 호수 표면에 등불이 비춰지고 격조 높은 분위기가 연출되었다.

이화원에서 가장 대표적인 공간이라고 하면 역시 만수산과 곤명호를 중심으로 하는 유람 구역을 들 수 있다.

만수산 앞 정중앙의 구역은 푸른 물결이 끝없이 이어지는 곤명호와 맞닿아 있다. 가파르게 치솟는 산세가 뒤쪽으로 이어지는 점을 고려해 다수의 궁전 건축물들이 산에 기대는 형태로 금빛 찬란하고 기세도 등등한 모습으로 건설되었다. 호숫가에서부터 순서대로 나열해 보면 대패방大牌坊, 배운문排雲門, 덕휘전德輝殿이 있고, 그 뒤쪽으로는 큰 돌덩이를 쌓아서 축조한 38미터 높이의 석대石臺가 있다. 이 석대 위에는 무창武昌의 황학루黃鶴樓를 본떠서 만든 불향각이 우람한 풍모를 보이며 우뚝 서 있다. 여기서 다시 위쪽으로 올라가면 목재를 사용하지 않고, 석재로 만든 벽돌만을 사용해 건설한 지혜해가 만수산 정상에 굳건한 자세로 서 있다. 이화원 내의 건축물 중에서 이들 건물이 단연 지위가 높고 수려한 색채를 뽐내며 이화원 전체에서 중심적인 역할을 한다. 이 건축군의 양쪽으로 산 아래 평지를 향해 이어지는 공간에는 각기 고유한 용도를 가진 채 서로 다른 건축 양식으로 만들어진 크고 작은 건물들이 다수 세워져 있다. 예를 들면, 동쪽 측면에 전륜장轉輪藏과 '만수산곤명호萬壽山昆明湖' 석비가 있고, 서쪽 측면에는 오방각五方閣과 보운각寶雲閣(동정銅亭)이 있다. 이외에도 산속 나무들 사이에는 각종 전정殿亭과 누각樓閣들이 있다. 이들은 만수산의 주요 건축물들을 더욱 돋보이게 한다.

압권이라고 할 만한 것은 곤명호 북쪽 호반을 따라 만들어진 장랑長廊이다. 채색한 그림이 그려져 있는 이 장랑은 동쪽으로 요월문邀月門에서 시작해 서쪽 편의 석장정石丈亭에까지 이어진다. 중간에 '유가留佳', '기란寄瀾', '추수秋水', '청요淸遙'라는 이름을 가진 4개의 정자가 있고, 총 길이는 728미터에 달한다. 이것은 마치 하나의 비단 띠 같은 모습을 하며 만수산 앞의 여러 건축물과 일체화를 이룬다. 또한 동시에 산수화로 치면 대비가 분명한 경계선과도 같은 역할을 한다.

만수산의 뒤쪽은 앞쪽과 비교해 분위기가 사뭇 다르다. 마치 산속에 있는 듯한 기분이 들게 한다. 청의원 시기의 건물들은 대부분 영국과 프랑스 연합군에 의해 훼손된 후 복원이 되지 못했고 현재 남아 있는 것은 피해를 입은 상태에 있는 황망한 건물이나 폐허가 된 기단들뿐이다. 이중에 유일하게 비교적 완전한 형태로 남아 있는 것은 높이 17미터의 다보유리탑多寶琉璃塔이다. 이 주변에는 구불거리는 비탈길이 아늑하게 이어지고 맑은 샘물이 굽이치며 흐르는 데다 고목들이 하늘을 찌를 듯이 서 있어서 조용하면서도 다채로운 모습이 사람들의 이목을 끈다.

그리고 만수산의 동쪽 자락에는 비록 규모는 작지만 정교하고 아름다운 모습의 해취원諧趣園이 있다. 이것은 무석無錫의 혜산惠山에 있는 기창원寄暢園을 모방하여 건설된 것으로 '정원 중 최고의 정원'이라 평가받는다. 이곳에는 호수의 수면을 중심으로 각양각색의 모습을 한 정자와 누각들이 둘러싸고 있으며 유랑游廊과 작은 다리들이 구불구불 이어져 있다. 그 중간에는 대나무와 푸른 나무들이 자리하고 있다. 만약 그 안에 들어간다면 무척이나 평온한 분위기를 느낄 수 있다.

이화원 전체 면적의 4분의 3을 차지하는 곤명호는 그 위치가 남쪽의 원명원 쪽으로 다소 치우쳐 있다. 곤명호의 서쪽 면은 긴 제방에 의해 두 부분으로 나뉘어진다. 이 제방은 서제西堤라 불리는데 그 원래 위치가 이전 옹산박의 동쪽 호반에 해당한다. 서제의 동쪽 호수가 면적이 상대적으로 크고 남호南湖라고 불린다. 면적이 작은 서쪽 호수는 서호西湖라고 한다. 이 서호는 다시 작은 제방에 의해 남북 두 부분으로 분할된다. 때문에 곤명호 전체의 형태는 하늘에서 조망해 보면 크게 3부분으로 구분되고, 분할된 각 호수 중간에는 섬이 하나씩 있는 구조를 이룬다. 전하는 말에 따르면, 이 섬들은 전설에 등장하는 바다 위 3개의 선산仙山, 즉 봉래蓬萊, 방장方丈, 영주瀛州를 본뜬 것이라고 한다. 서제 위에는 서로 다른 스타일의 돌다리가 6개 있다. 각각의 이름은 계호교界湖橋, 빈풍교豳風橋, 옥대교玉帶橋, 경교鏡橋, 연교練橋, 유교柳橋라 한다. 멀리서 서제를 마주하고 있는 동제東堤에는 지춘교知春橋, 용왕묘龍王廟, 감운당鑒運堂, 동우銅牛, 십칠공교十七孔橋, 봉황돈鳳凰墩 등이 있다. 십칠공교는 전체 길이가 150미터를 넘고 조형미가 뛰어나 이화원 전체에서 가장 아름다운 건축물 중 하나로 꼽힌다. 현재 보이는 동우는 몸통 부분의 도금이 벗겨져 있는데 전하는 말에 따르면 예전에 영국과 프랑스 연합군이 이화원을 약탈할 때 금을 긁어간 흔적이라고 한다. 봉황돈은 옹산박을 개간하기 시작할 때 일부러 호수 중간에

[그림 43] 이화원의 석방

남겨둔 작은 섬이었다고 한다. 건륭제는 이화원에 더 많은 경관을 조성하고 싶었기 때문에, 무석에 있는 혜산 아래의 황부돈黃埠墩을 염두에 두고 이 작은 섬을 만들게 하고 그 위에 봉황루鳳凰樓를 짓도록 했다고 한다. 지금은 봉황돈만이 잔해로 남아 있다.

이화원 장랑의 서쪽 끝은 곤명호와 직접 연결된다. 그 연결 지점의 호숫가에는 품격있는 자태를 뽐내는 석선石船이 하나 세워져 있다. 이 돌로 만들어진 배는 청안방淸晏舫이라 한다. 석선이 서 있는 자리는 원래 명대 원정사의 방생대放生臺가 있던 자리인데 건륭제가 이곳에 배 모양의 석조 건축물을 설치했다. 청 광서 19년(1893)이 되면 이 석방石舫 위에 서양식 배의 선실 모습을 한 건축물이 추가적으로 축조되었다.

앞의 내용을 참고해 보면 알 수 있듯이, 이화원은 중국 전통 황실의 정원 중 비교적 완전한 형태로 남아 있는 정원에 해당한다. 이 이화원은 중국 근대사의 중요한 정치적 사건들과 밀접하게 관련되어 있다. 앞서 언급한 바 있는 두 차례의 제국주의 침략 이외에도 이화원은 광서 24년(1898)의 무술변법 기간에 자희태후를 위시한 청 정부의 완고파들이 모여 밀모를 꾸미던 본거지였다. 무술변법이 결국 피에 얼룩진 형태로 진압된 후 자희태후는 광서제를 북경성 남해南海의 영대瀛臺에 유폐시켰는데, 그녀가 이화원에 와서 머물 때는 그를 데리고 와서 이화원의 옥란당에 연금했다. 이외에 청 정부가 의화단 운동을 진압하는 기간에는 자희태후의 명령이 담긴 조서의 상당수가 이곳 이화원에서 반포되었다. 이렇듯 중국 근대사의 역정에서 이화원은 특별한 의미를 갖는 장소로 이용되었다.

중국공산당의 해방군이 북경을 차지하기 전까지, 이 아름답고 고풍스런 정원은 일반민들이 방문할 수 없는 제한된 구역, 이른바 '금지禁地'였다. 1912년 청 왕조가 멸망한 이후 이화원은 잠시 청의 마지막 황제인 부의溥儀가 소유한 개인재산으로 귀속되었다. 1914년 이후가 되면 외부인에게 개방되기 시작했지만, 입장권의 가격이 지나치게 비싸서 극소수의 사람들만이 관람할 수 있었다. 그러다 북경이 인민해방군의 지배하에 놓이게 되면서 이 예스러운 황실 정원은 비로소 일반민들의 대중적 공원으로 탈바꿈했다. 중국 정부는 이화원을 국가중점문물보호대상[全國重點文物保護單位]으로 지정하고 거액의 재원을 투입해 이화원 경내의 고건축물들에 대한 보수작업을 실시했다. 또한 모래와 자갈의 더미로 막힌 호수를 준설하고 많은 수의 꽃나무들을 가져다 심었다. 이를 계기로 이화원은 매력 넘치는 본래 모습을 상당부분 되찾을 수 있었다.

3) '정원 중의 으뜸 정원', 원명원圓明園

원명원은 세계의 그 어떠한 건축물과 비교해도 손색이 없을 만큼 진기한 정원 건축물이자 중국의 전통적인 정원 예술의 최고 경지를 보여주는 건축물이다. 원명원이 번성하던 시기에 유럽에서 작성된 기록들 중 일부는 원명원을 '정원 중의 으뜸 정원'이라 극찬하기도 했다.

아울러 원명원은 중요한 역사적 의의도 갖고 있다. 원명원이 건설되고 발전을 이루며 성세의 시기를 구가하다가 점차 쇠락의 시기를 거쳐 최후를 맞이하기까지의 과정은 청 왕조의 사회, 정치, 경제의 발전 상황, 특히 중국이 봉건 사회에서 반식민지, 반봉건의 사회로 변해가는 과정과 깊이 연관되어 있다. 현재 훼손된 상태의 원명원은 제국주의 열강이 중국을 침략하고 착취한 역사를 보여주는 중요한 표증이자 서양의 자본 계급이 인류의 공동 문명을 파괴한 명백한 사례라고 할 수 있다.

지금 여기서 이야기하는 원명원은 단지 하나의 정원만을 말하는 것이 아니다. 원명원에 뒤이어 건설된 장춘원長春園과 만춘원萬春園을 모두 포함한 이른바 '원명삼원圓明三園'을 가리킨다. 이것의 유지遺址는 지금의 북경시 해전구海澱區에 있는 북경대학의 대학본부 북쪽과 청화대학의 서북부 캠퍼스 일대에 해당한다. 3개의 정원은 그 외곽 둘레가 10킬로미터이고 총 면적이 5천여 무畝에 달한다. 이들 중 원명원의 면적이 가장 큰데 전체 면적에서 서쪽으로 거의 절반을 차지한다. 장춘원은 원명원의 동쪽에 위치하며 단지 벽 하나를 사이에 두고 이어져 있다. 만춘원은 원명원과 장춘원이 만나는 경계선의 남쪽 공간에 자리했다. 전체 구역의 윤곽은 '품品'이라는 글자를 거꾸로 한 모습처럼 되어있다.

원명원이 들어선 지역은 수자원이 풍부하고 풍경이 수려하다. 서북 방면에 서산, 옥천산, 만수산이 있어 평지로부터 굴곡이 시작되는 지형 모습이 원명원의 풍경과 잘 어우러져 조화를 이룬다. 옥천산과 만천장 일대에서 나온 샘물이 수로를 통해 원명원으로 흐르는 데다 원명원 경내에서 지하수가 샘솟기도 하여 이 지역은 정원을 조성하기에 유리한 천혜의 환경을 갖추고 있다.

원명원은 강희 연간(강희 48년, 즉 1709년이다)에 조성되기 시작했다. 이로부터 150여 년이 지나는 동안 거의 매년 건축물들이 새롭게 증축되었다. 강희제 이후의 옹정제, 건륭제, 가경제嘉慶帝, 도광제道光帝 등은 원명원에서 장기간 거주했을 뿐만 아니라 관아와 부속 기관들을 두어 정무를 처리하고 연회의 개최 등과 같은 활동을 거행했다. 이렇게 되자 당시 원명원의 중요성은 여타 일반적인 이궁들을 압도했으며 자금성 바로 다음가는 핵심적인 정치 공간이 되었다. 바로 이러한 이유로 인해, 원명원의 건축 규모는 놀라울 정도로 크게 팽창했다. 이 과정 중 건륭제 시기에 원명원 내의 건축물 건설이 가장 활발했다. 함풍제는 재위 기간에 청 조정의 통치가 안팎으로 곤경에 처하고 국내의 계급 모순이 첨예해졌을 뿐만 아니라 태평천국운동이 전국의 절반에 가까운 지역을 휩쓸고 있을 때조차도 이전의 황제들이 했던 것처럼 원명원 경내에 대한 토목공사를 지시했다. 영국과 프랑스의 군대가 '원명삼원'에 방화하여 훼손한 이후, 청나라 말기의 부패하고 몰락한 황제들은 동치同治 연간과 광서光緒 연간에 갖은 명목의 세금을 거두어서 원명원을 보수했다. 이러한 사실들은 원명원이 청나라 황제들에게 있어 어떠한 존재였는가를 짐작할 수 있게 한다.

사실 원명원은 많은 노동자와 장인들의 강압적인 노역을 전제로 한 결과물이다. 버드나무와 갈대가 우거지던 들판에 장기간의 공사를 벌여 세계 어디에도 없는 멋지고 거대한 정원 건축물을 탄생시킨 것이다. 3개의 정원에는 백여 개가 넘는 풍경 명소가 있다. 원명원에는 이후에 추가된 8곳을 포함해 모두 48곳의 명소가 있고, 만춘원과 장춘원에는 각각 30곳이 있다. 각각의 풍경 명소는 대부분 누대樓臺, 전각殿閣, 행랑, 정자 및 돌산[石山] 등으로 구성되었다. 이들은 정교하게 설계되었고 사람들의 마음을 끄는 경치를 갖추고 있었다. 원명원은 중국의 정원 건축사에 있어 중대한 가치를 가진다. 전통적인 정원 건축 예술을 계승하고 발전시켰을 뿐만 아니라 중국 남방과 북방의 여러 명승지의 절경을 창의적으로 융합하고 흡수했다. 이에 더해 서양 건축의 특징까지 받아들여 원명원의 동북 공간에는 '서양루西洋樓'라고 불리는 서양식의 궁전과 정원이 건설되었다. 이 서양식 건축물은 건륭 연간에 궁중에서 활동하던 서양인 선교사 주세페 카스틸리오네(Giuseppe Castiglione)와 장 드니 아티레(Jean Denis Attiret) 등이 설계했는데, 중국의 기술자들에 의해 만들어지는 과정에서 중국 건축의 특징이 부분적으로 반영되기도 했다. 이렇게 보면, 원명원 전체의 설계와 축조에는 건축 예술에 대한 중국 인민들의 수준 높은 지혜와 창조적 재능이 집약적으로 체현되었다고 할 수 있다. 이러한 배경에서 원명원은 세계 정원 건축물 중에서도 빼어난 존재로 탄생할 수 있었던 것이다.

　　원명원에는 다양한 건축 양식이 반영되었으며 건축물의 배치도 융통성 있게 이루어졌다. 원명원의 정문(대궁문大宮門을 말한다)에서 정면 양쪽으로는 6부部의 조방朝房들이 들어섰고 중앙 정부의 각 아문들이 배치되었다.

이궁문二宮門(출입에 사용되는 현량문賢良門을 말한다)의 안쪽에는 정대광명전正大光明殿을 중심으로 한 일군의 건축물들이 조성되어 황제가 조회를 열고 정무를 처리하는 장소로 사용되었다. 건물들은 장엄한 모습을 하였으며 건물의 배치가 전반적으로 빈틈없고 정연하게 이루어졌다. 이곳에서 낮은 구릉 하나를 돌아 나오면 곧 시야가 확 트인 풍경이 펼쳐지고 9개의 섬을 품고 있는 넓은 호수를 만나게 된다. '구주청연九州淸宴'[96]을 중심으로 한 궁전 건축물의 거주 구역이 조성되었다. 이곳에서 강희제의 재위 말기에 세워진 '누월개운縷月開雲',[97] 푸른 호숫가에 닿아 만들어진 '상하천광上下天光',[98] 멀리까지 내다볼 수 있는 높은 건물의 '천연도화天然圖畫'[99] 등의 건물군을 볼 수 있다. 이외에도 '벽동서원碧桐書院',[100] '자운보호慈雲普護',[101] '행화춘관杏花春館',[102] '탄탄탕탕坦坦蕩蕩',[103] '여고함금茹古涵

96) [역자주] '원명원의 40경景' 중의 하나로 원명원 경내에서 가장 이른 시기에 만들어진 건축물군에 속한다. 원명원 후호後湖에 있는 9개의 인공섬 중 하나에 세워져 있으며 원명원 구주九洲 지역의 중축선 위에 위치했다.

97) [역자주] '원명원의 40경景' 중의 하나로 원명원 후호後湖의 동남쪽에 위치해 있다. 옹정 연간에 '모란정牡丹亭'이라 불렸다가 건륭 9년(1744)에 기은당紀恩堂으로 개명되었다. 건륭제 즉위 이후 '누월개운縷月開雲'이라는 이름이 붙여졌다.

98) [역자주] '원명원의 40경景' 중의 하나로 옹정제 시기에 완성되었다. 후호後湖에 이어져 2층으로 건설된 누각이다. 호수의 풍광과 달빛을 감상하기에 최적의 장소로 알려져 있다.

99) [역자주] '원명원의 40경景' 중의 하나로 후호後湖의 동쪽 호반이자 '누월개운'의 북쪽에 위치했다. 주변의 경치가 아름다워 마치 자연이 만든 그림 같다고 하여 붙여진 이름이다.

100) [역자주] '원명원의 40경景' 중의 하나로 후호後湖의 동북쪽에 위치한 서방書房이다. 나무가 울창하여 매우 조용한 것으로 유명하다.

101) [역자주] '원명원의 40경景' 중의 하나로 후호後湖의 북쪽에 위치했다. 강희 연간에 만들어졌으며 사원과 원림이 어우러져 풍경을 이루었다.

102) [역자주] '원명원의 40경景' 중의 하나로 옹정 연간에 행화촌杏花村이라고 불렸으며 순박한 정원의 정취를 자아냈다.

今',[104] '신덕당愼德堂'[105] 등의 건물군이 있다.

원명원 경내에서 가장 큰 인공 호수는 복해福海인데 원명원의 동쪽 구역에 정방형의 형태로 되어있다. 그 주변으로는 항주杭州의 서호西湖를 연상시키는 풍경이 이어진다. 각각의 경치에는 너무나도 잘 어울리는 이름들이 붙여졌다. 예를 들면, '삼담인월三潭印月', '평호추월平湖秋月', '남병만종南屛晚鐘', '뇌봉석조雷峰夕照' 등이 그것이다. 복해의 북쪽 편에 있는 호반에는 한백옥으로 만든 석좌石座가 돌출되어 있는데 그 위에 궁전 건축물이 세워졌다. 이를 일컬어 '방호승경方壺勝境'[106]이라 했다. 복해의 가운데에는 크기가 서로 다른 3개의 섬이 줄을 지어 있었는데 '봉도요대蓬島瑤臺'[107]라고 불리며 마치 신선이 있을 듯한 경치를 만들어 냈다.

원명원 경내에는 종묘宗廟 건축물도 적지 않았다. 후호後湖의 서북단에 있는 안우궁安佑宮은 조상을 모시고 제사를 지내는 대전大殿이다. 이것은 원명원에서 보기 힘들 정도로 거대한 규모를 갖춘 건축물로 한백옥을 사용해 만든 넓은 기반 위에 세워졌고, 건물 앞에는 유리기와로 된 패방

---

103) [역자주] '원명원의 40경景' 중의 하나로 후호後湖의 서쪽에 위치했다. 황제가 관상어를 감상하기에 좋은 장소로 세간에서는 금어지金魚池라고도 불렸다.

104) [역자주] '원명원의 40경景' 중의 하나로 '구주청연'의 서쪽에 위치했다. 황제가 겨울에 독서를 하는 장소로 사용되었다. 이곳에 청대 황제들과 대신들이 그린 그림을 보관해두었다.

105) [역자주] 도광제와 함풍제가 침궁으로 사용하였다.

106) [역자주] '원명원의 40경景' 중의 하나로 복해 동북쪽에서 안쪽으로 패인 부분에 위치했다. 이곳에는 이중의 처마를 얹은 3개의 정자가 세워졌고 이들은 글자 '산山'의 모양을 하며 호수를 향했다.

107) [역자주] '원명원의 40경景' 중의 하나로 옹정 연간에 만들어 졌다. 세간에서는 봉래주蓬萊洲라고도 불렸는데 건륭제가 '봉도요대'라는 이름을 붙였다. 단오 때 복해에서 용주龍舟 경기가 열리면 황태후와 후비들이 이곳에서 감상했다.

과 화표華表뿐만 아니라 동서 방향으로 늘어선 배전配殿과 조방朝房이 있었다. 전체적으로 규모가 상당했다. 복해의 서쪽 면과 접해 있는 부분에는 10만여 개에 달하는 불상을 봉양하는 '사위성舍衛城'이 있었다. 사위성이라는 명칭은 인도 고대 왕국인 코사라(Kosara)의 수도 이름에서 유래했다. 사위성은 그 자체로 규모가 매우 커서 총 326간間에 달하는 전각과 회랑을 갖고 있었다. '일천림우日天琳宇'[108]는 곧 불교의 신상神像을 모시는 사원 건축물이다. 이외에도 불교나 도교 등의 종교적 요소를 차용해 만든 건물도 있었는데, 예를 들어 '예주궁蕊珠宮'은 도교 경전인 '예주경蕊珠經'에서 비롯되었고, '낙가승경珞珈勝境'은 불교 명승지인 낙가산珞珈山의 풍취를 모방하여 만든 것이다.

원명원은 전국 각지에 있는 유명한 정원들의 모습을 모방한 것에 그치지 않고 황제와 황후, 비빈들이 거주하는 궁전을 새로 추가하면서 다양한 목적에 맞는 여러 종류의 건축물들을 짜임새 있게 배치했다. 저잣거리처럼 시끌벅적한 '매매가買賣街', 농촌의 전원 풍경이 물씬 풍기는 '북원산촌北遠山村', 예술 공연을 보며 놀이를 즐기는 '동락원同樂園', 『사고전서四庫全書』를 보관하는 '문원각文源閣'과 정월 대보름에 불꽃놀이를 감상하는 '산고수장山高水長'[109] 등의 건물들이 그에 해당한다. 이들은 전통 시기에 황실 사람들이 생활에서 느끼는 욕구들을 만족시키기에 충분했다.

---

108) [역자주] '원명원의 40경景' 중의 하나로 옹정 연간에 세워졌다. 처음에는 불루佛樓라고 불렸는데 건륭제 시기에 '일천림우'라는 이름이 붙여졌다. 황실의 대형 사원이다.

109) [역자주] '원명원의 40경景' 중의 하나로 세간에서는 '서원西園' 또는 '서원西苑'이라 불렸다. 건륭제가 '산고수장'이라는 이름을 붙였는데 산처럼 높고 물처럼 멀리까지 이어진다는 뜻을 담고 있다.

장춘원은 건륭 황제가 퇴위한 후에 여생을 보내던 곳으로 경치가 아름답고 고상하기로 유명하다. 주요 건축물로는 중앙에 위치한 '순화헌淳化軒'을 들 수 있는데 그 양쪽에 있는 회랑에는 고대 서법의 첩문들이 새겨졌다. 장춘원의 동북 공간에는 16개의 경치를 갖춘 '사자림獅子林'이 있었다. 건륭 황제가 강남 지역을 유람할 때 소주蘇州의 유명 정원인 '사자림'의 모습을 그려두었다가 북경으로 돌아온 후에 이를 모방해 만들었다고 한다. 서쪽과 동쪽 구역에 있는 작은 호수 안에는 '해악개금海嶽開襟'과 '옥영롱관玉玲瓏館'이 조성되었는데 그 모습이 마치 봉래산의 신선들이 노니는 섬처럼 보일 정도로 경관이 일품이었다.

장춘원에서 가장 특색 있는 건물이라고 하면 북쪽 공간에 위치한 '서양루西洋樓'를 언급할 수 있다. 이것은 건륭 12년(1747)에 동양과 서양의 건축 양식을 결합하여 만든 건축물이다. 프랑스인 그로스(M.L abbe Grosier)는 당시의 모습을 다음과 같이 묘사했다.

원명원('원명원'의 세 정원을 말한다)에는 특별한 구역이 하나 있는데 그 중간에 서양식의 궁전 건축물이 세워져 있다. 이것은 이전 황제의 재위 시기에 이탈리아 선교사이자 유명 화가인 주세페 카스틸리오네(Giuseppe Castiglione)의 설계에 따라 축조된 것이다. 베누아 미셀(Benoist Michel) 신부가 능력을 발휘해 지하수를 뽑아내는 기구를 개발함에 따라 이 궁전들과 그 주변의 지면은 더욱 돋보이게 되었다. (중략) 주세페 카스틸리오네의 지휘하에 설치된 수많은 분수들 사이에서 나는 마치 '야수들의 싸움'과 같은 모습이나 산속에서 사냥하는

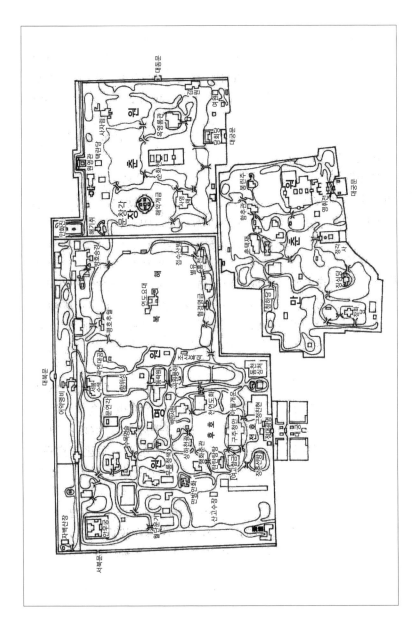

[그림 44] 원명원, 장춘원, 만춘원

풍경 및 물시계 등을 보게 된다. 앞서 언급했던 것처럼 중국에서는 하루가 12시진時辰으로 나뉘는데 1시진은 우리 나라에서 사용하는 한 시간의 두 배에 해당한다. 중국인들은 이것을 12개 종류의 서로 다른 동물들로 표현했다. 주세폐 신부는 기상천외하게도 서양식 궁전 앞에 있는 삼각형으로 된 넓은 공간의 양쪽에 이 12종의 동물들을 한데 모아 놓고 끊임없이 이어지는 시계의 모습을 구현해내려고 했다. 이 재치 넘치는 생각은 결국 완성을 이루었다. 각각의 시진을 상징하는 동물들이 돌아가며 2시간마다 한 번씩 입에서 물을 뿜어내어 하루 중의 시간을 알렸다. 이 뿜어져 나오는 물은 포물선을 그리며 다시 수조의 중심으로 유입되었다.[110]

서양 건물군 구역에 있는 건축물로는 '해기취諧奇趣', '황화진黃花陣', '양작롱養雀籠', '방외관方外觀', '오죽정五竹亭', '해안당海晏堂', '원영관遠瀛觀', '대수법大水法', '선법산線法山' 등이 있다. 이 건축물들은 주로 거대한 규모의 궁전 건축이나 정자 또는 누대로 되어 있으며 대부분 한백옥을 사용해 정교하고 세밀하게 만들어졌다. 또한 동서양의 건축 예술이 갖는 장점들을 융합시켜 기법적인 측면에서도 독특한 고유성을 가졌다. 예를 들어, 한백옥으로 만든 서양식 건물에 중국의 전통 자재인 오채색 유리기와를 얹고, 지붕은 중국식의 무전정廡殿頂으로 만드는 한편 기둥은 로마식으로 꾸몄다. 유럽식으로 만든 '해기취'의 양편으로 중국식의 오채색 유리기

110) M.L'abbe Grosier: De La China, Tome VI, pp.340-353. 중국어 번역문은 『북평도서관관간北平圖書館館刊』(제7권, 3-4호 합집, 46쪽)에서 확인된다.

와를 올린 팔각정을 배치하여 동서양의 건축물을 교묘한 형태로 일체화했다. 여러 종류의 인공 분수를 설치한 것은 중국의 궁중 정원 중에서 처음으로 확인되는 사례이다.

'원명원'의 세 정원 중 만춘원은 황태후가 거처하던 곳이다. 원내에는 '함광루含光樓', '사의서옥四宜書屋', '죽림원竹林院', '석비사夕霏榭', '청하재淸夏齋', '경홍관鏡虹館', '춘우산방春雨山房', '문월루問月樓', '종옥헌漾玉軒', '능허각凌虛閣', '애방포藹芳圃', '울조당蔚藻堂', '명가정사茗柯精舍', '내훈실來薰室', '반약관般若觀' 등이 있는 30여 곳의 경치가 무척 뛰어났다. 건물들은 화려하고 장엄하게 장식되었고 그 자체로 다양한 멋스러움이 드러났다. 이중 '노수신대露水神臺'의 동인銅人은 동으로 된 쟁반을 받쳐 들고 감로甘露를 받고 있는데 조각 예술의 측면에서 독창성이 뛰어나다.

원명원은 중국 원림 예술의 정수를 종합적으로 보여줄 뿐만 아니라, 셀 수 없이 많은 진귀한 옛 물품과 금은보화들을 소장했다. 규모가 웅대하고 화려하며 또한 다채로운 건축 형태를 나타내고 있어서 세계 어디에 내놓아도 훌륭한 대형 정원으로 인정받을 만했다. 또한 인류 역사상 가장 많은 소장품을 갖고 있는 예술박물관 중의 하나이기도 했다. 그러나 아쉽게도 이렇게 웅장하고 미려한 예술적 궁전 건축물이 지금은 마치 폐허처럼 변해 있다. 이는 야만적이고 흉포한 제국주의에 의한 피해 때문이다.

원명원은 두 차례에 걸쳐 파멸적인 재난을 겪었다.

함풍 10년(1860), 2차 아편전쟁 당시 영국과 프랑스의 연합군은 청 조정의 완전한 투항을 받아내기 위해 2만여 명에 가까운 군대를 파견해 무력 침략을 감행했다. 이들은 북당北塘과 대고大沽에서 출발해 천진을 거쳐 북경으로 진입했다. 청 조정은 이친왕怡親王 재원載垣을 통주로 파견하여 영국과 프랑스의 연합군과 협상하도록 했다. 영국과 프랑스 연합군은 청이 받아들이기 어려운 가혹한 조건을 협상안으로 제시했고 담판은 곧 무산되었다. 재원은 현장에서 영국의 사신 헤리 파크(Harry Parkes)를 억류하고는 해전海澱에 있는 작원勺園의 옛 유지에 세운 집현원에 구금했다. 이 일이 계기가 되어 영국과 프랑스 연합군은 북경을 공격하고 곧바로 해전으로 진격했다.

함풍제를 위시한 청 왕조의 통치자들은 놀라 두려워했고 황급히 원명원을 떠나 승덕承德에 있는 피서산장으로 향했다. 1860년 10월 5일, 영국과 프랑스 연합군은 해전을 점령했고 이튿날 바로 원명원에 진입했다. 곧이어 원명원에 대한 대대적인 약탈을 자행했고, 10월 18일과 19일 이틀 사이에는 기마부대를 동원해 원명원의 곳곳에 방화를 했다. 이러한 피해는 주변에 있는 정원들에도 미쳤는데 만수산의 청의원, 옥천산의 정명원과 향산의 정의원 또한 화마를 피하지 못했다. 해전에서부터 향산에 이르는 20여 리의 지역에 있던 크고 작은 정원들이 모두 약탈과 방화로 인해 큰 피해를 입었다.

약탈에 참여했던 영국과 프랑스의 군인들 중 몇몇은 편지, 일기, 회고록 등을 써서 많은 이를 놀라게 할 만한 이 야만적이고 폭력적인 행위를 기록해 두었다. 이들이 남긴 자료를 통해 당시의 침략적인 만행은 계획적이고 조직적인 사전 모의를 거쳐 실행되었다는 것을 알 수 있다.

영국 육군 사령관 제임스 호프 그룬트(James Hope Grunt)는 프랑스 사령관 몽토방(Montauban)에게 보낸 편지에서 말하길, "원명원의 궁전이 중요한 장소라는 것을 모르는 사람은 없다. 따라서 이것을 망가트리는 목적은 바로 청나라 정부에 타격을 주기 위함이다."라고 했다.

영국 대사 로드 엘진(Lord Elgin)은 영국 정부에 보내는 서신에서 원명원을 불태운 것은 연합군이 청나라 조정을 굴복시켜 중국 내에서 특권을 획득하고자 하는 정치적 계산에서 비롯된 것이라고 했다. 이러한 내용을 조금의 거리낌도 없이 서술했다. 또한 그는 말하길, "원명원의 행궁을 파괴하는 것과 협박하여 자금을 요구하는 것은 청 정부로 하여금 현지에서 협상에 나서게 하고 배상금을 지불하게 하려는 것이다. 이 두 가지를 함께 사용하는 것은 각각의 요구 조건을 모두 만족시킬 수 있는 유일한 방법이기 때문이다."라고 했다.

비밀리에 모략이 진행되는 과정에서 원명원은 끝내 야만적인 폭력행위를 피할 수 없었던 것이다.

당시 원명원의 피해 상황을 목격했던 영국인 종군 목사 마키히(R.J.L.M'Ghee)는 다음과 같은 기록을 남겼다.

내가 담장 모퉁이를 돌아서 들어가니 짙은 그을음과 연기가 내 앞을 가득 채웠다. 성난 불꽃이 자욱한 연기 위로 치솟으며 활활 타올랐다. 불꽃은 나무 꼭대기의 위를 몇 척이나 넘는 높이로 넘나들며 화염을 내뿜었다. 그 사이에 묘당이 하나 있었는데 이것은 하나의 작은 개별 건물이 아니라 여러 건물들과 조합을 이루며 커다란 감실을 둘러싸고 있었다. 화염은 이 묘당도 집어삼켰다. 불길은 묘당 건물군 안쪽의 높게 자란 나무들에 옮겨붙었다. 이 나무들의 우거진 녹음은 적어도 몇

백 년 동안에 걸쳐 이 사당 건물에 드리워져 있었을 것이다. 사당 내에 금박을 입힌 기둥과 오색찬란한 빛깔을 가진 유리 기와들이(황제에게 사용하는 황금색으로 된 것이 가장 많았다) 하나씩 차례차례 화마에 파괴되었다. (중략) 그리 오래 가지 않은 화재였지만, 원명원 내 수십 곳이 그저 타버린 연기만이 한 줄기씩 피어오르는 폐허의 모습으로 변해버렸다. 마치 영국과 프랑스의 연합군이 사냥을 하다가 산 속 깊은 곳의 쉼터에서 밥을 지으려고 피운 아궁이의 연기가 하늘로 올라가는 것만 같은 광경이었다. 얼마간 시간이 지나자 한 줄기씩 피어오르던 연기는 군데군데 모여 두터워지기 시작하다 다시 합쳐져 하늘 전체가 칠흑같이 어두워졌다. 수천, 수만의 불길이 밖으로도 퍼져나가 연기가 검은 구름으로 변했는데 이는 해를 가릴 정도였다. 아름답고 웅장한 모습 때문에 온 나라 사람들이 모두 신성시하고 우러러 보던 사원과 궁전 및 유서 깊은 건물들뿐만 아니라 화려한 모습으로 황실의 품격을 간직한 채 건물 안에 소장되어 대대로 전해지던 물품들도 모두 한 차례의 방화로 인해 타나 남은 재로 변해버렸다. 기념할 만한 가치가 충분했던 것들이 모두 사라지고 말았다.[111]

또 다른 군인들이 남긴 기록에는 다음과 같은 서술도 있다.

10월 18일, 제1군단의 부대가 북경성 남쪽에서 가까운 곳에 있던 주둔

---

111) 중문번역이 『북평도서관관간北平圖書館館刊』(제7권, 3-4호 합집, 79-80쪽)에서 확인된다.

지를 출발해 원명원으로 향했다. 군인들은 원명원에서 이틀의 시간을 써서 다수의 건축물들을 훼손하는 작업에 돌입했다. 당시 건물들은 여러 곳에 분산되어 있었고 원명원의 면적도 상당히 넓었던 탓에 다 태워버리기까지 꽤 많은 시간이 걸렸다. 19일 오후가 되었을 때를 기준으로 보면, 적지 않은 건물들이 다행스럽게도 방화를 피할 수 있었지만 주요 건물들은 거의 모두 완전히 파괴되고 말았다.[112]

10월 18일, 원명원과 그 주변에 있던 모든 궁전 건물들은 예외 없이 불에 타기 시작했다. 이틀 사이에 황제의 피서를 위한 행궁은 이글거리며 타오르는 화염에 휩싸였다. 마치 행궁을 휘감고 있는 장막과 같던 화염은 바람을 따라 움직였고, 그 속에서 뿜어져 나오는 재는 멀리까지 날아가 연합군이 주둔하는 북경의 병영에 내려앉기도 했다. 검은 연무가 북경성을 짓눌렀고, 그에 햇볕이 가려지자 마치 일식이 장시간 이어지는 것만 같았다.[113]

다른 일부 기록에서는 영국과 프랑스 연합군이 원명원을 불태우기 전에 공개적으로 약탈을 했다는 사실이 확인된다.

---

112) D.F.Rennie, The Britsh Arms in North China and Japan: Peking 1860; kagesima 1862, 1864. 중문번역이 『북평도서관관간北平圖書館刊』(제7권, 3-4호 합집, 69쪽)에서 확인된다.
113) 중문번역이 『북평도서관관간北平圖書館刊』(제7권, 3-4호 합집, 82-83쪽)에서 확인된다.

그룬트 장군의 명령에 따라 행궁에 불을 놓기 전에 약탈한 모든 물품을 경매에 붙여 매각했다. 이를 통해 확보한 돈은 일종의 장려금 형태로 등급에 맞춰 각 부대에 배분해주었다. (중략) 훔친 물건을 팔아 거두어들인 돈은 모두 12만 3천 은원銀元에 달했는데, 3분의 1은 작전에 참여한 장교와 군인들에게 나누어 주고 나머지는 다른 부대의 장교와 군인들에게 주었다.

프랑스 군대가 피서행궁(원명원을 말한다)에 도착한 첫날, 모든 일이 순조롭게 진행되었다. 군인들은 작은 물품들을 일부 훔쳐 나왔는데 자신들의 행동을 기념하는 징표로 삼는 정도에서 끝났다. 그러나 이튿날이 되자 상황이 크게 바뀌었다. 그들은 보물을 훔치고자 하는 유혹을 이기지 못했고, 장교와 병사들은 모두 무리를 이루며 곳곳을 약탈했다. 군대의 기율이라고는 찾아볼 수 없었다. 만약 바로 이때에 청나라 병사들이 혼란스러운 상황을 틈타 이들을 공격했다면 결과는 아마도 프랑스 군대의 패배로 끝났을 것이다.[114]

당시 재난으로 인해 원명원이 입은 손실은 그야말로 이루 다 셀 수 없을 정도였다. 동치同治 12년(1873) 겨울에 시행된 조사에 따르면, 약탈을 당한 후의 원명원은 단지 13곳의 건물만이 온전히 남아 있었다. 그나마도 유지될 수 있었던 것은 침략자들이 시간이 없어 미처 다 방화하지 못했기 때문

---

114) 중문번역이 『북평도서관관간北平圖書館館刊』(제7권, 3-4호 합집, 69쪽)에서 확인된다.

이었다. 이렇게 천하의 이름난 정원은 괴멸에 가까운 손상을 입게 되었다. 원명원 건물 안에 보관되어 있던 진귀한 물품들 중 얼마나 많은 양이 이들에 의해 사라지게 되었는지는 추산할 방법조차 없다. 현재 영국 런던의 영국박물관과 프랑스 파리의 국가도서관에 소장된 물품들 중에는 당시 원명원에서 가져간 물건들이 적지 않다. 그중에는 진대晉代 유명 화가인 고개지顧愷之의 명작 '여사잠도女史箴圖'와 청대 화가 심원沈源과 당대唐岱가 함께 그린 '원명원40경도圓明園四十景圖' 등 귀중한 예술품들이 다수 포함되어 있다. 원명원 내에 설치되어 『사고전서』를 소장하던 장서루, 즉 문원각文源閣 또한 이때의 화마를 피하지 못했다.

13년이 지난 후, 자희태후가 주도하던 청나라 조정은 원명원의 폐허 위에 다시 대규모의 토목 공사를 일으켜 황실 정원을 축조하는데 힘을 쏟았다.

그런데 당시의 상황은 태평천국 운동이 불같이 일어나 중국의 거의 절반을 휩쓸고 있었고, 제국주의 세력은 중국을 분할하여 집어삼킬 기회를 호시탐탐 노리고 있는 형국에 있었다. 일반민들의 생활은 감당하기 어려울 정도로 비탄에 빠져 있었고, 국가 경제는 거의 붕괴 직전에 있었다. 청 정부의 재정 상태 또한 고갈될 지경이었다. 청나라는 바로 이러한 처지에 있었기 때문에 비록 국고를 끌어다 쓰고 지방의 각 성省으로부터 소금의 전매세금과 관세 중 남는 재원을 징발하여 공사비로 조달했지만 원명원을 재건하는데 필요한 경비를 충족시키기지 못했다. 이로 인해 원명원의 공사는 정상적으로 이루어질 수 없었다. 이러한 상황을 타개하기 위해 청 정부는 왕공王公과 대신大臣들로 하여금 기부금을 납부하도록 지시했다. 그

럼에도 재원이 부족하자 하는 수 없이 만수산, 옥천산, 향산과 원명원 내의 장주오藏舟塢 등지에 있는 옛 건축물의 자재를 빼내서 얼기설기 원명원을 복원했다.

원명원을 복원하려는 시도는 동치 12년(1874)에 시작되어 광서光緒 연간 초까지 이어졌지만 중간에 중단되는 일이 잦았다. 거액의 재화를 쏟아부었음에도 공사는 매우 느리게 진척되었다. 공사가 전반적으로 허술하게 진행되어 완성도가 떨어졌다. 어떤 경우는 공사를 하다가 중간에 포기하기도 했고, 자재의 확보를 위해 공사가 중단되는 일도 심심치 않게 일어났다.

광서 26년(1900)에는 영국, 미국, 독일, 프랑스, 러시아, 일본, 이탈리아, 오스트리아 군대로 구성된 8개국 연합군이 북경을 침입했다. 원명원은 이 때 또 한 차례 약탈을 당하는 비운을 겪었다. 연합군은 누가 먼저라 할 것도 없이 원명원에 대해 회생이 불가할 정도의 파괴를 안겼다. 당시 북경은 사회 질서가 무너져 혼란에 빠져 있었고 청 조정의 부패한 팔기八旗 군인들은 사회 저층의 무뢰배들과 결탁해 있었다. 이들은 외국의 침략자들에 의한 약탈이 끝난 후 원명원에 들어가 황실 건축물들을 파헤쳐 남아 있는 석자재나 기와 같은 부속물들을 훔쳐 갔다. 이들은 도적질한 물건을 경매로 팔아치웠고 심지어는 원명원에서 가져온 목재를 불에 태워 숯으로 만들어서 내다 팔기도 했다. 거리낌 없이 자행되는 노략질은 청 말기부터 북양군벌이 북경을 통치하는 시기가 될 때까지 계속 이어졌다. 현지 주민들의 증언에 따르면, 중화민국이 건국되어 20여 년이 지나는 동안 원명원에 들어가 남은 자재들을 뜯어 나오는 수레가 한시도 끊이지 않고 이어졌다고 한다. 인민의 피와 땀으로 건설되었던 황궁의 예술적 건축물들이 비록 비단만큼이나 화려한 모습으로 한 시대를 풍미했지만 결국에는 제국주의 외국세력과 중국 내의 봉건세력에 의한 피해를 이중으로 당하고 말았다. 끝내 여우나 토끼가 출몰하고 잡초만 우거진 황폐한 공간으로 변해버렸다.

중국공산당이 전국을 장악한 후가 되어서야 원명원의 유지遺址는 비로소 국가의 보호를 받게 되었다. 원명원 내의 황량한 구릉과 뜰에 나무들이 심어졌다. 이에 따라 녹화가 이루어졌고 이전의 처량했던 모습들이 점차 바뀌기 시작했다. 현재의 원명원은 비록 남아 있는 건물들이 거의 없어 공터에 가까운 형태로 되어 있지만, 그것이 갖는 역사적 가치는 북경에 현존하는 그 어떤 전통 건축물과 비교해도 뒤처지지 않는다. 원명원에 있는 허물어진 담장이나 궁전의 잔해들은 원명원의 역사를 말해주는 증인들이다. 이들은 중국 역사의 굴욕적인 한 장면을 여실히 보여주고 있어 이곳을 방문한 사람들로 하여금 절실함을 느끼게 한다. 어떤 측면에서는 이것이 바로 원명원 유지에 내재한 진정한 가치일지도 모르겠다.

8. 새로운 시대, 북경의 도시 건설과 계획

1) 북경의 발전을 보여주는 세 가지 이정표

명청 시대의 북경성은 원대의 대도성을 기초로 하여 발전을 거듭했고 이후 신중국이 탄생하기 전까지 줄곧 완전한 형태를 유지했다. 우리가 지금 '북경 옛성[北京舊城]'이라고도 부르는 이 북경성은 『주례周禮』, 「고공기考工記」에서 말하는 이상적인 설계 모형에서 출발하여 현지의 지리적인 조건에 적응하며 발전했다. 시간을 거치며 조금씩 개선을 이루었고 결국에는 중국의 전통 건축물 중 최고의 모델에 등극했다. 때문에 북경성은 서양의 도시 설계학자들로부터 많은 찬사를 받았다. 덴마크의 저명한 건축 및 도시 설계학자 라스무슨(Steen Eiler Rasmussen)은 『도시와 건축』이라는 저서의 서문에 다음과 같은 말을 남겼다.

북경성 전체의 평면 설계는 균형을 이루면서도 발랄한 모습을 보인다. 세계적으로 독특한 경관 중 하나로 꼽을 만하다. 또한 탁월한 기념물이자 위대한 문명의 최고봉이라 할 수 있다.[115]

---

115) Steen Eiler Rasmussen, Towns and Buildings, First M.I.T.press, 1969, Preface, p.v.

이외에도 미국의 건축학자로 필라델피아의 도시 계획을 주도하면서 명성을 쌓은 에드먼드 베이컨(Edmund N. Bacon)은 자신의 저서『도시계획』에서 말하길,

지구상에 존재하는 인류의 가장 위대한 건축물은 아마도 북경성이 될 것이다. 중국의 이 도시는 전통 시기에 황제의 거주를 위한 공간으로 설계되었으며, 또한 우주의 중심을 드러내고자 하는 의도가 반영되었다. 도시 전체가 의례 규범과 종교적 의의에 깊게 침잠되어 있지만, 현재의 우리들과는 그다지 관련이 깊지는 않은 것들이다. 그런데 북경성의 평면 설계는 매우 우수하게 되어 있어서 오늘날 현대적 도시의 건설을 설계하는 데에도 참고할 만한 풍부한 사상적 요소를 제공하는 보고寶庫의 역할을 한다.[116]

라고 했다. 이러한 베이컨 교수의 평론은 귀담아들을 필요가 있다. 그의 평론은 전통 시기에 북경성이 황제 통치의 중심지로 시작하여 완성을 이룬 탁월한 성과이자 지금의 도시 건설에 있어서도 참고할 만한 가치가 충분한 존재라고 긍정했다. 그러나 한편으로 북경성에 반영된 핵심 요소들은 더이상 새로운 시대의 사회적 수요에는 맞지 않는다는 점도 지적했다. 이것이 바로 북경성을 어떻게 계승하고 개선할 것인가의 문제와 밀접하게 연관되어 있다.

---

116) Edmund N. Bacon, Design of Cites, Revised edition, Pengguin Books, 1980, p.244.

신중국이 건립되자, 낡은 북경성을 개선하는 문제가 즉각적으로 제기되었다. 왜냐하면, 북경성이 그 계획과 설계에 있어 비범한 예술적 기법이 활용되어 전통 시기 황제의 '유아독존唯我獨尊'적 사상을 중점적으로 실현하고 있는 탓에 새로운 시대의 시대 정신과는 맞지 않았기 때문이다. 신중국의 건립은 곧 사회주의의 새로운 시대가 시작했음을 알렸고, 이러한 배경에서 노동 인민은 새시대의 주인이 되었다. 따라서 북경성은 도시의 전체적인 규획을 통해 새로운 시대 인민들의 수도로서 인민의 권위와 역량을 드러내고 인민이 국가의 진정한 주인이라는 관념을 실현할 수 있어야 한다.

북경성은 유구한 역사를 가진 중국의 문화유산 중 하나로 전통문화의 높은 발전상을 상징한다. 라스무슨이 언급했던 것처럼 북경성은 탁월한 기념물이자 위대한 문명의 최고봉임에 틀림이 없다. 때문에 새로운 북경성이 사회주의 신문화의 정신을 체현하기 위해서는 분명 역사적 기초 위에서 다시 시작해야 한다. 이것이 바로 북경성을 새롭게 건설하는 데 있어 어떻게 전통적인 요소를 계승하고 동시에 새로운 요소를 창조할 것인가의 문제이다. 중국인들은 중국의 역사적 문화유산에 대해 비판적 계승이라는 원칙을 견지해야 할 것이다. 전면적으로 부정하거나, 조금의 변화도 없이 일방적으로 답습해서는 결코 안 된다. 여기서 중요한 것은 옥석을 가려낼 수 있는가 하는 점이다. 정수精髓에 해당하는 부분은 반드시 계승하고 확대 발전시킬 수 있어야 하고 가치가 없는 부분은 과감하게 비판하고 내버려야 한다. 이렇게 해야만, 새로운 도시의 규획과 건설에 있어 "옛것을 현재에 적용하여 새로운 것을 만들어 낸다."는 목표를 실현할 수 있을 것이다.

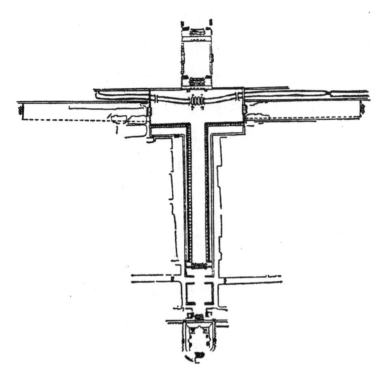

[그림 45] 청 건륭 시기 확장된 천안문의 궁정 광장

그런데 정수에 해당하는 부분과 가치가 없는 부분을 구별하는 기준은 시대에 따라 다르고 차이를 보이기 마련이다. 오늘날 우리는 무릇 인민들에게 이익이 되고 인민의 창조성을 충분히 보여줄 수 있는, 즉 진정으로 대중성을 갖춘 부분을 마땅히 계승하고 발전시켜야 한다. 이에 반하는 부분들은 비판을 가하는 동시에 폐기해야 할 것이다. 고대의 문화적 요소에 대한 이와 같은 비판적 계승의 원칙은 북경성에 대한 개선 작업에 적용될 필요가 있다.

신중국이 건립된 이래로 북경성에 대해 추진한 개선 작업 중에 이미 일정한 수준에서 성공을 거둔 사례가 없지 않다. 그중 거론해 볼 만한 것으로 천안문 광장에 대한 개선 작업이 있다.

앞에서 언급했던 것처럼 천안문 앞쪽으로는 원래 'T'자형의 광장이 있었다. 이것은 당초에 궁정 광장의 역할을 위해 설계된 것으로 황제가 중요한 행사를 거행할 때 사용되던 장소였다. 이 광장의 동쪽, 서쪽, 남쪽 면은 모두 높고 큰 담장으로 둘러쳐 있어 일반인의 출입이 엄금되었다. 이 폐쇄적인 궁정 광장은 북경성의 중심에 위치하고 있었기 때문에 성 내부에서 동서 방향으로 통행하는 것에 상당한 불편을 초래했다.

1911년, 중국 역사의 마지막 전통 왕조가 붕괴되고 청나라의 황제는 권좌에서 내려와야만 했다. 신해혁명 이후, 이전까지 막혀 있던 천안문 광장이 드디어 일반인들의 출입을 받아들였다. 1913년, 기존 'T'자형의 광장에 있던 천보랑이 철거되었다. 장안좌문과 장안우문 역시 연이어 허물어짐에 따라 동서 방향으로의 통행이 한결 수월해졌다. 광장의 남쪽 끝에 있던 대청문大淸門은 중화문中華門으로 변경되었다. 이외에 광장 남쪽으로 나 있던 정양문의 옹성 역시 철거되었고 정양문의 양쪽으로 성벽이 뚫려 출입구가 생겼다. 이에 외성外城에서 천안문 광장에 이르는 교통이 편리해졌다.

신해혁명 이후 천안문 광장에 생긴 이러한 변화들은 천안문 광장이 북경성의 중심으로서 갖는 위치적 의미를 더욱 두드러지게 했고, 점차 군중들이 정치적 집회를 열 수 있는 중심지로 탈바꿈하게 만들었다. 중국 역사에서 가장 중요한 사건 중 하나인 반제반봉건反帝反封建의 '5·4운동'이 바로 이곳에서 시작된 것이다. 그런데 그때까지는 광장을 둘러싸고 있던 담장이 여전히 남아 있는 상태였다.

천안문 광장은 중국의 근대 혁명 운동사에서 중요한 의미를 가지는 동시에 반제반봉건의 영광스러운 전통도 내포하고 있다. 때문에 신중국이 성립된 이후에는 자연스럽게 인민들에 의해 기념일 행사와 정치 활동이 이루어지는 장소로 활용되었다. 1949년 10월 1일에는 신중국의 건국 행사가 바로 이곳 천안문 광장에서 열렸다. 이것은 천안문 광장의 발전이 새로운 단계로 진입하는 계기가 되었다.

신중국이 건립되고 10여 년이 흐르는 사이, 예전에 광장의 동쪽, 서쪽, 남쪽을 둘러싸고 있던 담장이 완전히 철거되었다. 광장은 이전과 전혀 다른 형태를 띄며 몇 배나 확대된 크기로 천안문 앞에 모습을 드러냈다. 곧이어 새로운 광장의 서쪽 면에는 인민대회당人民大會堂이 건립되기 시작했고, 동쪽 면에는 중국 역사박물관과 혁명박물관이 조성되었다. 또한 광장 중심에는 위풍당당하게 높게 솟은 인민영웅기념비가 세워졌다. 건국 30주년을 맞이하기 직전에는 광장의 남쪽이면서, 정양문을 기준으로 보면 성의 안쪽에 해당하는 위치에 모주석기념당毛主席紀念堂이 건설되었다. 이로써 북경성은 인민을 위한 수도의 정치적 활동 중심지가 갖는 특징들을 기본적으로 갖추게 되었다. 천안문 광장은 줄곧 이전과 다름없이 같은 곳에 있었지만, 그것이 갖는 성격이나 역할은 완전히 새로워진 면모를 보이게 되었고 그 물리적인 모습 또한 이전과는 다른 형태로 거듭났다.

천안문 광장이 확장되면서 광장의 좌우 양쪽 날개에 해당하는 동장안가東長安街와 서장안가西長安街 또한 모습이 바뀌었다. 도로의 폭이 넓어지고 길이가 늘어나 널찍하며 평평한 형태가 되었다. 이는 곧 도로 양쪽에 가

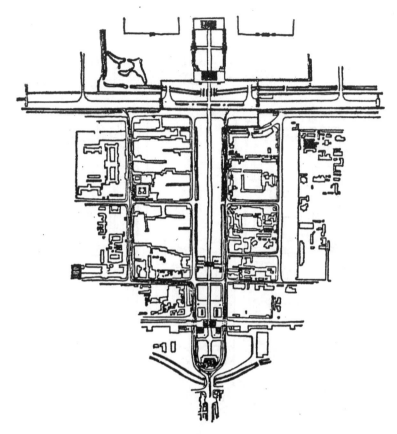

[그림 46] 개선 작업이 이루어지기 전의 천안문 광장

로수가 심어진 파크애비뉴를 형성했다. 도로의 한쪽 끝은 북경성의 동교東郊에 다다르고 다른 한쪽은 서교西郊에까지 이어져 북경성을 횡으로 관통하는 새로운 축선軸線을 드러냈다. 이것은 북경성의 평면 배치에 있어 천안문 광장이 갖는 중심적 위치를 더욱 강화했을 뿐만 아니라 다른 한편으로는 전통 시기의 자금성을 마치 '후원後院'처럼 보이게 밀어냈다. 이러한 상황에서 이전 시기까지 황제의 정치적 중심성을 상징하던 남북방향의 중

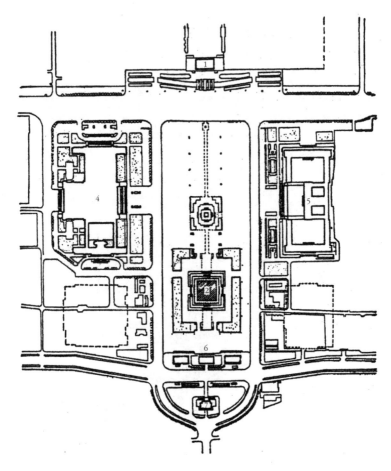

①천안문 ②모주석기념당 ③인민영웅기념비 ④인민대회당 ⑤혁명역사박물관
⑥정양문(전문前門) ⑦전루箭樓

[그림 47] 천안문 광장의 평면도

축선이 북경성 전체에서 누리던 그 지배적 지위를 이내 잃게 되었다. 반면
에 천안문 광장은 북경성 내에서 정치적 활동의 중심이라는 지위를 완전하
게 확립했다. 광장에 세워져 있던 전통 건축물인 천안문, 정양문 등과 인민
대회당, 혁명역사박물관과 같은 현대적 건축물들이 서로 조화를 이루며 한

곳에 자리하게 되었다. 이것은 북경이 오랫동안 유지해왔던 역사문화적 배경을 보여주는 사례인 동시에 새로운 시대의 정신적 면모를 드러낸다. 이른바, "현대를 위해 옛것을 사용하여 새로운 것을 창출한다."는 원칙을 충분히 발현하고 있다고 하겠다.

신중국이 건립된 이후 도시의 건설이 활발해짐에 따라 북경성의 도시 공간적 구조 또한 적지 않은 변화를 보였다. 앞서 이야기한 천안문 광장의 확장에 따른 변화뿐만 아니라 도시의 교통망 또한 크게 달라졌다. 옛 북경성의 중심적 교통로는 기본적으로 동서방향 또는 남북방향으로의 직선 형태를 나타냈다. 이들 도로들이 서로 교차하면서 사각형의 특징을 갖는 연결망 구조를 만들어낸 것이다. 그런데 신중국이 성립된 이후, 옛 성벽을 철거하고 성벽이 있던 자리에 제2순환로[二環路]를 건설했다. 얼마 후에는 다시 그 바깥을 감싸는 형태의 제3순환로[三環路]와 제4순환로[四環路]를 순차적으로 만들었다.[117] 이로 인해서 사각형을 기본으로 하는 교통망이 순환형의 교통망으로 변화했다. 도시의 지리적 중심을 기준으로 순환하는 형태의 교통망이 외부방향으로 확장됨에 따라 예전에 북경성에서 남북방향으로 형성되어 있던 중축선 또한 바깥으로 연장되었다.

북경성 내에 있던 남북방향의 중축선이 위아래로 늘어나는 과정에서 북경성이 발전하는 3개의 중요 단계를 분명하게 확인할 수 있다. 이것은 북경이라는 도시가 발전하는 데 있어 주목할 만한 3개의 이정표라고도 부를 만하다.

---

117) [역자주] 2022년 현재 북경시에 제6순환로까지 개통되어 있다.

첫 번째 이정표는 역사적으로 북경성의 중심 건축물이었던 자금성이다. 자금성은 건축된 지 이미 570여 년이 지났다. 이것은 전통 왕조 시기에 북경성이 발전하는 핵심을 상징하는 동시에 중국의 전통적 건축 예술의 최고 수준을 보여준다. 오늘날에도 자금성은 여전히 남북방향의 중축선과 도시 공간의 구조적 중심에 우뚝 서 있다. 이것은 중국 인민의 예술적 자산일 뿐만 아니라 세계문화유산으로 등재된 인류 공영의 예술적 보물이기도 하다.

두 번째 이정표는 신중국 성립 이후 자금성의 남쪽 공간에 대규모의 확장과 개선의 과정을 거쳐 완성된 천안문 광장이다. 이것은 새로운 시대의 도래를 알리는 동시에 오랜 전통을 가진 북경성의 중축선에 대해서도 참신한 의의를 새롭게 부여해주었다. 이는 전통적인 요소를 활용해 도시 건설에 새로운 창의성을 만들어낸다는 시대적 특징을 구현했다. 아울러 문화적 전통을 계승한다는 차원에서는 이전 시기와 미래 시기를 연결하는 특별한 함의도 내포하고 있다.

세 번째 이정표는 남북방향으로 이어진 옛 중축선의 북쪽 끝을 연장한 지점에 있다. 이것은 바로 11회 아시안게임을 개최하기 위해 건설한 아시안게임 메인스타디움, 즉 국가 올림픽 체육 센터이다. 북신로北辰路와 제4순환로가 만나는 지점의 동쪽 편에 위치해 있다. 이 지역은 상대적으로 넓은 평지 형태로 되어 있고 수도공항과 비교적 가까워서 외국을 드나들기에 편리하다.

올림픽 체육센터의 건설은 북경성에 있던 남북방향 중축선의 북단이 기존의 종루와 고루 지역 일대에서 북쪽 방향으로 확장되어 제4순환로의 북편 도로에까지 옮겨갔음을 보여준다. 더 의미 있게 살펴볼 만한 것은 1990

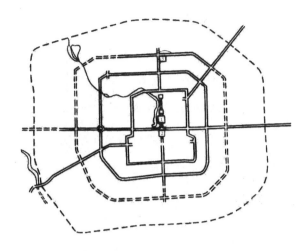

1. 자금성(현 고궁박물원) 2. 천안문 광장 3. 국가 올림픽 체육센터

[그림 48] 북경의 도시 건설에서 확인되는 3개의 이정표

년에 이곳에서 '단결, 우의友誼, 진보'를 구호로 내세운 아시안게임이 성대하게 개최된 것을 계기로 북경이 국제적인 대도시로 발돋음하는 새로운 시대가 시작되었음을 알렸다는 점이다.

2) 고도古都로서의 풍모: 계승과 보호

1983년 7월, 중국공산당 중앙위원회[中國共産黨中央委員會]와 중화인민공화국 국무원[中華人民共和國國務院]은 원칙적인 측면에서 「북경 도시 건설의 종합적인 규획 방안[北京城市建設總體規劃方案]」을 통과시켰다. 이 계획안은 이후 북경의 도시 규획과 건설에 필요한 것을 명확하게 요구했다.

그 내용을 살펴보면 아래와 같다.

북경은 중국의 수도이자 역사와 문화를 갖춘 이름난 도시이다. 북경의 규획과 건설에는 중화민족의 역사와 문화, 혁명의 전통 및 사회주의 국가의 수도라는 측면에서의 고유한 풍모가 반영되어야 한다. 혁명의 귀중한 역사 유적지, 역사적 문물, 고건축물 뿐만 아니라 중요한 의의를 갖는 고건축 유적지들이 온전하게 보호되어야 한다. 주변 지역에서는 건축물의 규모와 형태에 있어서 반드시 이들과 서로 조화를 이루어야 한다. 북경성의 변화는 점진적이고 단계적으로 이루어져야 한다. (중략) 개선 작업을 통해서 북경의 전통적인 구역 내에 있는 기초적 제반 사항들이 현대화된 수준에까지 이르러야 하고 또한 북경이 갖는 역사, 문화적인 도시의 전통을 계승하면서 동시에 이것이 드러날 수 있어야 한다. 또한 새로운 혁신을 일궈낼 수 있어야 한다.

북경은 역사, 문화적인 도시로서의 특별함을 갖고 있는데 이것이 바로 이 도시의 고유한 풍모라 하겠다. 3천 년이 넘는 역사적 발전 과정을 거쳐 온 북경은 역사, 문화적으로 유명한 도시이다. 하지만 처음에는 그저 하나의 원시적인 거주지에 불과했고 점차 지역성을 갖는 정치적 중심지로 성장했다. 중국 내에 통일 제국이 들어서자, 북경은 변방에 위치한 군사적 중요 군진軍鎭에서 전국적 영향력을 갖는 정치적 중심지로 부상했다. 그런데 북경의 고유한 풍모라는 것은 원, 명, 청 왕조를 거치면서 통일 제국의 수도로 기능했던 것에서 비롯되었다. 이러한 특징은 북경의 도시 규획과 건설

양상에 잘 나타나 있다. 때문에 북경성을 중국 전통 시기에 있어 수도 건축 예술의 결정체라고 하더라도 결코 지나친 말이 아니다. 어떤 의미에서 보면 북경성 전체는 매우 귀중한 하나의 역사, 문화적 유산이다. 북경성은 셀 수 없이 많은 문물과 옛 자취를 품고 있기 때문이다. 예를 들면, 휘황하고 화려한 궁전 건축과 대단한 기세를 뽐내는 묘단廟壇, 관저뿐만 아니라 아름답고 다채로운 모습을 한 원림園林 등이 있다. 이외에도 무수히 많은 정대亭臺과 누각이 있으며 여러 지역에 흩어져 있는 저택과 사합원 등이 있다. 또한 북경성이 도시의 전반적인 배치와 구조에 있어서도 이미 매우 높은 수준의 예술적 감각을 보여주고 있다. 이는 인류 역사에 등장했던 그 어떤 도시와 비교해도 부족함이 없다. 덴마크 건축가 라스무슨은 넘치는 경외심과 감탄의 어조를 다해 말하길,

북경, 오랜 전통을 가진 중국의 도성! 인류가 하나의 완전한 형태로 도시 계획의 선례를 남긴 것 중에 이보다 더 장엄하고 휘황한 것이 일찍이 있었던가?

라고 했다.

북경성에 내재한 고유한 풍모 중 가히 어디에도 비할 수 없이 두드러지는 것은 그 자체로 통합된 형태의 완전성이다. 이에 대해 아쉽게도 도시 건설의 분야에서는 과거 오랜 시간 동안 불충분한 인식을 보여왔다. 오히려 북경성이 드러내는 완전성을 크게 훼손하였고 이는 회복 불가능한 피해로 이어졌다. 과거 수백 년의 역사적 시간 동안 묵묵히 도시의 둘레를 감싸고

[그림 49] 현재 남아 있는 북경 성벽의 일부

있던 성벽이 허물어지고 성벽과 함께 공존했던 다수의 성문과 전루箭樓가 대부분 철거된 것이 그 대표적인 사례이다. 불과 몇 개의 성루城樓만이 개별적으로 남아 오늘날 사람들로 하여금 옛 북경성의 성벽과 성문의 웅장한 모습을 추억하게 할 뿐이다.

1920년대에는 스웨덴의 미술사 연구자인 오스발드 사이런(Osvald Siren)이 몇 달에 걸쳐 북경성에 대해 현지 조사를 실시하고 『북경의 성벽과 성문』이라는 거작을 남겼다. 그는 북경의 성벽과 성문을 매우 자세하게 관찰하고 측량했다. 그의 책 곳곳에는 중국문화의 옛 흔적에 대한 외국 학자의 진심 어린 애정이 녹아 있다. 그는 북경의 성벽과 성문 및 북경 내의 각종 건축물들이 보여주는 동방 문화의 매력에 거듭 감탄하고 찬양했다. 책의 서문에 다음과 같은 내용을 적었다.

역사 또는 지리적 관점에서 볼 때, 이들 성문에 북경의 거대한 랜드마

크가 있다고 할 수 있다. 이들은 옆으로 이어진 성벽과 함께 북경이라
는 위대한 대도시의 과거 역사를 매우 잘 보여주고 있다. 성문과 성벽
은 주변의 풍물 및 도로, 골목과 한데 어우러져 사람들의 마음을 기쁘
게 하고 눈을 즐겁게 하며 독특한 품격을 지닌 한 폭의 아름다운 그림
을 일궈낸다.[118]

사실 북경의 성벽이 가지는 중요성은 비단 그것의 예술적 가치에만 있는
것이 아니다. 중국의 도시 발전 역사에 있어 성벽의 건설과 도시의 배치 및
설계는 유기적으로 연결되었다. 원 왕조가 대도성을 창건할 당시 도시의
전체적인 규획은 중국 역사에서 가장 이른 시기에 출현했다고 할 수 있는
『주례』, 「고공기」의 이상적인 수도 설계 방안을 본보기로 삼았다. 그 위에
다시 현지의 호수 및 하천 분포의 특징을 고려하여 만들었다. 우선 성 전체
를 남북 방향으로 관통하는 중축선을 설정하고, 그 중축선의 북쪽 끝점(현
재 종루와 고루가 있는 지점이다)에 성의 배치구조에서 확인되는 기하학적 중심
을 두고, 다시 궁궐, 묘단과 상업 시장이 대칭을 이루는 위치를 확정했다.
마지막으로는 성 전체의 기하학적 중심을 기준으로 사방에 적절한 위치를
선정해 네 면의 성벽을 건설했다. 이에 따라 북경의 성벽은 군사적인 방어
기능을 가지게 되었으며 또한 도시의 형태라는 측면에서도 중요한 요소가
되었다. 이점은 북경이라는 도시가 자신의 독특한 풍모를 형성해 가는 과
정에서 매우 명확하게 발현되었다.

---

118) 허영전許永全 역, 송척빙宋惕冰 교열, 『북경의 성벽과 성문[北京的城牆和城門]』,
    북경北京: 북경연산출판사北京燕山出版社, 1985.

50년대 초, 당시 북경의 도시 계획 및 설계 위원회의 부주임을 맡고 있던 양사성梁思成 교수는 북경의 성벽을 보존하자는 주장을 제기한 바 있다. 그에 따르면 널찍한 성벽의 윗부분을 개조하여 사람들이 올라가 쉴 수 있는 장소로 만들고, 성벽 밖의 해자를 넓히고 유량을 늘리는 동시에 물길 양쪽으로 녹지를 조성하자고 했다. 이렇게 하면 북경성의 주변에 성을 에워싸는 형태로 그윽하고 품위 있는 공원이 만들어지고, 그 모습은 마치 아름다운 목걸이가 북경성에 걸려 있는 것처럼 보이게 된다는 것이다. 사실, 양사성 교수의 아이디어는 결코 허무맹랑한 주장이 아니었다. 당시에 이미 성벽의 여러 곳이 그 아름다운 풍경으로 인해 사람들의 휴식 장소로 활용되고 있었기 때문이다. 당시의 성벽에 대해서는 오스발드 사이런 교수가 이미 앞서 언급한 책에서 실감나고 멋지게 묘사한 바 있다.

물론 성벽이 사람들에게 비춰지는 모습은 계절, 시간, 날씨뿐만 아니라 관람자가 주안점으로 두고 있는 기준에 따라서도 달라진다. 멀리서 성벽을 바라본다면, 성벽은 마치 끊기지 않고 면면히 이어지는 만리장성처럼 느껴지고, 그 중간의 곳곳에서는 우뚝 솟아 있는 성루城樓가 눈에 들어온다. 따뜻한 계절에는 성벽 위에 나란히 자리하고 있는 관목들이 생기를 더해준다. 천고마비의 상쾌한 가을이 완연한 10월의 아침이면 경치가 최고로 아름다워진다. 특히 서쪽을 향해 멀리 조망해 보면, 맑고 깨끗한 푸른 하늘 아래로 저만치 떨어진 곳에 짙은 남색의 서산이 성벽과 어우러지며 자아내는 빼어난 수려함을 확인할 수 있다. 만약 당신이 가을 어느 날 북경의 성벽 위에서 산들바람이 불고

쾌창한 날씨의 하루를 보내게 된다면 비단처럼 예쁜 경관, 특히나 영롱한 태양빛, 또렷이 보이는 사물들, 적절한 하모니를 이루며 피어올라 알록달록한 투명한 색채를 뽐내는 오색의 아름다움을 보게 될 것이다. 이것은 결코 잊을 수 없는 것이 된다. (중략)

성벽 아래에는 다음과 같은 구역이 있다. 수양나무와 버드나무가 양쪽 두둑에 빽빽하게 이어져 있는 북경성의 해자 또는 운하가 있는데, 그중 일부 구간에는 해자와 성벽 사이에 참죽나무와 홰나무가 심어져 있다. 이들은 봄날에 유람하기 좋은 최적의 장소이다. 봄이 되면 푸른색의 버드나무 가지가 서로 맞닿아 빛이 적절히 통과하는 장막을 만들어내면서 거울처럼 맑은 수면 위로 드리운다. 절기가 조금 지나고 나면 나뭇가지를 아래로 휘어지게 할 만큼 흐드러진 홰나무의 꽃들이 이따금씩 맑고 상쾌한 향기를 공기 중으로 퍼트린다. 이때 각도를 잘 맞춰 고성古城의 주위를 돌아보면 그림 그리기에 너무나도 좋은 풍경들을 찾아낼 수 있다.

성벽의 윗부분으로 향해 있는 마도馬道를 따라 한 계단씩 올라가면 곧 흥취 넘치고 다른 어떤 곳과 비교해도 부족함이 없을 정도로 걷기 좋은 장소에 도달하게 된다. 이곳에서 여러분은 몇 시간이고 산책을 할 수 있으며 그 와중에 눈 돌아가기 바쁠 만큼의 기묘한 경치들을 즐길 수 있다. 예를 들자면, 신록이 우거진 나무들 사이로 황색의 지붕이 번뜩이며 서로의 자태를 뽐내는 고궁故宮과 묘우廟宇들이 있다. 또한 남색과 녹색의 유리 기와를 얹어 화려하고 아름다운 저택들이 있으며, 지붕 달린 현관을 갖춘 주홍색의 건물들이 있다. 백 년은 족히 되었을

[그림 50] 양사성梁思成이 구상한 성벽 공원

고목 아래에 파묻혀 있는 회색빛의 키 작은 단층 건물들도 있으며, 기
려한 패루를 관통하며 형성된 번화한 상업 거리도 있다. 이뿐만이 아
니라 목동들이 양을 방목하는 널찍한 평지도 보인다. 북경성 성내에
는 이와 같이 아름다운 풍경들이 눈에 다 담을 수 없을 정도로 많이
있다.

이것이야말로 도시의 수려한 화원을 그려 넣은 한 폭의 그림이 아니겠는
가! 다만 아쉬운 것은 지금의 우리들은 이것을 더이상 눈으로 직접 확인해
볼 수 없다는 것이다. 양사성 교수가 당시에 제안했던 아이디어들은 끝내
받아들여지지 않았다. 우리에게 여유로운 상상을 끝없이 제공해줄 수 있었
을 성벽과 성문은 거의 대부분이 사라지고 말았다. 북경은 도시 계획을 추
진하는 과정에서 성벽과 성문이 갖고 있는 고유한 특징을 살피지 못하고,

또한 성벽과 성문이 북경이라는 도시의 독특한 풍경과 맺고 있는 유기적 연관성도 제대로 고려하지 못하여 결국 되돌릴 수 없는 거대한 손실을 입고 말았다.

3) 과거를 되돌아보며, 시야는 미래를 향해야

북경성은 원시 거주지역에서 시작한 후 지역의 거점으로 점진적인 성장을 거두고 종국에는 중국 전체의 정치적 중심지로 부상했다. 이는 기나긴 역사의 발전 과정이었다. 북경성이 발전을 거듭하는 험난한 노정에서 우리는 중요한 지리적 사실을 하나 확인할 수 있다. 북경성의 수원이었던 연화지와 '육해六海'라고 불린 호수 또는 저수지들이 북경이라는 도시의 발전에 중대한 역할을 했다는 것이다. 연화지는 북경이 초기 단계에서 발전해 도약할 수 있는 원류가 되었고, '육해'의 호수들은 원, 명, 청 시기 북경성의 건설과 규획에 중요한 영향을 주었다. 물을 마시면 곧 그 수원水源을 생각해본다고 했던가! 사물의 근본을 쫓아 그 과정을 살피는 것은 오늘날 북경성의 건설을 계획하는 데 있어 특별히 중시해야 하는 태도가 될 것이다.

이른바 '육해'는 십찰해什刹海의 전해, 후해, 서해와 옛 황성이 있던 자리의 북해, 중해, 남해를 모두 지칭하는 말이다. 원 왕조가 대도성을 건설하기 이전에 이곳은 원래 고량하의 옛 물길 위에 조성된 일련의 천연 호수들이 있던 자리이다. 약 700년 전, 원나라의 통치자들은 금 왕조가 만들었던 중도성의 동북쪽 교외 지역에 대도성을 건설했다. 대도성의 설계자는 해당 지역의 호수와 저수지들을, 새롭게 건설하는 도시의 평면 구도와 과감하게 결합해 호수의 동쪽 호반을 단거리로 관통하는 지점에 성 전체의 남북 방향으로 놓인 중축선을 확정지었다. 이것은 비범한 예술적 수법이었으며 또한 탁월한 식견이었다. 만약 지금 북해의 대석교大石橋 위에 서서 남북 방향으로 바라보면, 북경성의 심장부라고 할 수 있는 위치에 평평하고 드넓은 형태의 물결이 햇빛에 반짝거리는 호수가 있다는 사실을 알게 된다. 또한 호수를 둘러싸고 있는 푸르른 나무들 사이에 숨은 듯 드러나는 누대와 정각亭閣들이 있고 경화도 위에는 구름에라도 닿을 듯이 우뚝 솟은 백탑이 있는 모습을 보게 된다. 이는 마치 신선들이 사는 경치가 인간 세상으로 내려온 것이 아닌가 하는 착각을 불러 일으키게 된다. 지금 북해, 중해 및 남해 일대에서 자연적인 요소와 인공적인 요소들이 서로 조응하며 만들어 내는 아름다운 풍경은 사실상 수백 년에 걸쳐 이루어진 인공적인 개선 노력의 결과라 할 수 있다. 원래 대도성이 건설되기 이전에 이 지역은 자연적으로 형성된 호수의 하류에 불과했고, 남해는 명 왕조 시기가 되어서야 사람들이 땅을 파내어 인공적으로 만들어졌다. 대도성을 건설할 당시, 원 조정은 대도성의 내부 공간으로 확정한 황성의 안쪽 구역에 황실의 정원을 조성하였는데 이 과정에서 고도로 발달된 정원 예술이 실물로 체현되었다. 천연 호수의 상류 부분은 황성의 외부 구역으로 구획됨에 따라 최고 통치자들로부터 중시되지 못했고, 결과적으로는 인민대중들이 즐겨 모이는 만남의 장소로 점차 변해갔다. 이곳의 자연 풍광은 매력적이고 아름다우며 넓게 탁 트인 호수면을 스치듯 지나며 생성되었다. 먼 곳을 바라보면 서산의 산봉우리가 첩첩이 이어지고 있어 산과 호수의 물이 서로 마주하는 모습이 눈에 들어온다. 이러한 경치는 마치 스스로가 한 폭의 그림 속에 있는 듯한 착각에 빠지게 한다. 원대에 이곳은 적수담이라 불렸는데, 북경과 항주를 잇는 경항대운하京杭大運河의 북쪽 종점이었기 때문에 남쪽에서 올라오는 조운선이 성 안으로 들어오면 곧 이곳에 정박했다. 이에 사람들이 사방에서 모여들었고 이곳은 점차 상업이 발달한 지역으로 성장해 갔다. 이 과정에서 대중들로부터 사랑받는 다양한 형태의 민간 예술이 출현했다. 아울러 각 지역의 특색이 반영된 간식거리가 등장했고, 저렴한 가격에 질 좋은 물건을 파는 잡화상들도 생겨났다. 시간이 흘러 계절이 바뀌더라도 사람들이 운집하는 모습은 한결같았다. 여름에는 연꽃 시장이 열리고 겨울에는 썰매와 미끄럼을 타는 풍경이 펼쳐졌다. 명 왕조 시기에는 호수와 인접한 구역에 바다같이 넓은 불교의 교리라는 뜻을 가진 불교 사원인 '십찰해十刹海'가 건설되었다. 훗날 이 사원은 세월의 흔적과 함께 사라졌지만 '십찰해'라는 명칭은 호수의 이름으로 남아 이어졌다. 사람들은 이 이름의 글자 중 '십十'을 같은 발음이 나는 '십什'으로 바꾸어 '십찰해什刹海'라는 명칭을 사용했다. 이후에도 이곳에 시장이 열렸고, 거리는 더욱 번화했다.

과거에 십찰해와 그 주변 일대는 북경성 내에서도 사람 냄새가 가장 많이 나는 장소 중 하나였다. 당시 기준으로 보면 북경성에서 천교天橋 주변의 거리가 이곳과 비교할 만했지만 천교 주변의 자연풍광은 십찰해의 그것에 한참 못미쳤다. 북경성의 도시 계획에 끼친 영향으로 말하자면, 이 둘 사이의 차이는 더 크게 느껴진다. 북경성의 설계에 있어 십찰해 일대의 호수가 갖는 지리적 중요성과 민간에서 장기간 유지되어 온 전통적 대중성을 고려한다면, 오늘날 수도 북경에서 이 지역을 어떻게 개선하고 새롭게 설계할 것인가, 그리고 어떻게 참신한 새로움을 만들어낼 것인가는 진지하게 고민해봐야 하는 문제이다. 십찰해 주변에 있는 송경령고거宋慶齡故居, 곽말약고거郭沫若故居와 전통 시기에 건설된 공왕부恭王府, 순왕부醇王府 및 몇몇의 옛 사찰 유적지들을 적절히 결합할 필요가 있다. 이에 덧붙여 부근의 종루, 고루, 덕승문德勝門의 전루箭樓와 북경성으로 물길이 유입되는 입구에 중건된 회통사匯通祠 등도 유기적인 관계 속에서 함께 고려해야 할 것이다. 이를 통해 다기능을 갖춘 하나의 역사문화 풍경구를 조성하고 전통적인 정원 예술을 발전시킬 수 있다면 북경이 고도古都로서 갖추고 있는 풍모를 보존하고 발전시키는 데 큰 도움이 될 것이다. 아마도 경제적, 사회적 발전의 측면에서는 앞으로 계산하기 어려울 정도의 거대한 이익을 거둘 수 있지 않을까 생각된다. 다행스러운 것은 십찰해 일대의 도시 정비 문제가 이미 정부의 관련 부서에 의해 중시되었다는 점이다. 1992년, 북경시 정부는 「서성구 십찰해 풍경구역에 대한 전체적인 계획 방안[西城區什刹海風景區總體規劃方案]」을 통과시켰다. 최근 사회 각 분야의 노력을 거쳐 십찰해 일대의 불결한 환경이 개선되었고 넓은 호수면이 잘 드러나도록 정비되었다. 또한 호수를 따라 순환하는 도로가 만들어졌고 녹지 면적이 늘어났으며 좋은 경치를 갖춘 건축물들이 들어섰다. 비록 아직은 초보적인 단계이긴 하지만 예전의 아름다웠던 풍경을 얼마간 회복하였다. 향후 선진적인 건설 작업이 진행되면 분명 멀지 않은 장래에 참신하고 아름다운 모습을 갖춘 '십찰해 역사문화 풍경구역'이 북경의 중심 지대에 들어서게 될 것이라 믿고 또 확신한다.

한편 북경시의 중심에 있는 십찰해와 비교해 연화지는 다소 외진 지역에 위치해 있다. 연화지는 북경의 초기 발전 모습을 대표하는 호수이지만, 오랜 시간 동안 북경성의 서남쪽 지역에 쓸쓸히 남아 있었다. 호수의 저수량이 줄어들면서, 예전에 "푸른 물이 맑게 빛나는 정자에 앉아 멀리 바라보면, 곧 이곳이 노닐며 풍경을 즐기기에 최적인 장소가 된다."라고 했던 모습은 이미 사람들의 머리속에서 잊혀진 상태이다.

시간이 흐르면 만물은 변하게 되고 하늘의 별도 자리를 바꾸기 마련이다. 역사가 발전해 가는 과정에서 다양한 형태의 우연들이 자연스레 일어난다. 오늘날의 연화지 주변은 북경서역北京西驛의 건설로 인해 다시금 사람들의 주목을 받는 장소가 되었다. 1996년 1월 21일, 새롭게 건설된 북경서역이 정식으로 개통되었다. 이것은 현재[119] 중국에서 가장 규모가 크고

[그림 51] 북경서역

국제적 수준의 현대화를 이룬 철도 교통의 중추가 되었다. 멀리 북경역과 서로 마주한 북경서역은 동서로 8킬로미터 떨어져 있는데 그 건축 면적은 북경역의 7배가 넘는다. 북경서역의 위치는 바로 연화지의 동북쪽 측면에 해당하고, 금 왕조 시기에 건설된 중도의 서쪽 성벽이 있던 자리와 가까이 닿아 있다. 역사의 전개 과정에서 확인되는 이러한 우연은 사람들로 하여금 다시 한번 연화지에 대해 관심을 갖게 하고, 또한 북경성의 기원에 대한 생각을 한 번쯤 하게 만든다.

북경서역의 중심 건축물은 경구철도京九鐵道[120]의 시작 지점이라 할 수 있는데, 이것은 새로운 시대의 요소들을 드러내고 중화민족의 전통적인 품격을 잘 보여준다. 문궐식門闕式[121]의 형태로 건설된 거대 규모의 다용도 메인 빌딩은 수도의 남쪽 대문을 상징한다. 그 서남쪽에는 눈이 부실 정도로 아름다운 물결이 출렁이는 연화지가 있으며, 수도 북경이 거쳐온 오랜 역사의 근원을 표상한다. 전국 각지에서 수도로 들어가는 사람들은 북경성의 발전에 있어 근원지라고 할 수 있는 이곳에 먼저 도착한 후 북경의 각 지역으로 흩어진다. 이것에 함축된 역사적 의의는 굳이 말하지 않더라도 짐작이 갈 것이다.

오랜 역사를 가진 북경은 3천 년이 넘는 역정을 거치며 지금에 이르렀다. 북경의 발전사는 중국 전역의 역사와 깊은 관련을 맺으며 진행되었다. 이

---

119) [역자주] 책이 출판되던 2000년 초반이 시간적 기준이 된다.

120) [역자주] 북경과 홍콩을 잇는 철도로 영어로는 'Beijing-Kowloon Railway' 라 불린다. 1993년에 건설을 시작해 1996년에 완성되었고 총 길이 2,407km 에 달해 중국 내 철로 중 가장 긴 노선이다.

121) [역자주] 전통적 양식의 성문 모습을 차용한 형식을 말한다.

과정에서 북경은 다양한 역사적 경험을 간직했고 동시에 새로운 시대를 향한 생기발랄함도 갖추었다. 지금 중국은 경제적, 사회적으로 비약적인 발전을 이루는 시대에 있고, 북경 또한 최고의 현대적 국제도시로 향하는 걸음을 내딛고 있다. 이와 같은 새로운 환경을 배경으로 보면, 북경의 도시 건설 과정에서 확인되는 역사적 문화유산들에 대한 보호 문제, 그리고 북경이 옛 도시로서 갖는 전통적, 문화적 풍모의 발현 문제를 어떻게 처리할 것인가는 북경을 아끼고 사랑하는 우리 모두가 함께 숙고하고 해결해야 할 문제이다.

■ 주요 참고 문헌

1. 北京市文物研究所 編,『北京考古四十年』, 北京燕山出版社, 1990

2. 謝又予, 劉燕君, 李容全 等著,『周口店北京猿人生活時期的環境』, 吳汝康 等編,『北京猿人遺趾綜合研究』, 科學出版社, 1985

3. 北京市文物研究所 編,『琉璃河西周燕國墓地』, 文物出版社, 1995

4. 蔡蕃 著,『北京古運河與城市供水研究』, 北京出版社, 1987

5. 于杰, 于光度 著,『金中都』, 北京出版社, 1989

6. 王乃樑, 楊景春, 徐海鵬 等著,「北京西山山前平原永定河古河道遷移,變形及其和全新世構造運動的關係」,『第三屆全國第四紀學術會議論文集』, 科學出版社, 1982

7. 朱祖希 著,「古河道與北京園林」, 侯仁之 主編,『北京人談北京』, 地質出版社, 1986

8. 侯仁之 著,『歷史上的北京城』, 中國青年出版社, 1962

9. 侯仁之, 金濤 著,『北京史話』, 上海人民出版社, 1980

10. 侯仁之, 金濤 著,「北京」, 陳橋驛 主編,『中國七大古都』, 中國青年出版社, 1991

11. 侯仁之 著,『歷史地理學的理論與實踐(修訂版)』, 上海人民出版社, 1984

12. 侯仁之 著,『歷史地理學四論』, 中國科學技術出版社, 1994

13. 侯仁之 著,『燕園問學集』, 上海教育出版社, 1991

14. 侯仁之 著,『北京歷史地圖集』, 北京出版社, 1988

15. 侯仁之 著,『中國古代地理名著選讀』, 科學出版社, 1959

16. 喩維國 等 編著,『建築史話』, 上海科學技術出版社, 1987

17. [스웨덴]奧斯伍爾德·喜仁龍 著, 許永全 譯, 宋惕冰 校,『北京的城牆和城門』, 北京燕山出版社, 1985

후기

　이 작은 책자는『경화박람京華博覽』총서에 포함된 소책자로 10여 년 전에 후인지侯仁之와 김도金濤가 함께 저술한『북경사화北京史話』(상해 인민출판사上海人民出版社, 1980)를 기초로 하여 총서의 출판 계획과 체제상의 요구사항을 반영하여 일부 내용은 증보하고 일부는 삭제하여 완성되었다.『북경사화北京史話』에 있던 내용들 중 주로 사물의 유례와 역사 이야기에 대한 것은 삭제하고, 북경 도시의 기원과 발전 과정 중 역사지리학적 요소와 관련된 내용을 부각했으며 또한 많은 새로운 자료와 연구성과들을 추가했다. 이 책은 독자들을 위해 내용과 체례의 순서에 있어 북경이라는 도시의 새로운 역사지리학적 연구성과들을 가능한 한 체계적이고 전면적으로 소개하려는 노력을 반영한 대중서적이라 하겠다.

　책을 쓰는 동안『경화박람』총서가 추구하는 학문적 합리성과 가독성의 겸비를 기준으로 삼아서 심화된 내용이지만 쉽게 읽힐 수 있도록 노력했다. 독자들로 하여금 지리서가 소개하는 도시 북경의 역사지리적 문제들을 보다 직관적이고 정확하게 이해할 수 있도록 다수의 그림과 사진을 삽입했다. 이점은 이전에 출간되었던 유사한 저서들에서 쉽게 찾아볼 수 없는 부분으로 이 책의 특징이라고 해도 무방할 것 같다.

　저자의 능력이 제한적이라는 문제와 소개하는 내용이 다소 특수하다는 점뿐만 아니라 저술 시간이 촉박했다는 문제로 인하여 적지 않은 부분에서 당초 계획했던 의도를 다 풀어내지는 못했다. 지나치게 생략을 많이 했거나 오류가 있는 부분도 없지 않을 것 같다. 독자들께 질정을 요청하는 바이다.

책에 삽입된 그림의 대부분은 북경시측회원北京市測繪院의 유미이兪美爾 고급엔지니어의 도움을 받아 그린 것으로 이 자리를 빌어 마음 깊은 곳에서 나오는 감사의 말씀을 드린다!

이 책은 1997년 8월에 연산출판사燕山出版社에서 출판된 적이 있으니 이번에 중국서점출판사中國書店出版社를 통해 나온 것은 재판본再版本이라고 할 수 있다. 이번에 책을 출간하면서 책의 형식과 삽입 사진 등 많은 부분을 새롭게 했으며 이전의 판본에 실려 있던 그림들 중 보기에 불분명한 내용은 유미이 고급엔지니어에게 다시 작성해줄 것을 부탁했다. 서술 내용 중 일부 논란이 있는 부분은 삭제하여 내용의 사실성을 높였으며 이전의 책에 잘못 기술되었던 내용을 대폭 수정했다. 이러한 사실들을 독자들께 밝혀 두고자 한다.

저자

1995년 12월, 북경대학에서 처음 씀.

2000년 6월, 북경대학에서 수정함.

역자후기

'베이징'과 '북경'. 이는 동일한 도시에 대한 한자어 표기와 중국어 표기이지만, 개인적으로 다가오는 의미는 분명 다르다. 이 도시에서 10년의 유학 경험을 갖고 있는 나에게 '베이징'과 '북경'이 혼종적으로 이해되는 경우는 거의 없었던 것 같다. 나에게 베이징은 대체로 현재적 북경, 그러니까 중국공산당이 이곳을 수도로 정한 이후의 도시로서 그려진다. 아마도 사적인 경험들이 배경으로 작용한 결과일 것 같다. 중국에서 TV나 라디오를 켜면 곧이어 "쭝공쭝양(中共中央)~"으로 시작하는 멘트가 튀어나오는 그 시간적 공간에 '베이징'이 있었다. 반면 이른바 신중국 성립 이전의 역사적 사실과 상황들을 언급하거나 사고하는 그 시간적 공간에는 늘 '북경'이 자리했다. 요컨대 과거의 어떤 것으로 이 도시를 바라볼 때면 북경으로 인지한 것이 아닌가 한다. 이 책을 우리말로 옮기면서 '베이징' 대신에 '북경'이라고 한 것도 이러한 개인적인 맥락과 무관하지 않다. 어쩌면 최근의 외래어 표기법과 일정한 거리가 있는 작법인지도 모르겠지만, 불가한 것이 아니라면 '북경'이라고 쓰고 싶었다.

내가 북경이라는 도시에 관심을 갖게 된 것은 물론 유학의 경험과 관련이 깊다. 누구는 자세히 보아야 예쁘다고 했던가! 그런데 나에게 북경은 엉성하게 보더라도 도시 곳곳에 남아 있는 역사적 흔적을 쉬이 발견할 수 있고 금세 흥미로운 이야기들로 채워지는 그런 도시이다. 많은 시간을 함께 했다는 인연도 있겠지만, 실제 북경은 오랜 기간 전통 왕조의 수도로서 지위를 유지하며 안팎의 다양한 문화가 종횡하던 장소였기 때문에 그렇다. 북경을 하나의 도시로 바라보며, 특히 역사지리적 관점에서 관심을 갖게 된 계기는 유학 시절 북경대학의 '도시와 환경학부[城市與環境學院]에 개설된 '북경의 역사'라는 수업을 이수한 것에서 시작되었다. 이후 관련 서적과 논문을 찾아 읽다가 이 책의 공동저자이기도 한 후인지侯仁之 교수의 연구들을 접하면서 본격적으로 '북경'의 도시 역사에 재미를 느끼게 되었다. 북경의 성장 과정은 생동감있는 진화의 연속과 같았다.

이후 북경에 대한 개인적 관심은 점차 커져갔고, 언젠가 학술적 차원에서 북경과 관련된 작업을 해보고 싶다는 마음이 부지불식간에 생겨났다. 그러나 연구실 서가의 한 켠에 북경 관련 서적들만 차곡차곡 쌓여갈 뿐, 읽어내는 양은 그것에 한참 못미쳤다. 아쉬움과 미련만 늘어가니 무슨 빚이라도 진 것마냥 마음의 부담을 갖고 있었다. 이러한 상황에서 얼마전 학과 내에 새롭게 개설한 전공 수업을 준비하는 과정에서 북경을 다룰 기회가 있었다. 수강생들에게 역사를 관통하는 북경의 도시사를 전달해주고 싶었고, 도시가 발달하는 역사적 인과 관계를 짜임새 있게 설명해주고자 했다. 이 과정에서 십 여 년 전에 읽었던 이 책을 꺼냈고, 기존에 드물게 언급되던 북경의 역사를 다양한 형태로 소개할 수 있었다. 비록 꽤 오래 전에 출간된 책이어서 현재의 시각에서 볼 때 부족한 점이 없지 않지만, 북경의 도시사를 정립했다고 할 수 있는 후인지 교수의 핵심적인 연구성과들이 간략하면서도 명확하게 정리되어 있어 그 학술적 가치는 여전하다. 누구의 말처럼 북경의 역사를 공부하기 위한 작은 경전과도 같다고 하겠다. 이러한 배경에서 이 책을 번역하기로 마음먹고 틈틈이 작업을 이어갔다. 이번 번역서의 출간은 개인적인 '오랜 바램'을 현실로 드러내는 첫 시도라 하겠다.

만약 이 책을 읽으면서 다음의 질문들에 대한 답을 찾을 수 있다면 독서의 즐거움이 배가될 것 같다. 첫 번째 질문은 "북경이라는 도시가 왜 지금의 위치에 들어서게 되는가?"이다. 인류의 거주지가 출현하는 지리적 조건들을 되새겨 보며, 북경은 어떤 지리적 특징을 갖고 있는가를 확인해 보면 흥미로운 북경 도시사 읽기가 가능하리라 생각된다. 정말이지 너무나도 어색한 단어인 '북경만北京灣'의 등장 배경이 흥미를 돋우어 줄 것이다. 두 번째는 "북경은 어떻게 전통 왕조의 수도가 되었는가?"이다. 이는 중국의 역사에서 북경 일대가 중요해지는 일련의 흐름을 확인해 보는 작업이다. 이를 통해 역사의 전개와 도시 발달 사이의 관계를 이해하는 동시에 꿈틀거리는 도시의 생명력을 느껴 볼 수 있다. 도시의 형성은 곧 역사 작용의 결과라는 것을 절감하게 되니 말이다. 세 번째는 "중국의 전통적 도시는 어떠한 규율을 기반으로 조성되는가?"이다. 도시 건설을 계획한다는 것은 정책 입안자의 철학과 관념을 구체적인 형태로 체현한다는 의미를 갖는다. 그 규칙은 무엇이고 그러한 조건을 고안한 목적은 무엇인지를 살펴보는 것은 도시 건설의 예사롭지 않은 의도를 느껴보는 기회가 될 것이다. 물론 모든 것이 의도에 맞춰 실현되는 것은 아닐테다. 명청시대 북경성이 한자의 '철(凸)'자와 같은 모양으로 조성된 이유가 이를 얼마간 설명해줄 수 있을 것 같다. 네 번째는 "북경이 향후 어떠한 도시로 변모할 것인가?"이다. 북경의 미래는 결국 지난 과거에서 시작될 수밖에 없다. 역으로 미래가 있기에 과거가 그 자체로도 의미를 갖는 것이기도 하다. 북경이 지나온 역사적 궤적에 대한 이해를 바탕으로 응당 상정되는 북경의 미래적 모습을 추상해볼 수 있다면 북경 도시사의 재미를 넘어 도시를 이해하는 유용적 시각을 가질 수도 있을 것이다.

번역서의 출간은 많은 분들의 도움으로 이루어졌다. 개인적인 인연도 없고, 소개도 없던 상황에서 번역서 출간의 제안을 진지하게 검토하고 흔쾌히 결정해준 도서출판 주류성의 이준 이사님께 감사의 말씀을 전한다. 또한 번역의 과정에서 생긴 의문들에 대해서 친절하게 설명해주시고, 새롭게 발견된 오류에 대해 솔직한 답변과 수정의 내용을 제시해주신 북경대학 등휘鄧輝 교수님께도 깊은 감사를 드린다. 덧붙여 번역자가 추가하는 자료를 넓은 마음으로 받아주신 것에 대해서도 감사의 말씀을 드린다.

온당한 번역으로 완성하기 위해 '노심勞心'과 '노력勞力'을 했지만, 여전히 부족함이 있고, 의도하지 않은 오류가 있으리라 생각된다. 미리 양해를 구하는 바이다. 그럼에도 이 책을 통해 북경이라는 도시에 감춰져 있던 역사적 면모들을 새롭게 발견하는 이가 더 많아질 수 있길 바라는 마음이 크다.

2023년 늦은 봄

류준형

색인

ㄱ

갑하 97, 100, 114, 136, 138
개봉성 86
개양문 74~76
개평성 131
거마하 12, 15, 21
거상거 55~59, 97
거성 40
거용관 83, 188
건극전 151, 152, 164
건덕문 109, 120, 121, 142
건청궁 151, 152, 165
경산 13, 19, 49, 55, 58, 97, 126, 129,
        148, 149, 155, 157, 171, 172, 189,
        192
경풍문 87
경화도 95, 109~112, 118, 121, 128,
        146, 151, 250
계구 39, 41~44
계구람고 42, 43
계성 28~31, 34, 37~39, 41~56, 58~
        68, 70, 112
계수 50, 92
계운하 12, 13
고공기 116~118, 123, 132, 231, 245
고궁유록 124, 125, 128
고량하 51~53, 55~58, 79, 80, 91~
        93, 95, 98~100, 109, 112~
        114, 121, 136, 199, 249
고루 119, 123, 127, 146, 149, 154,
        155, 157, 172, 184~186, 240,
        245, 252
고북구 31~33

고한구 59
곤녕궁 151, 152, 165, 167
곤명호 58, 98, 114, 136, 138, 195,
        199~206, 208~211
공진문 74~76, 89
곽수경 114, 135, 137, 138, 140, 200
광거문 149, 156
광녕문 156, 188
광리교 104
광림사 77
광안문 43, 44, 48, 50, 51, 64, 76, 77,
        88, 93, 149, 156, 157
광양군 45, 47
광한전 111, 129, 146
광희문 109, 115, 120, 121
굉정문 163
교태전 151, 152, 165
구룡벽 170
구하 21, 22, 26
근정 36, 37, 220
금구하 97, 100, 109, 140
금수하 109, 115, 129, 136, 137, 150,
        161, 163
금정산 49, 52
기년전 174, 175, 178, 179
기반가 185

ㄴ

낙구창 60
낙수당 202, 207, 208
난만호동 64, 65, 75
남경성 70, 74~80, 83, 84, 86, 91,
        124
남구 12, 31, 33, 107
남비록 90